Jos Ennemoser

Das Horoskop in der Weltgeschichte

Jos Ennemoser

Das Horoskop in der Weltgeschichte

ISBN/EAN: 9783743325968

Hergestellt in Europa, USA, Kanada, Australien, Japan

Cover: Foto ©ninafisch / pixelio.de

Manufactured and distributed by brebook publishing software
(www.brebook.com)

Jos Ennemoser

Das Horoskop in der Weltgeschichte

Das

Horoskop in der Weltgeschichte.

Von

Dr. Jof. Ennemoser.

München, 1860.

Druck und Verlag von Georg Franz.

Vorwort.

Nach all' den, selbst über die Grenzen des deutschen Vater=
landes weit verbreiteten, Werken des am 19. September 1854
zu Egern am Tegernsee entschlafenen Joseph Ennemoser dürfte
in vorliegendem Fragmente dessen stets empfänglicher,
lebendiger Sinn für die Natur und Geschichte wie seine eigen=
thümlich geistige Auffassung und Auslegung derselben, seine viel=
seitige Begabung und umfassende Bildung als Schriftsteller wie
seine unermüdete Strebsamkeit und rastlose Theilnahme für die
verschiedenartigen Verhältnisse des umfangreichen staatlichen Lebens,
insbesondere des deutschen Vaterlandes, über alles aber sein pro=
phetischer Weltblick am vollständigsten sich abspiegeln. Um so
mehr wird das Publikum das letzte Vermächtniß dieses originellen,
wahrhaft religiösen Forschers der Natur wie der menschlichen
Seele und eines von Menschenfreundlichkeit wie von Vaterlands=
liebe begeisterten seltenen philosophischen Arztes — so, wie es
unter dessen Manuscripten gefunden wurde, wohlwollend hin=
nehmen, denn — ist dieses letzte Werk, dessen Mittheilung der
Verfasser selber würdig hielt, mit Recht als „ein prophetisches
Buch der Zukunft" der Beachtung werth, so schließt es, als ein
versprochener dritter Theil der angewandten Psychologie nämlich,
nicht bloß jenes in nicht minder politisch bedeutungsvoller Zeit
erschienene Werk „der Geist des Menschen in der Natur
oder die Psychologie in Uebereinstimmung mit der
Naturkunde" (1848/49), sondern auch die ganze Reihe seiner

seit dem Jahre **1816** erschienenen mannigfaltigen fruchtbaren geistigen Schöpfungen aus den räthselvollen Geheimnissen des Kosmos ergänzend ab. Die Vorurtheile, welche leider zum Nachtheile der Menschheit noch immer gegen die sogenannte „Nachtseite der Naturwissenschaft" und die mantische Kraft der menschlichen Seele unter den Laien wie unter den Berufenen im Schwunge sind, hängen trotz des größten Vorzuges der Deutschen: „ihres Universalismus" mit einem ihrer Hauptfehler: „immer zu sehr nur auf das Ausland zu achten" so innig zusammen, daß ein allgemeines Interesse für dergleichen Fragen nicht erwartet werden darf, außer wann Zeichen der Zeit, wie in unserer Gegen=wart, mit Gewalt den menschlichen Sinn an das unsterbliche Wesen seines vergänglichen Seyns erinnern.

Könnte auch, was zu allen Zeiten und an den verschiedensten Orten die vortrefflichsten Geister der Menschheit so mächtig be=herrschte, als Selbsttäuschung sich erweisen, so wäre doch ein so großartiger Irrthum wenigstens nicht ohne geistige Bedeutung für das Eine wahre Ziel! Versagt zwar die Welt demjenigen, welcher mit solchen Geistern geirrt, auch jetzt noch wie ehedem und wahrscheinlich in aller Zukunft den Preis ihrer Anerkennung, so verleiht doch die Nacheiferung solch' würdiger Männer, in deren Kreis auch der seinen Schülern und Freunden unvergeß=liche Ennemoser mit Recht eingereiht werden darf, wenigstens einen beseligenden Frieden und eine läuternde Kraft, welche diese Welt nicht zu geben vermag!

Ein dankbarer Schüler
des Verstorbenen.

Inhalt.

Das

Horoskop in der Weltgeschichte.

„Die Nationen haben ihr Horoskop und die Weltereignisse ihr Gesetz!"

v. Fallmereyer.

Einleitung.

Das „Wahrsagen" ist doch eine schöne Kunst, dem Menschen angeboren — weßhalb man sich auch von jeher darin hervorzuthun pflegte, so lange die Welt steht! Wo ist wohl auch Jemand, der gewisse Dinge nicht besser zu verstehen behauptete, nicht bloß über das, was ist, sondern auch von der Zukunft, was noch nicht ist? Gleichwie aber eine jede Kunst sehr schwer ist, so ist auch das Wahrsagen und das Nativitätstellen gar nicht so leicht; diese Kunst hat daher auch immer in einem etwas verdächtigen Ansehen gestanden; der Wahrsager „Python" hatte schon in der heiligen Schrift keinen guten Namen, weil Satan mit dem Contrefait der Wahrheit vieles nachäfft und viele Dinge mit Lügen vermischt als Wahrheit unter die Leute bringt. Nichtsdestoweniger hat der Prophet auch einen erhabenen Sinn, wie man von „den großen und kleinen Propheten" schon aus dem alten Testamente weiß, und Paulus nennt die Prophezeinung nicht nur ein Begeistertseyn von außerordentlichen Lichtbewegungen, sondern auch den verborgenen Sinn der Schrift entwickeln und durch Beweisung der Gründe, die unwiderleglich sind, andere überzeugen; er rühmt daher die Gabe der Weissagung über alle andern, und wer dazu geboren ist, der strebe darnach. „Ein Prophet im erhabenen Sinne ist das Auge und der Mund des Reichs," sagt Deutinger der Theolog.

In Erwägung dieser Umstände und in der Umgebung von allerlei Wahrsagerei, in der ich mich seit lange her bewegte, wollte ich mir auch einmal ein Vergnügen machen und mich aufs Wahrsagen verlegen; es versteht sich, daß ich mich mit kleinlichen Dingen nicht abgebe — ich versuche es gleich im erhabenen Sinne: das Horoskop der Menschheit in der Weltgeschichte zu stellen, und als ein Beispiel davon sogleich das nächste und beste, nuter andern das liebe Vaterland, nämlich Deutschland, zu wählen.

So etwas ist nun allerdings noch nicht da gewesen; aber warum soll ich mir zu meinem Privatvergnügen nicht gleich einen größeren Gesichtskreis nehmen und den Versuch nicht bloß auf einzelne Personen, sondern vielmehr auf ein volleres Individuum, wie auf eine Nation und auf die ganze Menschheit wagen? denn eigentlich ist es ja — derselbe Geist, der das Kleine und das Große bewegt. Da mir aber zur Gabe der „Weissagung" die Visionen und die Ekstase abgehen und ich doch nicht gerade das Vergnügen in einem bloßen Spaß haben wollte, so trachtete ich nach einer gewissen Unterlage für ein solches Horoskop, daß es, weil nicht auf hellen Gesichten, doch auf Hand und Fuß beruhen möchte, denn es sollte auch nicht eine bloße Fabeldichtung werden, sondern ich wollte mir die Aufgabe stellen, den in den Begebenheiten verborgenen Sinn zu finden und darüber im vollen Ernst eine gewisse Begründung erhalten; und so stieg mein Vergnügen wirklich bei einem solchen Versuche immer höher, als ich durch Forschen und Suchen in den leuchtenden Sternen der Geschichte, wie in den Beweggründen derselben, Beweise fand, die, wie Paulus fordert, unwiderleglich schienen und auch andere überzeugen müssen: daß es eine gewisse vorherbestimmte Harmonie gibt, nach welcher alle Begebenheiten und Lebensschicksale im Großen wie im Kleinen geschehen.

Wie es nun so geht — ein Vergnügen allein genossen ist nur ein halbes, es verdoppelt sich das mitgetheilte Vergnügen, und das größte ist, andern Vergnügen zu machen! Ich fing daher an, die Sache ganz im Ernste zu nehmen und tiefer darüber nachzudenken, als ich einer Stelle bei Plato, „in der Republik," begegnete, wo es heißt: „Die Aufgabe der Vernunft ist, durchaus alle Gegensätze zu lösen, sie soll das Eine in Allem erkennen, sie soll in aller Menschen Handlungen weise Harmonie bringen und zeigen, wie der Mensch gebildet werden soll, um zur vollen Selbsterkenntniß zu gelangen und zwar das Individuum, wie der Staat, denn beide entwickeln sich nothwendig aus der Idee des Einen und Gerechten, dem unendlichen Quell alles Guten und Wahren." Der Entschluß wurde sogleich gefaßt: einer solchen Vernunftaufgabe nachzugehen, die räthselhaften Gegensätze soviel wie möglich zu löfen und das Eine in Allem zu erkennen, d. h. in allen Begebenheiten einen gewissen Plan und Zweck zu suchen, der unsichtbar die ewige Ordnung in der Welt hervorbringt und erhält. Dadurch ist nun dieses Werk zu Stande gekommen, welches ich der Mittheilung werth halte, damit es auch anderen in Diesem oder Jenem, wenn auch nicht zur Belehrung, doch zum Vergnügen dienen möchte.

Um nun eine gewisse Wahrheit aufzustellen, die etwas allgemein giltiges für das Leben und die Erscheinungen des Geistes in der Geschichte enthalten soll, mußte eine Methode gefunden werden, in welcher nach bestimmten feststehenden Punkten und von durch die Wissenschaft begründeten Thatsachen der Erfahrung ausgegangen wird, wodurch ein Urtheil über individuelle fragliche Zustände mit Sicherheit gefällt werden kann; es mußte gleichsam ein gewisses Uhrwerk aufgestellt werden, auf welches man als auf einen unfehlbaren Weiser nur immer hinzublicken braucht, um zu sehen, „wie spät es ist," — für die Bezeichnung des Inhalts schien mir daher der Name „Horoskop" auf dem Titelblatte ganz paſſend. —

In diesem Uhrwerke muß das Eine — als das ewig Unwandelbare — in den Zahlen der göttlichen Grundeigenschaften, in festen unverrückbaren Typen dastehen, welche mit Nothwendigkeit auf dem inneren Grunde der Harmonie beruhen, und nach welchen auch alle äußeren Offenbarungen in der Natur- und Weltgeschichte vorgehen. Den Weiser auf dem Zifferblatte muß „die Psychologie" abgeben, denn das Bleibende und Veränderliche des menschlichen Geistes, d. i. aller Inhalt seiner Entwickelungen, ist von gewissen Gesetzen bedingt, die vorzüglich aus den subjektiven inneren Grundeigenschaften der Seele hervorgehen; die Charaktere dieser Grundeigenschaften entsprechen aber vollkommen als Nach- (Eben-) Bilder dem Urbilde der göttlichen Eigenschaften. Wir werden dieses zuerst in Kürze begründen, und sodann erst die Probe in der Geschichte überhaupt, und weiter sonst noch bei irgend einem Individuum, z. B. bei Deutschland, machen, wobei wir natürlich auf alle Lebensverhältnisse der gesellschaftlichen Zustände, auf das Vor- und Nebeneinander Rücksicht nehmen müssen, weil nichts isolirt im Leben dasteht, sondern ein Jedes seine Bedeutung nur im Ganzen der Zeit- und Ortsverhältnisse hat.

Hoffentlich werden die Leser an diesem Horoskop ihre zustimmende Freude finden und dasselbe auch für andere Aufgaben des Lebens, wie z. B. für die Erziehung, vorzüglich geeignet erachten, da man bei allem Zweifel und in aller scheinbaren Unentschiedenheit nur auf „den unfehlbaren Weiser" zu sehen hat, um überall sogleich für den fraglichen Gegenstand die richtige Antwort zu bekommen. Ich brauche wohl nicht mehr besonders zu bemerken, daß unser Horoskop nicht sowohl bloß auf die Zukunft ein Nativitätssteller ist, als daß es ebenso auf die Gegenwart und die Vergangenheit paßt; es soll uns überhaupt ein Zeitmesser seyn, wie hoch oder wie tief irgend ein geistiges Individuum steht, und was bei dem vorhandenen aus einer bestimmten Entwickelung hervorgegangenen Charakter gefolgert werden kann.

Wir wollen uns indessen weniger gerade auf das Prophezeien der Zukunft als auf „ein Wahrsagen überhaupt" verlegen, und da der Leser hier eben nicht „eine göttliche Wahrsagung, welche aller Kunst ermangelt," wie Cicero sagt, findet, sondern eine mehr philosophische Folgerung: so wünsche ich nur noch zum Schlusse, daß er die trefflichen Worte des Plato beherzigen möge, welcher also spricht: „Auf diese Weise gelangen wir zur Philosophie, außer welcher die Götter dem sterblichen Geschlechte weder in der Vergangenheit ein größeres Gut verliehen haben, noch in der Zukunft verleihen werden; und haben wir einmal die rechtmäßige Bahn und vernünftige Ordnung der Natur eingesehen, so sollen wir die Bahnen Gottes, welche allerwärts ohne Mangel und Irrthum sind, nachahmen und unsere mangelhaften und irrläufigen Bahnen nach jenen lenken; und wo irgend einer, wie wir methodisch beginnend, in der Untersuchung der Ordnung und des Zusammenhanges dieser Dinge eine schönere Wahl getroffen haben wird, da soll er von uns als überwindender Freund und nicht als feindlicher Sieger begrüßt werden." —

I.

Das Horoskop.

Es gibt keinen sichereren Ausgang, um das Gebiet des Lebens zu überschauen, und alle Begebenheiten desselben auf eine gewisse Einheit gesetzlicher Folgen zurückzuführen, als wenn man sich auf den Standpunkt der inhaltschweren platonischen Lehre stellt: „daß es die Aufgabe der Vernunft sei, das Eine in Allem zu erkennen, und in aller Menschen Handlungen eine weise Harmonie zu bringen; weil nothwendig alle Entwickelung — des Individuums wie des Staates — aus der Idee des Einen und Gerechten, dem unendlichen Quell alles Guten und Wahren, hervorgehe."

Von diesem festen, unerschütterlichen Standpunkte aus soll nun dieses Unternehmen mit frischem Muthe begonnen werden, nachdem ich schon in einem früheren Werke „der Geist des Menschen in der Natur oder die Psychologie in Uebereinstimmung mit der Naturkunde" den Grund dazu gelegt habe. Diese Arbeit mag daher nur als eine Fortsetzung jener Schrift, nämlich: als ein angewandter Theil der Psychologie angesehen werden, welche die Grundwissenschaft für alles allgemeine Menschliche ist. Schon dort habe ich, als den dritten Theil des Werkes bildend, „Seelenheilkunde, Pädagogik und Geschichte" genannt; letztere wird nun hier — allerdings mit einem etwas sonderbaren Titel — dem Leser vorgelegt. Eine Rechtfertigung dieses Titels soll in dem Nachfolgenden gegeben werden.

Indem ich die Leser auf mein oben erwähntes Buch hinzuweisen mich veranlaßt sehe, nehme ich hier nur die dort gewonnenen Resultate als feststehende Normen auf, die uns zur Grundlage unseres dermaligen Vorwurfs und als Führer bei unseren Untersuchungen dienen sollen.

Unser Horoskop soll aus den Grundbestandtheilen der Lehre von Gott und der menschlichen Seele zusammengesetzt werden.

Alles Leben, der Natur sowohl als des Geistes, kann nur in Beziehung zu dem Urschöpfer, dem Einen, als dem unendlichen Quell alles Guten und Wahren begriffen werden, wie es schon Plato aussprach.

Die Welt der Natur und des Geistes ist schon ohne ihr Zuthun in allen Beziehungen in einer vollkommenen unverrückbaren Ordnung beschaffen und der Mensch insbesondere so organisirt, daß nur die Anregung — Erziehung — und die Selbsterkenntniß erfordert wird, um auch in der veränderlichen Sinneswelt überall eine gesetzliche Einheit zu finden, wie sie nur von dem lebenschaffenden und weltordnenden Urheber zu Stande kommen kann. Von Gott geht Alles aus und auf Gott muß Alles zurückbezogen werden.

Um aber diese Einheit und Weltordnung in dem Bleibenden und Veränderlichen zu finden, müssen wir uns zuerst orientiren, d. h. den sichern Standpunkt des Auf- und Niedergangs suchen, von wo aus das Göttliche, Unwandelbare und das die ewige Ordnung haltende Princip festgehalten werden kann. Gleichwie man sich in einer gegebenen Weltgegend orientirt, um sich in seinen Unternehmungen — wie logisch im Denken — geographisch in einer Gegend zurechtzufinden: so kann auch unser Gegenstand sogar mit mathematischer Bestimmtheit festgesetzt werden, wenn man je die Einheit des Göttlichen und der Welt als Mittelpunkte nimmt, deren Eigenschaften gleichsam im Raume sich entfalten, so zwar, daß aus dem Dualismus des subjektiven Insichselbstseins und der objektiven Außenverhältnisse das Quadrat der vier Weltpunkte des Auf- und Niedergangs ꝛc. sich ergibt, wie es in dem Schema des angezeigten Werkes (Seite 475 u. folg.) bis in die niedersten Naturordnungen ausgeführt ist.

Gott als die ewige Ureinheit ist in seiner subjektiven Grundeigenschaft Weisheit und Liebe als Inhalt aller Wahrheit und Güte; in objektiver Hinsicht ist Gottes Eigenschaft in Hinsicht auf die Schöpfung die Schönheit und Allmacht als Inhalt aller harmonischen Ordnung und Gerechtigkeit.

Mit Recht und auf eine sehr auffallende Weise nennt daher schon Plato Gott das Eine Vollkommene aller Harmonie und Gerechtigkeit, den unendlichen Quell alles Guten und Wahren, und in der Offenbarung ist Gott gerade wieder als der Eine mit seinen vier Grundeigenschaften der Wahrheit und Liebe (Licht und Leben), der Herrlichkeit (Kraft) und Gerechtigkeit dargestellt.

Setzen wir diese 4 Grundeigenschaften Gottes auf das Ziffer=blatt unseres Horoskops als die Endpunkte der zwei sich kreu=zenden, aus der Einheit hervorgehenden subjektiven und objektiven Linien:

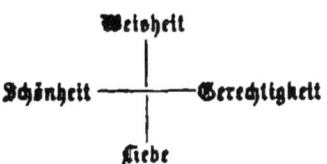

so haben wir den festen Standpunkt gewonnen, von dem aus wir mit aller Sicherheit fortschreiten können, alle Gegensätze zu lösen, wie immer sie der Vernunft aufgegeben werden, und eben so in aller Menschen Handlungen die weise Harmonie zu bringen, wie es die Vernunft erfordert. — Alle weiteren Gott zugeschrie=benen Eigenschaften sind bloße Ableitungen dieses sub= und ob=jektiven Dualismus, und können füglich zwischen jene vier Grund=zahlen auf das Horoskop gesetzt werden, um gewisse Specialitäten noch näher zu bezeichnen; die gesetzliche Einheit und Festigkeit des Ganzen wird aber dadurch nicht im geringsten verändert, sondern vielmehr nur ausgefüllt und erläutert.

In der Naturwelt und bei den geschöpflichen Lebensformen ist die Orientirung viel leichter; denn die ganze Welt ist ein Buch Gottes, und der Mensch, sein vollkommenstes Ebenbild mit dem Inhalte der Vernunft, ist in der Natur der geistige Wieder=hall des gesprochenen göttlichen Wortes. Der allgemeine unbe=seelte Naturstoff des Mineralreichs, mit den bloß physischen Kräften begabt, steht auf der tiefsten Stufe als bloße Grundlage des Lebens dem Menschen gegenüber, der als das Vermittelungs=glied zwischen Gott und Welt den Stoff von jener und den Geist von diesem in sich hat, und die höchste irdische Lebensform

1*

darstellt. Zwischen beiden bilden die passiven Pflanzen und die aktiven Thiere die relativen Lebensformen, gleichsam als die horizontale Mittellinie zwischen dem Niedersten und Höchsten. Dort ist es mehr die physische Verklärung des Lichtes, hier mehr die noch unentwickelte Psyche im Naturstoffe.

Die Erde trägt den organischen Werth aller Lebensformen in sich; auch der Mensch hat seine physischen Wurzeln in der Erde; aber sein Geist ist kein physisches Gewächs, sondern der Odem Gottes; eingehaucht der leiblichen Form, schließt er den Ring der Erdwelt als letztes Glied im jetzigen Aeon. Es gibt also vier qualitativ verschiedene urbildliche Lebensformen: der Materie, der Pflanzen, der Thiere und des Menschen — auf vier Blättern in dem Buche der Natur mit einem wesentlich verschiedenen Inhalte des Lebensprincips, deren Entfaltungen auf dem gemein=schaftlichen Stamme mit ihren besonderen Reizen in der Mannig=faltigkeit des Schmuckes und der Bewegungen, wie ich sie in jenem Werke beschrieben habe, uns hier nicht weiter aufhalten sollen.

Da der Mensch eine Einheit aus Leib und Seele in der Natur bildet und mit dem göttlichen Vernunftprincip des Geistes begabt eine doppelte Verwandtschaft mit dem Natürlichen und Uebernatürlichen und daher auch zweifache Beziehungen hat: so müssen die Lebensfragen alles menschlichen Thun's immer nach diesen zweifachen Verhältnissen berücksichtiget werden. Die Zeit und Ortsbedingungen wirken mächtig auf die Triebthätigkeiten der menschlichen Bestrebungen; der Geist ist jedoch vorzüglich das Zurechnungsfähige, dem die göttlichen Eigenschaften als Uribeen anerschaffen sind, und alle seine Lebensäußerungen sind nichts anderes, als freie Offenbarungen des Vernunftprincips in den Ideen der Wahrheit und Güte, der Schönheit und Gerechtigkeit. Nicht die natürlichen Verrichtungen des Leibes, sondern die gei=stigen Verrichtungen in der Natur mittels des Leibes und der natürlichen Hülfsmittel mit Bezug auf die göttlichen Ideen fallen der Censur und Kritik anheim, bei dem Individuum so gut, wie bei einem Volke, in wie fern diese eben erfüllt oder in das Gegentheil ausgeartet sind. Die Seelenthätigkeiten sind nur die Aeußerungen des substanziellen Geistesinhalts, der als ideelles

Vernunftprincip dieselben durchwohnt. Der Organismus der psychischen Thätigkeiten entspricht daher ganz den urbildlichen Grundeigenschaften Gottes in jener zweifachen Duplicität der subjektiven und objektiven Richtungen jedes Lebendigen: der Verstand und das Gemüth sind die zwei subjektiven Pole des inneren Seelenlebens im Denken und Fühlen; wie der Sinn und der Wille die objektiven Pole sind, die äußern Eindrücke aufzunehmen und die innern Bestimmungen des Bewußtseins hinaus zu wirken; das centrale Ich im Selbstbewußtsein ist der gemeinschaftliche Mittelpunkt aller Seelenthätigkeiten. Somit ist sogleich ersichtlich, wie der Verstand zur Verwirklichung der Idee der Wahrheit, das Gemüth zur Verwirklichung der Güte, die Phantasie der Sinnesthätigkeit zur Verwirklichung der harmonischen Schönheit und die Willenskraft zur äußern Thathandlung nach der moralischen Idee der Gerechtigkeit beschaffen sind. Alle übrigen Seelenthätigkeiten sind nur Ausfüllungen und Zweige jener Grundthätigkeiten, so die Vorstellungen oben auf der Lichtseite zwischen der Phantasie und dem Verstande, die Begriffe zwischen diesem und dem Willen; unten auf der dunklen Schattenseite hingegen die Gefühle zwischen der Phantasie und dem Gemüthe, die Triebe zwischen diesem und dem Willen. Denn die Vorstellungen dienen als die sinnlichen Lichtbilder sowohl der aktiven Thätigkeit der dichtenden Phantasie, wie dem reflektirenden Verstande; die Begriffe sind Produkte desselben für die weitere Bestimmung des Willens; die Gefühle sind einerseits die Folge des sinnlichen Eindrucks, anderseits die Wurzelfäden des Gemüthes; die Triebe hingegen sind Ausrankungen einerseits des Gemüthes in dem Begehren — Begierden — anderseits die elastischen Federn, — die Treiber des Willens — welche also von zwei Seiten her, vom Verstande herab mit mehr oder weniger Licht, und aus der Tiefe des Gemüthes herauf mit mehr oder weniger Wärme bedingt werden, so wie die Phantasie gleichfalls von der Glut der Gefühle entzündet und von dem Leuchten der Vorstellungen objektiv bedingt wird. Der Verstand und das Gemüth bilden die rein innere subjektive Abschließung des mehr oder weniger erhellten selbstbewußten Ich's. Das bildliche Schema

aus meinem größeren Werke versinnlicht auf eine völlig entsprechende Weise den Organismus der Seelenthätigkeiten, so zwar,
daß damit alle Beziehungen zu dem Ideal-Göttlichen sowohl, als
zu den von den polaren Seelenthätigkeiten ausgewirkten Offenbarungen angedeutet sind, was wohl als ein Beweis von der Richtig-
keit unserer Auffassung gelten darf.

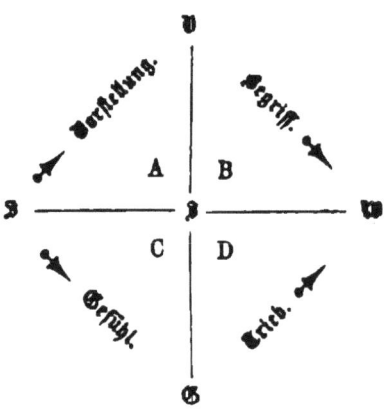

Wenn man außerhalb der Linie V. G. die Worte: Wahrheit und Güte; außerhalb der Linie J. W. Schönheit und Gerechtigkeit setzt: so sind damit die idealen Leuchtpunkte des Göttlichen angezeigt, auf welche die respektiven Seelenthätigkeiten hingerichtet sind, um durch den denkenden Verstand in der Wissenschaft die Wahrheit, durch die dichtende Phantasie in der Kunst
die Schönheit, durch das fühlende Gemüth in der Religion die
Liebe, und durch den freien Willen in der Moral die Gerechtigkeit in den äußeren Handlungen mit Beziehung zu den Neben-
menschen auszuwirken. Es erhellt hieraus zugleich die dem
Menschen anerschaffene Anlage zur Wissenschaft und Kunst, zur
Religion und Moral. Die mit Buchstaben bezeichneten innern
Felder zeigen die in einander greifenden Gebiete der sich bedingenden Seelenthätigkeiten, wie wir sie als Gegensätze einer, zwar
in sich unzertrennlichen Einheit des selbstbewußten Ich's natur-
getreu auffassen müssen. So wird in der Mannigfaltigkeit der
Thätigkeitsäußerungen ein völlig gesetzmäßiger Organismus entfaltet, der sich sogar äußerlich in den Gliedern des materiellen

Leibes einbildet, welcher nichts anderes ist, als das dienstbare Werkzeug der entsprechenden Seelenthätigkeiten, was weiter in meinem Werke: Der Geist des Menschen in der Natur — ausgeführt ist.

Jene Felder im Schema deuten insbesondere auch die Gebiete an, auf welchen die Wissenschaft, die Kunst, die Religion und die Moral psychologisch vorwaltend und urgesetzlich begründet sind. Denn gleichwie auf dem Gebiete A. B. der Lichtseite der Verstand in der Wissenschaft die negativen sinnlichen Vorstellungen zu positiven logischen Begriffen bildet, so hat die Religion ihr Gebiet auf der entgegengesetzten Schattenseite der Gefühle und Triebe des Gemüths C. D; und wie die Phantasie auf dem Gebiete A. C. in der Kunst das Schöne nach den bildlichen Vorstellungen der Lichtseite und nach den ästhetischen Gefühlen auf der Schattenseite bildet, so handelt der Wille auf dem Gebiete B. D. einerseits nach begrifflichen Entschlüssen, andererseits nach den herrschenden oder moralisch beherrschten Triebfedern des Gemüths. Gleichwie aber die göttlichen Eigenschaften als Urideen des Einen und als die schöpferischen und erhaltenden Lichtpunkte alles Lebens ewig und unveränderlich feststehen, wo nie eine über die andere vorherrscht, d. h. wo die Liebe nie ohne die Weisheit und Gerechtigkeit ꝛc. waltet: so sind auch die psychischen Thätigkeiten alle nur die Strahlen der Einen geistigen Seelensubstanz. Wie nämlich in die Gemüthswelt der Verstand hereinleuchtet, und die Gefühle des Gemüths die Verstandessphäre bedingen, so greift die Sinnesempfindung bedingend auf die Seite des Willens hinüber. Das ideelle Vernunftprincip ist der Seele aber so anerschaffen, daß sie auf diesem oder jenem Gebiete ihre Thätigkeit freiwillig concentriren kann, weßhalb denn auch nach dem Gebrauch der Freiheit in den gegebenen Verhältnissen der eine Pol über den andern eines der gegensätzlichen psychischen Gebiete vorherrschen und bis zur Krankhaftigkeit gesteigert werden kann, aus welcher die wahre Norm um so weniger wiederkehrt, je mehr der Mensch der Leuchtpunkte der göttlichen Ideen verlustig geworden ist. Das Vollkommene ist nur in Gott, und der Mensch nähert sich, theilnehmend an dieser Vollkommenheit, um so mehr, je mehr er in seine psychischen Thätigkeiten das Ideal-Göttliche einträgt und selbstkräftig in seinen Handlungen auswirkt.

So wird es nun leicht verständlich, worin der Mensch das göttliche Ebenbild darstellt, und wodurch er sich der göttlichen Vollkommenheit nähern kann, so wie er in das gerade Gegentheil von Allem ausarten kann, nämlich in das Falsche und das Böse, in das Häßliche und in die ungerechte Gewaltthat, die aus der Leidenschaft der gemißbrauchten Freiheit des Willens hervorgehen; so wird „die Schuld geboren, welche der Uebel größtes ist"; denn dadurch geht der leuchtende Compaß des göttlichen Lichtes verloren, und die Finsterniß tritt ein und der Irrthum, der in der Seele Platz greift, pflanzt sich nach außen fort durch Krankheit und Krieg im Widerstreite aller Verhältnisse des Lebens, das sich in Untergang auflöset und mit dem Tode endet. — „Die Schuld ist des Wählenden, sagt Plato, die Gottheit ist frei von aller Schuld, und die Tugend duldet keinen Beherrscher; je nachdem einer sie ehrt oder verachtet, wird sie es ihm mehr oder weniger vergelten."

Nun, worin besteht denn also die Tugend? Bist Du noch ein Fremder in Israel, so schau auf unser Horoskop! Dasselbe wird es Dir mit hellstrahlender Schrift zeigen. Die Tugend ist kein Erbgut, sie wohnt nicht beim Reichthum noch bei der Armuth, weder die Gesundheit noch Krankheit bringt sie mit sich, sie ist auch kein Geschenk des Himmels; der Mensch muß sie selber üben dadurch, daß er das Göttliche auswirkt so viel es nach seiner Anlage ihm möglich ist. Nicht dadurch ist einer tugendhaft, daß er ein Held in der Wissenschaft, oder in der Kunst, oder in der Tapferkeit des Kriegs erscheint, oder daß er ein Frömmling in Zurückgezogenheit sein Gemüth verdüstert wo die rechte Liebe nicht wohnt, sondern dadurch, daß er bei wenig Wissen die Wahrheit, bei wenig Können die Ordnung liebt, daß er bei wenig Kraft Schicklichkeit und Recht ehrt, und daß er die Liebe seines Herzens durch Thaten an Freund und Feind beweiset. „Es ist schon Tugend, das Laster zu fliehen, und der Weisheit Anfang, frei von Thorheit zu sein", — singt Horaz. Dazu gehört aber schon eine nicht geringe Kraft des Willens, daß er sich das Vernunftprincip vor Fehltritten und das Licht vor Finsterniß bewahrt. Der Ausgangspunkt im psychischen Organismus, wohin alle Strahlen der Seelenkräfte sich reflektiren, ist der Wille; in ihm liegt das Gewicht des inneren Gehalts und der Werth der äußeren That, auf der allein das sichere Zeugniß ruht, nicht nur von dem, was in der Seele vorgeht und was die Anlage vermag, sondern auch von dem durch die Thaten des Lebens erworbenen Geistesgehalte irgend einer Person oder auch eines Volkes. Tugend ist: das Thun, was die Kraft vermag, von der Liebe erwärmt und von dem Verstande gebilligt, wie es das Soll des Vernunftgebotes, des göttlichen Wahren und Guten, des Schönen und Rechtmäßigen gebietet. Wenn Paulus mit Recht „die Liebe die größte der Tugenden" nennt, so muß auch sie zur Geburt kommen und als solche äußerlich in der Gerechtigkeit sich offenbaren; ohne dieses ist sie der faule Kern in einer verschlossenen Nuß. —

Wenn diese Darstellung und Beschreibung des Horoskops, welches als ein unfehlbares Uhrwerk angesehen werden mag, dem Leser nun deutlich erscheint, indem das innere Triebwerk aus den Kräften des psychischen Organismus besteht, deren Lebensthätigkeit sich jedesmal an dem Zifferblatte der leuchtenden göttlichen Ideen äußerlich abspiegelt: so wird ihm zugleich auch schon die allgemeine Gesetzmäßigkeit einleuchten, welche bei aller scheinbaren Unordnung auf der ewigen unwandelbaren Harmonie der göttlichen Fügung beruht, so zwar, daß die Geistesthätigkeiten mit einer gewissen Freiheit, der Naturmechanismus hingegen mit Nothwendigkeit erfolgt. Die nothwendige Gesetzmäßigkeit der Harmonie im materiellen Naturleben auf dem göttlichen Princip beruhend ist so unverrückbar eingerichtet, daß es nur dadurch dem Menschen möglich wird, dieselbe zu seinen Zwecken frei zu gebrauchen, was ohne dies gar nicht geschehen könnte. Denn darin besteht der Unterschied des Menschengeistes von der materiellen Natur, daß der Geist der freiwillig Gebrauchende, die Natur das nothwendig dienstbare Werkzeug des Gebrauches ist; weßhalb denn auch die irdische Naturordnung teleologisch entsprechend so eingerichtet ist, wie es gerade für die Bervoll-

...vermögensfähigkeit des Menschen erforderlich ist. Der Mensch
hat also diese Naturordnung zu justiren, damit er sie einerseits
als vernünftiges Mittel zu seinen Lebenszwecken gebrauchen, ander=
seits daß er sich der Nothwendigkeit des gesetzlichen Naturlaufes
fügen lernt.

Die Gesetzmäßigkeit des Geistes ist hingegen eine ganz
andere. Die Freiheit des Gebrauches der Kräfte im Seelen=
organismus liegt im Bereiche des subjektiven Willens, im völligen
Unterschiede der nothwendig ablaufenden objektiven Kräfte der
Natursubstanz, welche nicht sich selbst objektiv in das Bewußtsein
aufgehen und als Selbstzweck zur eigenen Verklärung gelangen
kann. Der Mensch kann fühlen, denken, dichten und wollen nach
ganz freiem Gebrauche seiner Seelenkräfte sowohl subjektiv inner=
lich, als objektiv nach außen mittels seiner Leibesglieder der Sinne
und Bewegung, wodurch er auf die Außenwelt so oder anders
einwirken kann, um in der Zweckbewegung dem Vernunftprincipe
der Ideen irgendwie zu entsprechen oder zu widersprechen. Es
steht dem Menschen frei, das Wahre oder Falsche zu wählen,
das Gute oder Böse zu thun; wäre es nicht so, so bestünde
keine Zurechnung, keine Vervollkommnungsfähigkeit, sondern ein
bloßer Zwangmechanismus; er könnte dann auch keinen Theil
nehmen an den göttlichen Eigenschaften der Wahrheit und Güte;
der Mensch wäre nicht das vernünftige Ebenbild Gottes, weil
Wahrheit und Liebe ein Werk des freien Geistes, und nicht der
Nothwendigkeit ist. Dabei ist aber die innere Gesetzmäßigkeit
des psychischen Organismus in dem Wesen der Sinnesempfind=
ungen, des Fühlens und Denkens so fest bestimmt, daß die Vor=
stellungen nothwendig dem objektiven Eindruck entsprechend auf=
gehen und daß der Verstand in der Reflexion über dieselben die
logischen Gesetze befolgen muß; weiß kann nicht als schwarz, der
Löwe kann nicht als Baum dargestellt werden; das Auge kann
die Gegenstände nicht anders sehen, als wie sie ihm erscheinen,
das Ohr kann nur hören, aber nicht sehen ꝛc.; die Begriffe
des Verstandes machen sich gleichsam von sich selbst in dem Ur=
theile nach den Gesetzen des Widerspruches des Grundes und
der Folge und des ausgeschlossenen Dritten. Diese Gesetzmäßig=

keit ist dem Menschengeiste anerschaffen, wie der Natur die har=
monische Ordnung; er kann sie nicht erwerben und eben so wenig
wesentlich umkehren oder ganz abwerfen. Wäre dieß möglich, so
wäre keine Entwickelung des Geistes und keine Geschichte mög=
lich, und die Naturordnung wäre eine zwecklose, völlig unbegreif=
liche und unnütze Einrichtung. Ja dann gäbe es in der Wirk=
lichkeit eine gottlose Welt und nicht eine überall harmonische
Naturordnung in einer durchgreifenden Zweckmäßigkeit für eine
Geistesthätigkeit des Menschen. Die Welt kann nur von Gott,
dem vollkommenen Einen, als Schöpfer, in ihrer ewigen Ord=
nung unwandelbar herstammen; sie muß aber auch in ihrem
Dasein und ihrer Ausbildung auf das göttliche Princip zurück=
geführt werden, weil ohne dieß die Bestimmung des Causalistischen
kein Ziel hätte, was ein Widerspruch ist. Das göttliche Werk
kann aber zur Bestimmung nur das Vollkommene haben.
Nun ist auch die Gesetzmäßigkeit des menschlichen Geistes hinsichtlich
aller Thätigkeiten des Seelenorganismus so fest bestimmt, daß
das Vernunftprincip den göttlichen Ideen des Guten und Wahren
nicht ausweichen kann; in der Tiefe des Gewissens bleibt wahr,
was wahr ist, und gut, was gut ist, wenngleich es dem Willen
frei bleibt, das Falsche und Böse zu thun; das Idealwahre
und Gute folgt ihm in lohnender Lust oder in rächender Qual
als unablösbare substantielle Eigenschaft.

Alle Thätigkeit des Selbstbewußtseins zielt nämlich auf ein
Künftiges; der Zweck der guten oder bösen That liegt immer
über die Gegenwart hinaus, und wie immer die That beschaffen
ist, sie zielt auf eine Besserung des Zustandes. Liegt nicht darin
der sicherste Beweis, daß die Gegenwart nur ein Entwickelungs=
moment aus der Vergangenheit für die Zukunft ist? Wie der
Glaube uns zurückführt in das Unsichtbare der Vergangenheit,
so weiset die Hoffnung einen Jeden auf eine Besserung in der
Zukunft, auf die daher auch alle Lebensthätigkeit bei dem Ein=
zelnen wie im Großen der Menschheit gerichtet ist.

Darin liegt der thatsächliche Beweis der Unsterblichkeit;
denn wie aller Anfang des Lebens jenseits oder über den stoff=
lichen Organismus hinaus liegt, und wie kein Stoff aufhören

kann, Stoff zu sein, so ist auch jede Kraft der Beharrlichkeit unzerstörbar. Jedem Einzelnen aber liegt die ursprüngliche Einheit, die das Leben vom Schöpfer erhielt, zu Grunde; sogar die Pflanze hat ihre Norm schon im Samen vorgebildet, in der Blüthe entfaltet sie ihre Kraft zu neuer Frucht, die über ihr Leben hinaus dauert; ebenso verhält es sich im thierischen Leben, das aber schon mit einer Selbstbewegung in der Lustempfindung ein höheres Selbst wird, wie es denn ganz kleine Thierchen gibt, deren Leben ein wirkliches Selbstleuchten ist, eine wunderbare Vorbedeutung auf den Menschen, dessen geistiges Licht leuchten soll in der Selbsterkenntniß. Die Selbsterkenntniß, dieses so seltene, schwer zu erringende Gut ist aber nur dann möglich, wenn der Mensch seine wahren Beziehungen zu Gott und zu der Natur im Auge hat, wie es in diesem Horoskop mit kurzer Fassung angedeutet ist.

II.
Das Horoskop in der Weltgeschichte.

Unser Vorwurf ist nicht die Weltgeschichte zu studiren, das Geschichte eines aufgehäuften Materials zu sondern und unser Gedächtniß mit dem Ballast der Begebenheiten des menschlichen Treibens zu überladen; wir stellen uns mitten in das Leben hinein, um mit der Leuchte unseres Horoskops die Triebfedern der geistigen Vorgänge und ihr Ziel zu bemessen, wohin sie führen; denn alles, was da ist und was kommt, wurzelt in der Vergangenheit und wirkt in die Zukunft hinaus als ein Bleibendes in der Wesenheit und Veränderliches in der Form. Uns ist die Geschichte nicht ein todtes Geschichte, ein übereinander gehäuftes Geschichtete der verschwundenen Vergangenheit, sondern ein Geschehen, ein geistiger Vorgang, als ein Entwickelungsproceß in der Zeit, welcher das wesentlich Bleibende in der Gegenwart offenbart, als Veränderliches aber dahinströmt in die Zukunft.

Das Bleibende ist zwar das Wesenhafte des Geistes als Unvergängliches in der Geschichte aus der Vergangenheit her und in die Zukunft hinaus, nach welcher es nun als das Veränderliche in dem Entwicklungsproceſſe der vorzügliche Gegenſtand unſerer philoſophiſchen Betrachtung wird, nachdem wir das Bleibende in den vorausgeſchickten Grundzügen der Pſychologie bereits hinlänglich kennen gelernt haben. Denn nicht das todte Geſchichte der Vergangenheit hat darin einen Werth, daß es da iſt, ſondern darin, daß man des Daſeins Wirkung und Bedeutung erkennet für das Leben der Gegenwart und der Zukunft. Es hat ſogar ſchon in der materiellen Natur nicht das Geſchichte — Geſchichtete — der mineraliſchen Lagerungen, ſondern nur das dynamiſche Wirkungsvermögen deſſelben für die hiſtoriſche Betrachtung einen Werth, durch welche Kraftverhältniſſe daſſelbe nämlich in der Vergangenheit der Vorzeit geworden iſt, was es in der Gegenwart wirkt, und wie es ſich etwa in der Zukunft verwandeln wird. Um ſo vielmehr iſt dies bei dem menſchlichen Geiſte der Fall, der das eigentliche Weſenhafte der Geſchichte iſt als das Bleibende und Veränderliche des Lebens; denn unter Weltgeſchichte verſteht man nicht die Naturgeſchichte, ſondern die geiſtigen Bewegungen und Begebenheiten menſchlicher Thaten und Völkerhandlungen in den laufenden Strömen der Zeit.

Wenn wir nun ſchon in dem ſubſtantiellen Leben der Natur und des Geiſtes eine beſtimmte Geſetzmäßigkeit gefunden haben, ſo wird eine ſolche von der Vorſehung beſtimmte Geſetzmäßigkeit nicht weniger auch in der Geſchichte herrſchen, in welcher der Lauf der Welt geregelt ſeiner Beſtimmung in der Ausgeſtaltung des Lebens zu höherer Vollkommenheit zueilt, und nicht vom Zufall oder von launiger Willkühr und Menſchenwitz abhängt. Dieſen Glauben darf man unzweifelhaft feſthalten auch in jenen Zeiten der Verwirrung und Anarchie, wo die Lüge und Liſt ſich auf den Thron der Wahrheit geſchwungen haben und wo die Gewalt ſtatt der Gerechtigkeit die Zügel der Herrſchaft in den Händen hat. Die heißblutigen Wogen der empörten Gemüther legen ſich nach den ausgetobten Stürmen ſicher immer wieder von ſelbſt, wenn man durch Revolutionen im Sturmſchritt die Glückſeligkeit erhaſchen will. Auch wer da glaubt, unverrückbar festzustehen, dem bricht oft unversehens der Boden unter seinen Füßen auseinander, wenn der Bau nicht auf den Grundsäulen der von Gott gestützten Ordnung und Gerechtigkeit beruht. Kurzsichtige Augen sehen freilich das Ziel nicht, wohin das Rad im Wirbel treibt, und ungeduldige Hoffnungen erleben selten den raschen Erfolg ihrer Wünsche; denn die Spanne Zeit eines Menschenlebens ist ein gar zu kleines Bruchstück in der Bewegung der Geschichte, für welche die Vorsehung ihre Abschnitte in riesigen Entfernungen von Jahrhunderten auseinanderlegt, so daß man den gesetzmäßigen Uebergang von einem Zeitraum in den andern erst in diesen erkennt. Es folgt hieraus eine Lehre, daß das Rad im Laufe der Geschichte sich weder hemmen, noch beschleunigen läßt; daß daher einzelne frühzeitige Uebereilungen ebenso unfruchtbar bleiben, als daß man die gesunkene Hoffnung nicht wieder aufrichten soll, wo der Gang zur Ordnung und zum Besserwerden gestört ist. Daß ein solcher gesetzmäßiger Gang zum Besseren in der Geschichte des Geistes aber stattfindet, ist nicht eine bloße hypothetische Annahme, sondern eine schon lange bewiesene Thatsache, worüber wir uns nicht weiter abzugeben brauchen. Aber den gesetzmäßigen Lauf wollen wir versuchen auszuforschen, welchen das Individuum oder ein Volk in dem Bruchstücke des großen Ganzen nach der Eigenthümlichkeit seiner psychologischen Lebensoffenbarung und Weltstellung nehmen muß, was eben auch kein geringes Stück von Wahrsagekunst ist. Allerdings mag vielleicht ein solches Wahrsagen nicht die allgemeine Zustimmung erlangen, weil die Wahrheit nicht Jedermann gleich angenehm in die Ohren klingt, wenn wir die Unfehlbarkeit nach unserem Horoskop bemessen und in eine ernste Anwendung bringen, und so ganz unumwunden im diktatorischen Tone die Nativität stellen.

Indem wir ohne alle weitere Rücksicht auf herkömmliche Meinungen und Vorurtheil, nur die Wahrheit vor Augen behalten, welche nicht von dem Winde der Zeit und der Meinungen abhängt, sondern auf unwandelbaren Gesetzen beruht, wie uns dieselben das Horoskop wirklich zeigt, so dürfen wir mit verstopften Ohren weder links noch rechts sehen, auf Stand und

Ansehen nicht achten, sondern lediglich die göttlichen Leuchtpunkte zur Richtschnur nehmen; denn auf diesen beruht alle Gesetzmäßigkeit der geistigen Entwicklung in der Geschichte zum Vollkommneren.

So unverrückbar jene Leuchtpunkte sind, so bestimmt sind auch die darauf beruhenden Gesetze, und alles, was der Mensch und die Menschheit über sich selbst und ihre Entwicklung zum Bewußtseyn gebracht hat, sei es aus Offenbarungen oder aus Vernunftschlüssen, beruht auf diesen göttlichen Gesetzen, die ewig und nicht von heute auf morgen dauern, oder auf irgend eine Zeit der Gegenwart beschränkt sind. Wir wollen weder den Anfang noch das Ende der Geschichtsentwicklung bestimmen, was auch eine Unmöglichkeit sein würde, weil die Fäden der Geschichte und alles Lebens sich aus dem Unsichtbaren entspinnen; nichtsdestoweniger aber muß es nach dem Standpunkte der heutigen Wissenschaft und der geschichtlichen Erfahrung aus der Vergangenheit möglich sein, über die Gegenwart hinaus in allgemeinen Linien den weiteren nothwendigen Verlauf z. B. irgend eines Volkes mit einer gewissen Sicherheit anzugeben, ja sogar wie man aus den Thaten eines Menschen auf sein Alter schließen kann, so muß es auch möglich sein, die Stufe beiläufig zu bestimmen, auf welcher gegenwärtig die Entwicklung der ganzen Menschheit stehen mag, da dieselbe notorisch von ihrer Kindheit an in einem stufenweisen Fortschritt im Allgemeinen sich zur Vollkommenheit, in der Ausgestaltung der göttlichen Ideen nämlich, immer mehr herangebildet hat. Unser Horoskop kann uns daher als eine richtiggehende Zeituhr dienen, um jedesmal sogar auf einzelne Fragen die bestimmte Antwort zu ertheilen, wie spät es ist, wenn wir genau auf den Weiser des psychologischen Triebwerkes Obacht geben, in wie nahe oder ferne derselbe auf die göttlichen Leuchtpunkte gerichtet ist. Im Großen, bei Völkern nämlich, hat man nur auf die vier Gradmesser der Wissenschaft und Kunst, der Religion und Rechtspflege zu sehen, wie dieselben praktisch gehandhabt werden und was für Resultate sie bisher geliefert haben; denn darin besteht der Inhalt, der Entwicklung, was uns jedesmal auch den Maßstab liefert, auf die Geistesbeschäftigung und Fähigkeitsanlage eines Volkes zurückzuschließen. Die göttlichen Ideen bilden nemlich im Menschen=leben die durchscheinenden selbst ausgewirkten Leuchtpunkte als Eintrag in dem Zettel des natürlichen Weltlebens.

Gleichwie die Naturforscher aus den Erdschichten und aus den darin versunkenen Versteinerungen mit großer Sicherheit auf ein vollbrachtes Leben bestimmter Gattungen und ihrer qualita=tiven Eigenschaften anzugeben im Stande sind, so dient uns auch die Geschichte dem gewöhnlichen Wortlaute nach als eine im Zeitlaufe angesammelte Schichte eines vollbrachten Menschen=lebens der Völker=Individuen, um wie aus einer Fundgrube auf die qualitativen Lebenszustände derselben nicht nur dem Orts=charakter des einst Lebendigen nach mit einer gewissen Sicherheit zu schließen, sondern sogar für das ganze Geschlecht, für die Menschheit überhaupt die Höhe der Stufe anzugeben, auf welcher dieselbe jetzt beiläufig steht, wenn wir die Bewegungen der sämmt=lichen Völkerströme in dem Zeitlaufe der Geschichte vergleichen. Denn wenn es der Menschheit aufgegeben ist, in einer gesetz=mäßigen Entwickelung durch die Ausgestaltung der göttlichen Ideen einstens das Vollkommene zu erreichen, welches offenbar nur in der Harmonie der Wahrheit und Liebe, der Schönheit und Gerechtigkeit besteht, so wird uns aus den Resultaten der bisherigen Geschichte der allgemeine Standpunkt der Wissenschaft und Kunst, der Religion und Gerechtigkeitspflege, als den Wirkungs=sphären des Göttlichen im Menschenleben, sowie die Höhe der Altersstufe mit einer gewissen Sicherheit zu erkennen und anzu=geben möglich seyn.

Da uns die Geschichte eine im Flusse begriffene Bewegung des Geistes ist, welche aus dem bleibenden urbildlichen Charakter der Vergangenheit das Veränderliche in der Zukunft enthält, so wird der Inhalt der bisherigen Lebenserscheinungen uns auch den nächsten möglichen Gang nach der Zukunft verkündigen, was mit gehöriger Rücksicht auf die zeitlichen und örtlichen Umstände mit großer Sicherheit bei Individuen (Personen und Völkern) der Fall, und mit großer Wahrscheinlichkeit bei dem Geschlechte des Ganzen sogar möglich ist, weil der substanziellen Beschaffenheit nach die Menschheit im Großen nur dasselbe ist, was der Mensch im Kleinen; der Unterschied ist nur, daß das Individuum als ein schwankender Irrstern seinem materiellen Untergang zueilend uns aus den Augen verschwindet und hier das Ziel des Vollkommenen nie erreicht, während das Geschlecht im Großen schon auf der irdischen Laufbahn in der geistigen Entwickelung zum Vollkommeneren unaufhaltsam fortschreitet, dessen endliches Ziel freilich noch in weiter Ferne steht, wie denn die pünktliche Zeitbestimmung des Endes allerdings ebenso unmöglich ist, als des Anfangs, da sie beide unterhalb unseres Horizonts liegen.

Die Zeit des irdischen Aeons als Dauer der Weltgeschichte ist von der göttlichen Vorsehung im Zusammenhange mit der Erdentwickelung im Sonnensystem als ein völlig gesetzmäßiger Lauf bis auf den jüngsten Tag vorgesehen, und das Ende ist gewiß so in der Harmonie mit einem allgemeinen höheren Ganzen, wie der gesetzmäßige Entwickelungsgang des einzelnen Menschenlebens, welches in seinem normalen Verlaufe durch gewisse Stufenjahre hindurch sein bestimmtes Endziel in der Quadratzahl der Wurzel 3 (des Exponenten der zeitlichen Bewegung des Geistes) $9 \times 9 = 81$ im Optimum des Gattungslebens erreicht, wie ich anderwärts („der Geist des Menschen in der Natur") gezeigt habe.

Wenn wir mit einer solchen Bestimmtheit von Geschichtsgegenständen — von Individuen wie Völkern — Rechenschaft geben zu können behaupten, so müssen wir die Begründung und die Principien unumstößlicher Vordersätze hier näher angeben, die noch gar nicht so bekannt und üblich sind, indem die Geschichtsobjekte, das Geschehene in der Zeit, meist von subjektiven Standpunkten und willführlich angenommenen Axiomen beurtheilt werden, ohne den allgemeinen Zusammenhang des Vor- und Mitlaufes der Bedingungen zu erfassen, die freilich oft sehr weit dem Auge entrückt auseinander liegen, so daß dem Eigensinn, der Phantasie, der Anmaßung des Besserverstehens und dem categorischen Hochmuth ein sehr großer Spielraum offen steht.

Wie wir eine gesetzliche Harmonie in dem Leben des Geistes und der Natur überall finden, so muß eine höhere Einheit auch

in der Geschichte aller Zeiten herrschen, da sie ja die Offenbarung
der geistigen Bewegungen im Großen ist, und zwar muß dieß
auf eine erkennbare Weise der Fall seyn; es kömmt nur darauf
an, die letzten Gründe einer solchen Gesetzmäßigkeit aufzufinden,
die nicht zu widerstreiten sind, wie sie die Philosophie als feststehende Axiome beweisen kann. Am deutlichsten und durch-
greifendsten hat Martin Deutinger die Principien der philosophischen Gedankenentwickelung für alle wissenschaftliche Begründung sowohl, als die Axiome aller gesetzmäßigen Entwickelungen
in seinen philosophischen Schriften (Grundlinien einer positiven
Philosophie als vorläufiger Versuch einer Zurückführung aller Theile
der Philosophie auf christliche Principien) aufgestellt und namentlich hat derselbe die Gesetzmäßigkeit der Geschichtsentwickelung
des nothwendigen philosophischen Gedankengangs durch alle Zeit-
alter in seiner Geschichte der Philosophie gezeigt, wonach wir
hier eine Anwendung machen.

Keiner weiteren Beweise bedarf das an sich klare Axiom:
alles Geschehen, jeder Entwickelungsproceß des Werdens hat einen
Anfang, einen Fortschritt, und ein Ende. Damit ist das Zeit-
gesetz aller Geschichte in der Grundzahl 3 — als dreifache
Dimension, Anfang, Mitte, Ende — ausgesprochen. Der wesentliche Inhalt geht nämlich anfänglich noch ungeschieden als allgemeine gleichartige Einheit in einen andern Zustand über, dieß ist
schon ein Werden im Fortschritte, eine Entwickelung in einem Theile
des Ganzen in ungleiche Besonderheiten; dieses zweite ungleiche
Andere hat den wesentlichen Inhalt des anfänglichen Allgemeinen
nur anders in sich, kann für sich aber als sonderheitliche Einheit
gar nicht bestehen, ohne die gemeinsame Beziehung des nothwendigen Verhältnisses zum Ganzen; das Getheilte kann also
ohne im Zusammenhange mit dem Ganzen nicht fortschreiten, es
bleibt in der Entwickelung stehen oder erreicht ohne Zweckbestimmung das Ende im Untergange; die objektiv verschiedenen
Theile mit der subjektiven Gleichheit des wesentlichen Inhalts
bilden also erst die lebensfähigen Selbst-Einheiten in der Vereinigung mit einander, und die wahre Zweckbestimmung aller
Entwickelung ist die aus dem Anfange durch Fortschritt gewordene

Einheit der Theile zu einem Ganzen. Allgemeinheit als unaufgeschlossene Einheit ist das erste im Anfange, Besonderheit
als Werden von sich trennenden Einzelnheiten ist der Fortschritt
der Entwickelung in dem Zeitlaufe, die aufgeschlossene Wesenheit
in den Einzelnheiten der Glieder ist die höhere Einheit in der
Zweckbestimmung des Endes. — Jedes besondere Gewordene stellt
also für sich eine Einheit dar, z. B. jede einzelne Nation, die
Griechen, die Römer, die Deutschen, die aus der Gesammtheit
der übrigen Menschen hervortreten, die aber nur im Zusammenhange mit dem Ganzen in der subjektiven Gleichheit mit ihrer
objektiven Verschiedenheit einen Werth für sich und das Allgemeine
hat, und sodann erst die höhere Einheit in der gewordenen Vereinigung der Besonderheiten als Glieder eines lebendigen Organismus bildet, worin dann die Gleichheit des geistigen Wesens
in der Ungleichheit der besondern objektiven Glieder zu einer
einheitlichen Bestimmung des Lebens hervorgeht.

Bei jeder Geschichte hat eine Untersuchung also zunächst auf
die Dimension der Zeitgesetze zu sehen, ob die Bewegung noch
im Anfange des Entstehens, oder in der Veränderung des Fortschrittes, oder am Ende bereits als Gewordenes abgeschlossen ist,
in wie fern nämlich das Leben in Thätigkeit begriffen oder als
eine todte Schichte zur Anschauung kömmt, was aus den eben
aufgestellten Charakteren sich ermitteln läßt. Denn wir betrachten
die Geschichte nicht als einen bereits unveränderlichen fertigen Abschluß der Vergangenheit, was gewöhnlich darunter verstanden wird, sondern als ein Geschehen in der Fortwirkung aus
einem Vorhergehenden nach einem Zukünftigen, weil es in der Geschichte des Geistes keinen absoluten Abschluß der Unveränderlichkeit
gibt, indem eine unaufhörliche Vervollkommnung seine Bestimmung
ist. Unveränderlich in der sichtbaren Zeitentwickelung können nur einzelne Theilglieder erscheinen, die ihr Ende dadurch erreicht haben,
daß sie durch Erschlaffung aus der lebendigen Vereinigung mit
dem Gesammtorganismus herausgetreten sind, was bei Individuen und einzelnen Völkern der Fall seyn kann. Vergangenheit,
Gegenwart und Zukunft sind die den Zeitgesetzen entsprechenden
Theilungsglieder der Uebergangszustände der Geschichtsbewegungen,

2 *

in welchen einerseits rückwärts in der Vergangenheit nach dem Anfang zu die causale Begründung der gegenwärtigen Erscheinungen, anderseits vorwärts nach dem Ende zu die Folgewirkungen der Zukunft zu ermessen sind. Ob die Reihenfolge der Begebenheiten näher oder weiter von der Gegenwart aus auf der Seite der Vergangenheit oder der Zukunft ist, also näher dem Anfange oder dem Ende zuneigt, kann uns zu bestimmen nicht ganz schwer werden, wenn wir nach dem aufgestellten Axiom verfahren: ob nämlich noch mehr das unaufgeschlossene Allgemeine mit den noch ungeschiedenen Kräften, oder ob bereits eine weitere Entwickelung sich gegenseitig bedingender Theile als besondere Einheiten aus dem Ganzen hervorgegangen, und ob nämlich diese in der Vereinigung miteinander der Zweckbestimmung einer aufgeschlossenen höheren Einheit nahe gekommen, oder endlich gar zum aus dem Leben ausgeschlossenen Stillstand des Endes gekommen sind. Die eigenthümlichen Lebensbewegungen werden nämlich zeigen, ob dieselben noch schwach aus der unentwickelten Allgemeinheit des Unausgeschiedenen in der Nähe des Anfangs sich erst zu regen beginnen, oder ob sie in vielseitigen Bestrebungen mit Energie durch Fortschritte in die Verhältnisse der Außenwelt mit Bewußtseyn eingreifen, oder ob eine bereits eintretende Erlahmung das Absterben und den Austritt aus der Lebens-Gemeinschaft ankündiget, oder ob endlich die sonderheitlichen Gegensätze als lebendige Theile das Ziel der höheren zusammenstimmenden Einheit als verbundene Glieder in harmonischer Wechselwirkung offenbaren und so sich der höheren göttlichen Zweckbestimmung annähern. Eine solche vollständige Durchbildung ist aber in der Geschichte noch völlig unbekannt, sie erscheint vielmehr als eine Aufgabe der fernen Zukunft, an der sich die Völker als einzelne Glieder zu versuchen haben, bis einstens die ganze Menschheit in Haupt und Glieder von allen Seiten zum göttlichen Frieden der beseligenden Vollkommenheit gelangen wird, indem als Endziel aller historischen Entwickelung das Vollkommene ist.

Es versteht sich übrigens von selbst, daß mit dieser genauen Beachtung der Zeitgesetze, das Gesetz des Geistes nach dem psycho-

logischen Weiser unseres Horoskops, und die Naturgesetze der
äußeren geographischen und materiellen Bedingungen überall mit
in Anschlag zu nehmen sind; denn nur dadurch wird man sich
über die Zustände Rechenschaft zu geben im Stande seyn, wenn
man genau erwägt, in wie ferne dieselben der abgelaufenen Vergangenheit oder der folgenden Zukunft sich zuneigen, welche beide
über die Gegenwart hinaus nicht gesehen, sondern nach ihrer
Folgenreihe nur erschlossen werden können.

In wie fern eine Geistesbewegung in der Geschichte insbesondere einen Werth hat, dieß muß nach den Bedingungen der
geistigen Anlage der Individuen und Völker, der Zeit und Ortsverhältnisse und endlich nach dem Ziel beurtheilt werden, welches
angestrebt wird. Das angestrebte Ziel zeigt vorzüglich, wie nahe
oder ferne die Entfaltung dem Abschlusse ist; je nachdem nämlich die
horoskopische ideelle Höhe oder die zeitlich irdische Tiefe der Genußsucht im Auge gehalten wird, stellt sich ein höherer historischer Abschluß, die Jugend oder der Verfall des Absterbens in Aussicht;
denn aus dem Streben zum Thun und Lassen werden die Kräfte
der Anlage sowohl, als die Entwickelung zum höheren Bewußtseyn
der geistigen Freiheit und das Endziel abgeschätzt, das dem Einzelnen, wie der ganzen Menschheit gestellt ist, welches im irdischen
Daseyn freilich nur verfolgt, aber von keinem Individuum und
Volke erreicht werden kann.

Die Schätzung hängt auch nicht so sehr von der Entfaltung
der mehr oder weniger freien Lebenskraft, sondern vorzüglich von
dem Bedürfnisse ab, das ein Volk in seiner Anlage nach einer
höheren oder niedereren Geistesrichtung kund gibt durch Wanken
und Erlahmen, oder Beharren und Erstarken, wenn die äußeren
zeitlichen Lebensverhältnisse der freien Entwickelung ungünstig entgegen sind. Das Bedürfniß zu einer höheren Vollkommenheit
liegt nämlich mehr oder weniger in jedem Individuo und ist ein
der Menschheit anerschaffenes göttliches Gemeingut der Lebensaufgabe zur Auswirkung durch Kunst und Wissenschaft und in
religiöser Ausbildung durch Tugendhandlungen. Es läßt sich
also von dem Gehalte und Fortschritte des Wissens und Könnens
eine genaue Rechenschaft geben, weil die Bahnen nach den mensch-

lichen Kräften gemessen werden können und die Gesetze des Geistes
bekannt sind. Das rege moralische Bedürfniß und der Trieb
zur höheren Ausbildung sind daher ebenso sichere Zeichen einer
glücklichen Anlage eines Individuums und Volks, als der bereits
gewonnene Fortschritt zum Vollkommenen in der Ausbildung
der Geisteskräfte, was sich durch die größere Freiheit über die
elementare Naturgewalt in der zweckmäßigen Benutzung der ge=
schöpflichen Welt zu den höheren ideellen Zwecken des Menschen=
geistes beurkundet. Ein Volk, dem das moralische Bedürfniß
und der Trieb zur Selbstthätigkeit in der geistigen Ausbildung
fehlt, wird auch bei der günstigsten äußeren Umgebung nie eine
Hauptrolle in der Geschichte spielen und sicher darin ohne Nach=
wirkung wieder verschwinden, wie es zufällig aus dem Stamm
des Allgemeinen sich zu einer zeitlichen Einheit abgelöst hat.
Die politische Bedeutung eines Volkes liegt in der nationalen
Selbstkraft des Geistesprincips, die göttlichen Ideen durch Kunst
und Wissenschaft, durch religiösen Kultus und Rechtspflege im
gesellschaftlichen Staatsleben anzubauen. In der Lösung dieser
von der Vorsehung gegebenen Aufgabe wirkt ein Volk nicht bloß
zum Eigennutz für sich in der Entwickelungsgeschichte der Mensch=
heit, sondern für die gemeinschaftliche höhere Geistesfreiheit der
Mit= und Nachwelt. Es gibt daher einen sehr bedeutsamen
nationalen Unterschied unter den nicht nur nach einander, sondern
auch neben und mit einander lebenden Völkerstämme, es gibt
leitende Hauptvölker in der Entwickelungsgeschichte, während an=
dere nur als Handlanger und Hilfsvölker, als zeitliche Aus=
füllungsstücke und Nebenzweige oder Anhängsel eine Bedeutung
haben. Und da es in der Bildungsgeschichte Stufen des Fort=
schrittes gibt, auf denen der geistige Kraftinhalt des Wirkungs=
vermögens eine Zeit lang vorzüglich nur auf ein gewisses Maaß
des geographischen Raums berechnet zu seyn scheint, so löst im
Laufe der Geschichte ein Volksstamm gleichsam den andern ab,
der die Ueberlieferung des Ueberkommenen mit frischer Kraft auf
weitere Regionen und Zeiten übernimmt. Tritt so ein Hauptvolk
gleichwohl mehr in den Hintergrund der That von dem Schau=
platze einer späteren Zeit, so wirkt der von ihm errungene ideelle

Geistesinhalt als Rath nichts desto weniger fort in alle Zukunft, wovon z. B. das griechische Volk das herrlichste Zeugniß gibt, das in der Bildungsgeschichte für alle Zukunft ein Hauptvolk bleibt, während das römische Volk mehr als ein Träger und Hilfsvolk zur Ausbreitung des Ueberkommenen anzusehen ist, und nur in einer Hinsicht — zur Ausbildung des Rechtsprincips nämlich — als schöpferisch gelten kann.

Man kann also auch unter den Völkern füglich eine Art Gattungs und Art „Charakter" unterscheiden, welche sich als besondere Theile bei dem Hervortreten absondern und dann je nach der Anlage und dem Triebe zu einem höheren Berufe mehr oder weniger in der Folge durch Aufsuchen und Benutzen der äußern Mittel hervorarbeiten, um als Hauptvolk in das Lebensgrab einzugreifen, oder unbemerkbar für immer zu verschwinden, wenn die Regsamkeit zu einer höheren menschlichen Freiheit fehlt. Hauptvölker des Berufs mit innerer Triebkraft der Anlage arbeiten sich von der ersten Absonderung an instinktmäßig so lange durch alle Hindernisse der äußeren Natur durch, bis sie an Intensität und Ausdehnung der eigenen Lebenskraft erstarkt endlich einen freien Spielraum finden, die eigentlich historische Entwickelung zu beginnen, in welcher das durch freie Thätigkeit Angestrebte und Errungene auf einem heimathlichen Naturboden zu weiterer Benutzung bleibend wird. Die Hindernisse der äußeren Natur dienen solchen Völkern vielmehr als Triebkräfte statt der Hemmnisse, welchen unfähige Sprößlinge der Absonderung schon auf kurzem Wege erliegen. Die Geschichte eines Volkes liegt also gewissermaßen schon prophetisch im Innern seines Geistes, und dieser wird in der äußeren Erscheinung nur vollenden, was seine Aufgabe ist zur Verwirklichung der höheren göttlichen Angelegenheiten im Menschengeschlechte. Darin liegt der tiefe b i b l i s c h e Sinn der „Auserwählten."

Diese höheren göttlichen Angelegenheiten sind es aber gerade, auf welche als den endlichen allgemeinen Vereinigungspunkt der ganzen Menschheit alles Geistesstreben in der historischen Entwickelung hinzielt, indem der Völker will= oder unwillführliches Thun immer mehr zu einem zusammenstimmenden Ganzen sich

vereint; denn das letzte Ziel aller Entwickelung ist kein anderes
als die Wiedervereinigung des Menschen mit Gott in der Harmonie des gesammten Naturlebens. Im letzten Akte muß daher
das tief versteckte Gefühl des Göttlichen im Menschen zur hell
leuchtenden religiösen Glut das ganze Leben entzünden. Es läßt
sich demnach mit Grund schließen, daß eigentlich nichts Zufälliges
geschieht, und daß also auch die Nationalcharaktere der Völker
als wesentliche Bestimmungen von der Vorsehung in sie als organische Bestandtheile gelegt sind, damit jedes auf seinem Platze
seiner eigenen Aufgabe gemäß seine Geistesarbeit als historisches
Facit in die Entwickelungsgeschichte eintrage.

Die nationalen Anlagen entfalten sich also gewissermaßen
als nothwendige Bildungsgesetze nach bestimmten Richtungen hin,
zeitliche Hemmungen oder Begünstigungen vermögen die wahre
Bestimmung weder wesentlich aufzuhalten, noch zu übertreiben;
denn die wirkliche Fähigkeit eines Volkes ist nicht dem Zufall
preisgegeben, sie kann schlummern oder ohne Nachhalt aufwallen;
sobald die bestimmte Stunde schlägt, regt sich der eingepflanzte
Trieb unfehlbar von selbst zur lebensfähigen That und er wird
sich dann das Feld zu seiner Berufsthätigkeit schon selber säubern
und die äußeren Gegenstände zur Vermittelung seiner Aufgabe
zurechtlegen. Ist die rechte Zeit gekommen, dann bedarf es nur
eines gelegentlich zündenden Funkens, um das oft noch im tiefen
Schlummer vermeinte Volksleben zur hellen Begeisterung auf-
zuflammen und jede Schranke irgend einer Reaktion zu durchbrechen.

Hinsichtlich der besonderen Gestaltung muß jedes Volk nach
seiner eigenthümlichen Anlage und nach den äußeren Umständen
beurtheilt werden, kein Volk wird wie kein Individuum dem
andern gleichen, und die Möglichkeit oder Nothwendigkeit in einer
solchen Gestaltung eine höhere Lebensaufgabe in der Geschichte
zu erfüllen, hängt nothwendig von diesen Umständen ab. Die
Anlage zu einer bestimmten Lebensaufgabe allein ist nicht hinreichend, die äußeren Zeit- und Ortsverhältnisse müssen diesen
als Gelegenheitsursachen entsprechen, um die Ausbildung bestimmter Thätigkeiten zu fördern; die Gelegenheit mag noch so

günstig seyn, wo der Volkscharakter statt des bildenden und ver-
einigenden einen verneinenden Geist der Trennung und Zerstörung
in sich trägt, da wird das historische Facit ein vorübergehendes
Phänomen ohne alle Nachhaltigkeit in der Geschichte bleiben.
Ein Hauptvolk muß also von Haus aus ursprünglich eine reiche
vielseitige Anlage mit sich bringen und zu einer bestimmten Gestaltung mit einer gewissen standhaften Zähigkeit die äußeren
Gelegenheitsumstände aufsuchen und benutzen, um sich zuerst eine
historische Basis zu gründen, auf welcher es dann durch bestimmte
Entwickelungsstufen seine angemessene Aufgabe erfüllen wird, was
so lange dauert, als die angebornen Kräfte in ihren Gegensätzen
zu höheren ideellen Zwecken sich entfalten, und die äußeren Umstände der in den Weg gelegten Naturgewalten wegzuräumen im
Stande sind. Das historische Facit eines solchen Volkes wird
jedenfalls ein sehr bedeutendes seyn und für immer eine Nachhaltigkeit in der Ueberlieferung für die Zukunft hinterlassen, auch
dann noch, wenn dasselbe altersschwach sich mehr und mehr von
der Bühne des offenen Marktes zurückzieht.

Ein jedes Hauptvolk wird in seiner historischen Entwickelung
deutlich auch die bestimmten Charaktere der zwei andern zeitlichen
Momente offenbaren, nämlich das erste Auftreten auf seiner historischen Bahn, dann den Höhepunkt seines Kraftlebens, wie das
eben genannte Absterben. Es wird schon im Keime seiner Ur-
geschichte den horoskopischen Spiegel des Möglichen seiner künftigen
besonderen Entfaltung mit sich führen, und je nachdem die Gegensätze der aus der Anlage entwickelten Geisteskräfte wieder zu
einer höheren ideellen Vereinigung zusammenstreben, wird sich die
Höhe und das allmählige Niedersteigen von der physischen That
zum geistigen Rath sich kennzeichnen.

Die Phasen der Zeitmomente in der Entwickelungsgeschichte
eines Volkes, sein Auftritt die Krafthöhe und der Abschluß können
mit dem psychologischen Horoskop mit ziemlicher Sicherheit gemessen werden; die ersten Regungen eines Hauptvolkes
z. B. werden voll Kraft seyn, gewaltig, aber noch unsicher in
den Bewegungen und in der Bemeisterung des von der Gelegenheit gebotenen Stoffes, gleichwie namentlich auch die Sprache

den Gedankeninhalt der Anlage und Geistesfähigkeiten ganz vorzüglich kundgibt. Je nachdem der Fortschritt auf dem ideellen
Gebiete der Geistesbeschäftigung und die Summe des Gewinnstes
der höheren Güter in einer gewissen Zeit bei übrigens nicht ganz
ungünstigen Außenverhältnissen größer oder kleiner ist, da wird
ein Hauptvolk durch alle Hindernisse siegreich überwindend seine
Krafthöhe erreichen, während andere ihre Individualität zu keiner
Reise bringen, ja nicht einmal von dem Marke der reicheren Umgebung zu zehren und sich zu erhalten im Stande sind, daß sie
über eine Weile in dem Strome der Geschichte wieder spurlos
verschwinden.

Die Zeitbestimmung des Völkerlebens kann nicht mathematisch
bestimmt werden, denn die ursprüngliche Ablösung als Besonderheit geschah, besonders bei den alten Völkern, in der Nacht der
Vergangenheit, und die Dauer der Wirksamkeit ist nach der Naturbeschaffenheit und Umgebung wie bei den Individuen verschieden,
jedenfalls zählen Völker nach Jahrtausenden. Da eine jede Entwickelung von einem inneren — geistigen und einem äußeren —
Naturgrunde abhängt und überall einer bestimmten Gesetzmäßigkeit
folgt, so ist wohl auch die Zeit besonders einem jeden Hauptvolke
zugemessen und der Fortschritt in der Kraftentwickelung der ins
Einzelne auseinander strebenden Volksglieder, wie z. B. des
germanischen Volkes, wird so lange dauern, bis alle die bestimmten
Gegensätze ganz entfaltet sind, die in seiner Anlage schlummern.
Völker- und Staatenentwickelungen zählen übrigens immer nach
Jahrhunderten, politische Systeme nach Jahrzehnten, einzelner
politischer Führer nur nach Jahren. Bringt ein Volk bis zur
Krafthöhe seine Entwickelung durch eine stufenweise Entfaltung
der Gegensätze, so wird es dann nicht weniger lange absteigend
die bewegenden Kräfte wieder vereinigen und einem höheren Ziel
der Einheit mit dem in den Gliedern herrschenden Gemein-
Bewußtseyn zustreben. Wird hingegen von einem Volke die
Krafthöhe nicht einmal angestrebt, da kann ohnehin keine weitere
Entwickelung stattfinden, die Lebensdauer solcher Völker ist kurz
und ihre Bestimmung keine andere, denn als Beihilfe oder Anhängsel zu dienen. Wie ein solches Volk sich nie recht aus dem

Allgemeinen zu einer eigenen geistigen Selbstständigkeit absondern und erheben konnte, so wird es oft unversehens genöthigt, sich selbst aufzugeben und ohne eigenes Endziel in das Allgemeine wieder unterzugehen; denn wo bei dem ersten Auftreten eines Volksstammes kein Trieb nach einem höheren Ziel aus der Anlage aufleuchtet und nur die Selbstsucht der irdischen herrsch- und sinnlichen Genußsucht das Ziel der rohen Strebkräfte ohne Bedürfniß eines höheren Ideallebens bleiben, da kann man das Axiom aufstellen, daß ein solches Volk sich nie zu einem selbstständigen Hauptvolke erheben und daß sein historisches Facit auch nur das Produkt eines sehr untergeordneten Gliedes in der Weltgeschichte bleiben wird.

Alles Daseyn hat einen eigenthümlichen Kraftinhalt und der Zweck des Daseyns ist kein anderer, als die Entwickelung aller im Lebenskeime enthaltenen Kräfte der Individuen wie des Geschlechts. Die vollkommene Entwickelung bildet die Lebensgeschichte, deren endliches Ziel aber so weit über die Gegenwart in die Zukunft hinausragt, wie der ursprüngliche Kraftinhalt des Anfangs in der Vergangenheit; denn Ursprung und Ziel der Kräfte liegen über alle Zeitbestimmung in der Nacht unseren Sinnen verborgen, eigentlich sogar jenseits der Stoff- und Körperwelt. Es läßt sich daher das Ende eines Volkes oder dessen Austritt aus dem Lebensverkehr des selbstthätigen Wirkens nicht genau bestimmen, und dieß um so weniger, weil die Entwickelung oft durch äußere Umstände zum Stillstand gebracht und die Thätigkeit der Kräfte in einen Zustand des Schlummers gebracht werden, der Jahrhunderte dauern kann, was allerdings nur bei politisch bedeutsamen Hauptvölkern der Fall ist, welche als eine geschlossene Einheit mit einer ursprünglichen Geistesbegabung und nicht als bloße Nebenzweige in die Geschichte eingetreten sind. Bleibt ein Volksstamm auf einer niedern Stufe der Entwickelung stehen, ohne von einem andern verschlungen zu werden, so kann er lange schlummern und von einem fremden Hauptvolke von außen her wieder erweckt werden, um nach seiner Naturanlage zu neuem Fortschritt als thätiges Glied eine Seite des Organismus des ganzen Geschlechtes auszufüllen, wie es unfehlbar bei den semitischen Volksstämmen Asiens der Fall seyn wird, welche von dem germanischen Elemente aus Japhets Stamme von außen her wieder geweckt und zur geistigen Thätigkeit werden gebracht werden; die Zeit dazu scheint nicht mehr ferne zu seyn, denn das germanische Element bringt durch die Engländer und Nordamerikaner von der Peripherie aus immer tiefer in das Innere der mysteriösen alten Welt und drängt die in Schlummer versunkenen Völker Asiens von Tag zu Tag mehr aus dem isolirten Stillstande herauszutreten und mit der abendländischen Bildung in geistigen Verkehr zu kommen. Japhets Stamm, „des älteren Bruders," der sich nach des Vaters Noah prophetischen Spruch bereits über alle Theile der Erde herrschend ausgebreitet hat, wohnt jetzt schon in den Hütten Sems, und Kanaan wird immer mehr sein Knecht. So werden sich die natürlichen Gegensätze auch im ganzen Geschlechte immer mehr herausstellen, daß sich die positiven und negativen Pole des Lebens nicht mehr bloß auf die politischen Kulturvölker Europas, sondern über alle Theile der Erde von Osten nach Westen, von Norden nach Süden erstrecken. Ein gemeinsames Bewußtseyn wird alle Glieder durchdringen und das Rechtsprincip den internationalen Verkehr nach und nach regeln, daß alle Theile zur Einheit eines Ganzen gelangen. Die Ergebnisse der Wissenschaft und Kunst und der religiösen Aufklärung werden sich dann wie das Licht der Sonne mit ihrem wohlthätigen Einflusse über alle Länder verbreiten, indem ein gewisser Mittelpunkt jedoch wie in jeder Einheit auch bei der Völkergemeinschaft für die Bildung und Erkenntniß des höheren Lebens der herrschende bleiben wird, von welchem nicht so sehr der materielle Verkehr der Industrie ausgeht, als daß er das moralische Gefühl der eingepflanzten Rechte und Pflichten weckt, in allen Adern wach erhält und ordnet. Daß hiezu Europa den vorzüglichen Beruf hat, und darin namentlich Deutschland noch lange die Hauptrolle spielen wird, die Völker zu vereinigen und die Humanität zu verbreiten, liegt offenbar eben so sehr in dem schöpferischen Elemente des Geistes, als in der geographischen Naturbeschaffenheit der Erde, worüber das Weitere später.

Wenn wir in diesen allgemeinen Zügen weniger den wahrscheinlichen als gleichsam nothwendigen Entwickelungsgang der
Völker in der Geschichte zeichneten, so leiten wir diese Bestimmtheit von zwei Hauptrücksichten ab: einmal von der Art des geistigen Grundcharakters, womit jedes Volk, wie jedes Individuum,
begabt ist, und zweitens von einer schon berührten allgemeinen Gesetzmäßigkeit, ohne welche in der Welt nichts geschieht, sowohl in den
Erfolgen der Naturerscheinungen, als in den Begebenheiten des
Geistes. Die Erfolge der Handlungen der einzelnen Menschen
wie die Ereignisse der Völker gehen so wenig wie die Natur-
processe von einem unbestimmten Fatum und aus dem chaotischen
Ungefähr durcheinander gemischter Potenzen hervor; hier wie
dort offenbaret sich ein gewisser Trieb zur Freiheit der Ausbreitung,
aber überall wieder eine gegenseitige Beschränkung, wodurch allein
schon eine tiefer verborgene Gesetzmäßigkeit angedeutet ist. Es
kömmt also nur darauf an, den tiefen Grund und Zusammenhang zu erforschen, um die Faktoren in der Geschichte jedesmal
zu beleuchten und hiezu gibt es keine anderen Mittel, als die
schon oben bezeichneten ewig leuchtenden Sterne der göttlichen
Ideen und ihrem Lichtweiser, das psychologische Horoskop.
Bevor wir aber auf die specielle Anwendung unseres
Horoskops weiter eingehen, wollen wir, um uns ein festes
Fundament zu schaffen, auf einige psychologische Grundsätze zurück-
gehen; denn „die Psychologie ist allein vermögend, den Dualismus
des Menschen, des Individuums sowohl, als der ganzen Menschheit
seiner Bestimmung nach zu ergründen", sagt Graf v. Fiquelmont,
dessen besondere Gewogenheit mir die Einsicht in ein
vortreffliches Manuscript „über die angewandte Psychologie" erlaubte, welches leider alles Zuredens ungeachtet noch nicht veröffentlicht wurde; ich erlaube
mir davon Einiges zu benutzen, so viel ich mir des
Trefflichen besonders angemerkt und in der Erinnerung behalten habe.
„In der Geschichte, sagt Graf Fiquelmont, tritt bald
der Mensch hervor, bald die Menschheit, je mehr jener den Ton
angibt als einzelne Person, oder wieder verschwindet, desto weniger

oder mehr figurirt das Geschlechtsganze. Die Psychologie hat zwar immer nur das Individuum zum Objekt, aber ihre Gesetze gelten auch vollkommen auf das Ganze der Menschheit, und ihre Geschichte findet nur in der Psychologie den Schlüssel des Verständnisses."

In diesem Grundsatze liegt eine so tiefe Wahrheit für unsere Aufgabe, daß wir uns wohl zu einer kurzen Erörterung einen Augenblick dabei aufhalten können. Wenn in der Geschichte ein Mensch besonders hervortritt so erscheint er allemal als ein hell leuchtender Stern über dem Horizont des ganzen mehr in einer gewissen Dämmerung dahinwandelnden Geschlechts, welcher Anfangs immer zunächst mehr eine zeitlich-örtliche Wirkung auf ein Theilganzes eines Volksstammes ausübt, die aber nichts desto weniger nachhaltig in der Geschichte bleibt. Ein solcher Stern dient allen Nachkommen wohlthätig oder nachtheilig, als Beispiel zur Aufmunterung oder zum Abschreck, und zwar für die Idee, die er repräsentirte; denn zuletzt läuft Alles beziehungsweise auf das höhere Ideelle hinaus, wonach die Thaten des Individuums und der Menschheit gerichtet sind, — es sind die Ideen der Wahrheit und Schönheit, oder der Religion und des Rechtes, oder ihr Gegentheil, welche jeder sich hervorthuende einzelne Mensch durch Nächstenliebe oder durch despotischen Egoismus zur Lebensaufgabe macht; das Licht, das ein leuchtender Stern anzündet und die Wärme seiner religiösen Lehre und die Ordnung, die er auf den Stützen des Rechts für die Gesellschaft herbeiführt, bleiben für das ganze Geschlecht um so dauernder, je mehr ein solches Individuum mit Energie und warmen Herzschlag für das Wohl Aller thätig war —um so kürzer und abschreckender im Gegentheil. Es gibt daher auch nur sehr selten wahrhaft große Volksführer, deren Nachwirkungen auf das ganze Geschlecht wohlthuend und von langer Dauer sind, weil nicht so sehr die höheren allseitigen Ideen des wahrhaft Göttlichen, als die niedere Selbstsucht die Triebräder ihrer Thatkraft sind. Als Beispiele können u. A. Moses, Solon, Sokrates, Alexander, Mohamed, Dschingis-Khan, Attila, Napoleon bienen, die als Lehrer und Volksführer von höheren

oder niederern Gesichtspunkten geleitet, Epochen machende Ton=
angeber waren. Nehmen wir bei diesen Namen den „psycholo=
gischen" Maßstab zur Hand, so werden wir sogleich den Unterschied
der Nachwirkungen dieser Individuen nach ihren Geistesanlagen
und den Endzweck ihrer Strebkräfte erkennen, wobei uns vorzüg=
lich drei: der erste, der mittlere und letzte als Gegensätze zu in=
teressanten Folgerungen dienen können. Moses, der von Gott
begeisterte Hirte in Midian, wurde aus Mitleid getrieben, das
in sklavischer Knechtschaft seufzende Volk Israel aus Egypten zu
befreien und es durch alle möglichen irdischen Mühsale durch=
führend mit den göttlichen Gütern der Sittlichkeit und Religion,
der Wahrheit und des Rechts auszurüsten. Sein Hauptgesichts=
punkt war, seinem Volke das höhere Erbtheil der göttlichen Güter
zu sichern und dasselbe durch den Glauben an einen wahren
Gott unter dessen Autorität zu trennen und abzusondern von
der Umgebung der ringsum in der rohesten Sinnlichkeit und
Abgötterei versunkenen Volksstämme. Und was ist der Erfolg
gewesen? Eine von allen Völkern auserlesene Nationalität der
hebräischen Bildung in einer durch jene merkwürdige Gesetzgebung
scharf ausgeprägten durch Jahrtausende völlig unvertilgbaren Ein=
heit des Charakters, der nicht einmal die in alle Welttheile zer=
streuten Glieder bis auf den heutigen Tag verlassen hat. Nach=
dem das jüdische kleine Volk eine lange Zeit die mosaischen Ge=
setze als Nationaleigenthum für sich und als Schule für andere
zur Erhaltung der höheren Güter der Menschheit treu bewahrt
hatte, bis es davon ablassend sich in der irdischen Sinneslust
unter die Völker zerstreut und zu einer höheren Bildung unfähig
endlich vom Schauplatze für immer zurückgetreten ist, bleibt Moses
fort und fort der unvergängliche hell leuchtende Stern für das
ganze Menschengeschlecht. Der von dem brennenden Busche ent=
zündete Geist Mosis leuchtet für das ganze Geschlecht unvergäng=
lich in Ewigkeit, weil im Ganzen derselbe gesetzliche Grund und
Endzweck wie im Individuo des Moses fortlebt, welcher den
Ton zu einem höheren göttlichen Leben für das ganze Geschlecht
anstimmte. Der „psychologische" Schlüssel des Verständnisses nach
Graf Fiquelmont ist nicht schwer zu finden. Moses hatte

bei einem glänzenden Verstand ein tiefes Gemüth, dessen Gefühle von dem göttlichen Strahle befruchtet seine ganze Triebthätigkeit, sein ganzes Dichten und Trachten in Bewegung setzten und zwar zu dem edelsten Vernunftzwecke des höheren Ideell-Göttlichen.

Mohamed, ein arabischer Volksführer, ist ein anderer Stern in der Entwickelungsgeschichte der Menschheit, zwar kein Moses, aber doch von einer großen Bedeutung dadurch, daß er zunächst eine Vermittelung zwischen der irdischen Nacht eines subjektiven Gefühls-Pantheismus und des hebräischen objektiven Gottesglaubens, und daß er dann einen weiteren und die Geisteswelt mächtig aufregenden Verkehr zwischen dem heidnischen Orient und christlichen Occident einleitete. In den kräftig rohen arabischen Stämmen entzündete der Bekehrungseifer Mohameds eine um sich greifende rasch sich ausbreitende Thatkraft, wie keine ähnliche in der Geschichte bekannt ist, weil ihr Führer ihnen statt das Wort in den Mund zur Bekehrung der Völker das Schwert in die Hand gab, wodurch natürlich die physische Ausbreitung durch Eroberung und die Beute irdischer Schätze ihr Hauptzweck blieb und nicht das Wort der Wahrheit und die Liebe Gottes, dessen Prophet er zu seyn vorgab. So sehr die Geschichtsschreiber von den bewunderungswürdigsten Geistes- und Körpergaben Mohameds berichten, so ist es doch notorisch, daß er die Unwissenheit seiner Landsleute theilte; psychologisch aber zeichnete er sich durch nichts weiter aus, als durch eine glühende Phantasie, genährt von einer religiösen Beschaulichkeit, ohne einen echt humanen Geist in den höheren göttlichen Ideen. Es wird hienach von selbst verständlich, wie es Mohamed gelingen konnte, unter den gegebenen Zeitumständen ein mächtiges Reich zu stiften, das gewissermaßen zwischen Asien und Europa eine zeitliche Isolirung zwischen dem Orient und Occident verursachte, aber doch indirekt eine weitere Bildung, wie z. B. durch die Kreuzzüge, vermittelte und dieselbe für das in geistige Finsterniß versunkene Asien vorbereitete, welche Bildung unfehlbar auch durch die türkischen Länder nach Osten bringen wird. Zugleich erhellet hienach auch der nothwendige Verfall des Islams, der unausbleiblich immer näher jetzt schon seinem Ende naht, weil die Stützen des Reichs auf Sand und nicht auf dem festen Grunde des göttlichen Wortes der Wahrheit und des Rechts gebaut sind.

Napoleon ist der gerade Gegensatz von Moses, ein kräftiger thatendurstiger Charakter mit kaltem berechnendem Verstande ohne warmen Herzschlag des Gemüthes, ohne Trieb für die höheren Güter des Menschen. Mit diesen psychologischen Eigenschaften und einer seltenen Energie des Geistes ausgerüstet erschien Napoleon als ein Leuchtstern zur Zeit einer in der Geschichte beispiellosen Anarchie bei einem Volksstamm, der seiner Geistesbeschaffenheit und geographischen Lage halber als Ton angebend für die europäische Völkerfamilie angesehen wurde. Napoleon war der Mann, wie er beschaffen seyn muß, der Hyder eines teuflischen Regiments auf den Kopf zu treten und durch seine eiserne Consequenz wieder Zucht und Ordnung in die durch alle Adern blutende und zerrüttete Gesellschaft zu bringen. Napoleon ist aber kein Moses; er führte eine Kriegsschaar nach Egypten, der Fleischtöpfe halber, von welchen Moses sein Volk befreite, um es zu einem Volke Gottes zu bilden; Napoleon hatte keine höhere Ordnung der Dinge im Auge, wie Moses, ein despotischer Egoismus war die Triebfeder seiner grenzenlosen Herrschsucht. An die Stelle des Völkerrechts stellte er die Gewalt; die Religion benutzte er als eine Polizeianstalt, seine ehrsüchtigen Pläne auszuführen; für eine höhere Volksbildung und zu Anstalten für Kunst und Wissenschaft hatte er keinen Sinn. Es ist daher kein Wunder, daß dieses Genie des militärischen Ruhms ein mächtiges Reich aufrichten und mit in mehrfacher Hinsicht zweckmäßigen Institutionen feststellen konnte, das aber nur so lange dauerte, als es die gleichsam verblüffte Nachgiebigkeit der mit einem unerträglichen Druck geknechteten Nebenvölker ertrug. Napoleon figurirte deßwegen auch nur bei seinem Anhang der Schützlinge und nachhaltig kaum bei seinem eigenen Volke, welches ihn sogar im Stiche ließ, sobald der Feind in das Herz des Landes gedrungen war, um nicht den Krieg, sondern durch Entfernung des allgemein Verhaßten den Frieden Allen zu bringen. Der Nachruhm in seiner Art wird indessen Napoleon auch nicht fehlen (wenn gleich sich Wenige an ihm ein Beispiel nehmen werden), weil er durch seine Kriegszüge den Geist der europäischen Völker aus ihrem passiven Schlummer weckte, und zu einer aktiven Regsamkeit ermunterte, wodurch ein allseitiger Fortschritt in der Entwickelungsgeschichte offenbar in Gang gebracht worden ist, wie wir es bereits jetzt schon in allen Zweigen der Forschung und des industriellen Verkehrs erleben.

Bei den andern genannten Namen brauchen wir ohne weitere Ausführung nur mehr daran zu erinnern, daß sie in so fern als Leuchtsterne in der Geschichte gelten, als sie das höhere Ideelle Göttliche im Menschen anpflanzten, wie der weise Gesetzgeber Solon, der göttliche Sittenlehrer Sokrates, der mit aristotelischer Weisheit und mit beispielloser Thatkraft ausgerüstete Alexander durch seine Völkerverbindung der drei Welttheile und durch die Verbreitung der griechischen Bildung; Dschingis-Khan, der mongolische Hordenführer, der durch unzählige Kriege, Plünderungen und Morde über sechs Millionen Menschen umgebracht haben soll, wird als Schreckbild zum Abscheu vor barbarischer Gottlosigkeit dienen, dessen Herrschaft und Nachwirkung auf das Ganze wie jene des Hunnen-Königs Attila mit ihrem Leben verschwand, welcher das Schwert ihres Schutzgottes gefunden zu haben vorgab, womit er seine Macht über die ganze Erde als „Geißel Gottes," wie er sich selbst nannte, ausbreiten werde.

„Das Leben des Geistes besteht in der selbstbewußten Gesinnung; aber wie in dem Begriffe des Verstandes die Wahrheit und gleich dahinter auch der Irrthum liegt, so muß auch das Gefühl und der Trieb von dem Bewußtseyn überwacht seyn, weil Ausbrüche der Reizbarkeit und der Affekte Krankheiten und Kriege herbeiführen. Die Ausbildung des Verstandes und des Gemüthes durch Unterricht in der Erkenntniß ist daher das Hauptmittel des psychischen und politischen Friedens." „Alle Bildung muß aber auf die Ideal-Gesetze basirt seyn, denn die Idealgesetze sind so fest bestimmt, daß die Uebertretung derselben die unmittelbare Strafe nach sich zieht. So geheimnißvoll ist alle Vernunftgesetzlichkeit, z. B. bei der Liebe des Geschlechts, der Gatten zum Kinde, des Volkes zu seinem Vaterlande, worin überall das höhere Göttliche verborgen liegt, was Alles seine Giltigkeit für das Individuum wie für das Volk hat." Graf Fiquelmont.

Die Verstandeskräfte der Vorstellungen und Begriffe zur Auffassung und Erkenntniß der objektiven Welt, sowie die Gefühle und Triebe sind die Elemente des Geistes und die psychologische Grundlage zu den Lebensäußerungen des Menschen. Darin liegt aber der wesentliche Charakter des menschlichen Geistes nicht, sehr ähnliche Lebensäußerungen zeigen auch die Thiere; das wesentlich Auszeichnende des Menschen ist seine Vernunft für das höhere Ideell-Göttliche, wofür die psychischen Kräfte angelegt sind, welche die Thiere nicht haben. Darum kann der Mensch mit seinem Verstande nicht so gerade ausgehen wie das Thier, weil hinter der Wahrheit sogleich auch der Irrthum liegt, dem das seinem der Naturnothwendigkeit angemessenen Instinkte folgende Thier nicht unterworfen ist, sowie die Triebe und Affekte des Thieres keine Krankheiten und Kriege herbeiführen, weil dieselben nicht von dem Bewußtseyn überwacht zu seyn brauchen. Dieses Bewußtseyn bei dem Menschen ist mit einem höheren ideellen Lichte betheiligt, das sich daher schon in der Gesinnung ausspricht, in welcher sich jedesmal sogleich der Geistesinhalt der Verstandes- und Gemüthsseite offenbaret, in wie ferne das Ideell-Höhere des Wahren, Guten und Schönen ɔc. oder des Gegentheils angelegt und entwickelt ist.

Gleichwie häufig Thiere mit der innern Anlage für das äußere Weltlicht blind geboren werden, so wird der Mensch mit seiner Vernunftanlage blind geboren für das höhere göttliche Licht; die Anlage für dieses Höhere muß erst zur Ausbildung des Verstandes und Gemüthes durch Unterricht geweckt und entwickelt werden; weil das Vernunftauge des Menschen nicht wie das Naturauge des Thieres, durch die eigene Selbstkraft, die wahre Beleuchtung des Ideallebens erreicht, welches eben so fest wie die Naturgesetze ihrerseits auf die Nothwendigkeit, auf die Idealgesetze basirt ist, so zwar, daß die Uebertretung derselben die unmittelbare Strafe nachzieht, die in psychischen und politischen Unfrieden und Feindseligkeiten besteht. In der That, „das idealgöttliche Vernunftgesetz greift, (wie Graf Fiquelmont so tief

3*

sehend und sein fühlend richtig bemerkt), so geheimnißvoll in alle Verhältniffe des menschlichen Lebens ein, bei dem Individuum so gut wie bei dem Ganzen, daß es sogar bei der Liebe der Geschlechter, der Gatten zum Kinde, wie bei dem Volke zum Vaterlande überall verborgen liegt."

Wie nun der einzelne Mensch mehr oder weniger Anlage zu dem höheren Vernunftleben überhaupt und vorzügliche Talente in dieser oder jener Richtung hat, daß er oft schon als Auto=didakt eine vorragende Entwickelungsstufe erreicht, so ist dieß ebenso von den einzelnen Völkern der Fall. Auch die sich trennenden Volksstämme zeigen eine verschiedene Anlage für das höhere Vernunftleben; Hauptvölker offenbaren schon in der An=lage einen tieferen Sinn für Wahrheit und Sittlichkeit, für Treue und Gerechtigkeit in der Behandlung des Nächsten und sogar einen höheren Gefühlstrieb für die tiefere Gemeinschaft mit dem Göttlichen. Ein leichter Anstoß und die dargebotene Gelegenheit zu einer weiteren Entwickelung durch irgend einen mitgetheilten Unterricht führt ein Hauptvolk auf die Bahn, auf der es durch eigene Selbstkraft dann zu einem höheren ihm von der Vorsehung angewiesenen Ziel fortschreitet, während andere unter gleichen Umständen eine ärmere und mit einem gewissen Stumpfsinn für das Ideelle begabte Anlage mit sich bringen und durch die günstigsten Gelegenheiten und Einflüsse nicht weiter kommen, und so nur als Neben= und Hilfsvölker eine Zeit lang zu einem allgemeinen Plane des ganzen Geschlechtes in der Ge=schichte figuriren.

Die Wichtigkeit der Erziehung leuchtet also auch im Großen nicht weniger ein als im Kleinen, die eine jede Staatsregierung für sein Vaterland und seine nationalen Stammesgenossen als die erste und heiligste Angelegenheit in die Hand nehmen soll, um den Gemeinsinn für die höhere göttliche geheimnißvolle Ge=setzmäßigkeit in allen Stürmen und Gliedern der Gesellschaft zu wecken und zu fördern; denn nur allein durch Erkenntniß der Idealgesetze, der gegenseitigen Pflichten und Rechte durch Heilig=haltung des Göttlichen im Menschen kann Ruhe im Innern und ein dauernder Friede nach außen geschaffen werden. Die Er=

ziehung im Großen besteht aber in nichts Andern als die Erziehung im Kleinen; die Künste und Wissenschaften, die Religion und Moral sind die Gegenstände des Unterrichts zur Ausbildung des menschlichen Ideallebens. Je nach dem Standpunkt und der Beschaffenheit der höheren Unterrichtsanstalten wird es gar nicht schwer werden, einem Volke das Horoskop zu stellen.

„Der Mensch als höchstes leuchtendes Wesen in der sicht= baren Schöpfung kann auf seine Fähigkeiten stolz seyn, aber er ist als freies Vernunftwesen auch allein dem Irrthum ausgesetzt, darum bedarf er auch eines Führers zur Leitung seines freien Willens und eines Stabes, bei den ihm anklebenden Schwächen durch die Irrgänge des Lebens, Fehltritte zu vermeiden und vor dem Verderben gesichert zu seyn. Wo anders ist aber die wahre Lehre für einen rechten Führer zu holen, als auf dem Gebiete der Psychologie, welche nicht bloß die Elemente der Seelenthätig= keiten untersucht und die Beziehungen des Menschen zu der Natur als empirische Seelenlehre sich zur Aufgabe macht, sondern welche die Elemente der psychischen Thätigkeiten auch zur Ver= wirklichung der ideellen Vernunftprincipien aufweiset und im Großen, in der Geschichte der Menschheit als angewandte Psychologie Rechenschaft über Grund und Ziel des menschlichen Daseyns zu geben im Stande ist." Graf Fiquelmont.

Wir können diese Sätze füglich als eine Ergänzung des Vorigen ansehen; nicht alle Menschen und Staatsgenossen können nämlich den höheren Unterricht der Idealgesetze speciell genießen, ihnen müssen die gewonnenen Resultate der Staatsbildungs= anstalten als ein Gemeingut zu Nutzen kommen; die Staats= anstalten sind nicht für alle Individuen, sondern nur für die Führer des Volks zu einer tieferen Ausbildung vorhanden, denen die Aemter der Specialfächer anvertraut werden, um dem Volke als ein Stab und Leiter in den Irrgängen des Lebens zu dienen, es von Irrthümern und Fehltritten zu bewahren, denen Jeder= mann, auch mit den glänzendsten Fähigkeiten, ausgesetzt ist. In dieser Hinsicht behauptet daher Fiquelmont mit Recht, daß es für einen Führer und Volkslehrer nicht hinreicht, in einem speciellen Fache den höheren Unterricht genossen zu haben; der

Theolog, der Jurist, der Künstler muß zugleich ein Menschen= kenner seyn, um die Individuen nach ihren verschiedenen Fähig= keiten, Umständen und Verhältnissen zu nehmen in der Art, wie der Spanier Huart ein Werk zur Prüfung der Köpfe in den Wissenschaften geschrieben hat. Wo anders wird nun ein solcher Volksführer zu diesem Zwecke einen festen Grund seines Standpunktes und die rechte Weisung erlangen, als in der an= gewandten Psychologie. Die Führer des Volkes stehen noch sehr vereinzelt, ihre Wirkung ist daher auch für das Allgemeine von geringem Belange; die Fachmänner der Künste und Wissen= schaften, mit einer höheren Bildung ausgerüstet, stehen nur in den Elementarschulen; mit Uebergewicht hat die Geistlichkeit die Volksführung in den Händen, besonders in den katholischen Ländern, aber die Einseitigkeit ihres Vorgehens im höheren Ideal= leben hat die Völker mehr aufgehalten, als vorwärts gebracht auf den Stufen der Bildungsgeschichte. Bis jetzt versteht man unter Volksführer noch mehr Soldaten und Politiker mit den Königen an ihrer Spitze, die weniger selbst leiten, als daß sie von diesen geleitet werden; das Wort „Souverain" hat aber eine höhere Bedeutung, wovon in der Folge. Die Volksführer der alten Geschichte, wie Cyrus, Alexander, Cäsar, Karl der Große, Napoleon waren Eroberer der Massen; wir verstehen Eroberer der Geister.

„Den Menschen kennen wir erst recht, wenn wir seine Ein= heit im Dualismus begreifen, den Geist in der Natur nämlich, und die Seele im Leibe. Diese Gegensätze sind so wunderbar einander eingeprägt, daß in der Einheit der Geist und die Natur ihre respektiven Gesetze unwandelbar befolgen, der Geist seine ideellen übersinnlichen und der Leib seine materiellen Naturgesetze. Erkennt der Mensch diese Gesetze nicht oder mißachtet er sie, so trägt er die Schuld des Widerstreits selbst, der ihn verfolgt oder wohl gar ins Verderben stürzt, was die Geschichte im Großen nicht weniger betrifft, als das Individuum; denn die Geschichte ist ja nur die Offenbarung der Geistesthätigkeiten der Menschheit als Ganzes, die nichts enthält, als was das Individuum hat." Graf Fiquelmont.

Ueber diesen Satz brauche ich dem Leser keine weitere Er=
örterung zu geben, der unser Horoskop bereits in Händen hat;
aber die Wichtigkeit der Psychologie zur Ermittelung des
Dualismus wird auch hier wieder einleuchtend, wie bei der An=
wendung des Horoskops in der Völkergeschichte immer der
Dualismus in der Verkettung der Natur= und Geistesgesetze und
ihre gegenseitigen Verhältnisse im Auge behalten werden muß,
weil lediglich davon die Ereignisse als Gesammtergebnisse im
Zusammenstimmen oder Widerstreite begriffen werden und also
weder dem Zufall, noch der besondern göttlichen Lenkung zuzu=
schreiben sind. Der Mensch selbst, und zwar ganz besonders im
Großen, ist der Urheber seines Schicksals; von dem Gebrauche
des freien Willens in der Befolgung der Idealgesetze durch Unter=
würfigkeit in der moralischen Welt= und der ihr entgegengesetzten
Naturordnung hängt das Heil und der Fortschrit oder der Rück=
schritt und das Verderben der Individuen wie der Völker ab.

„Die Vernunftgesetze der moralischen Weltordnung sind so
bestimmt, wie die Naturgesetze, aber hat man sie erkannt, und
wo es der Fall, hat man sie beachtet?" sagt Graf Fiquelmont.
„Einseitig gebrauchte Kräfte sind im Geiste so verderblich, wie
in der Natur die Kräfte der entfesselten Elemente; ja sie sind
verderblicher im Geiste, weil die Gegensätze der Naturharmonie
wohl abnorm, aber nie ganz los werden können, wie in der
moralischen Welt, in welcher kein solches Muß wie in der Natur
Gesetz ist, sondern das Soll, worin die Freiheit, aber auch zu=
gleich das Gebot und die Warnung enthalten ist. In dieser
moralischen Freiheit in dem Gebrauche des Vernunftgesetzes durch
Erfüllung oder Unterlassung liegt die Verantwortlichkeit und der
Lohn oder die Strafe."

Untersucht man in der Geschichte die Verkettung der Er=
eignisse im Leben der Völker, so findet man die Ursachen des
Fortschrittes oder des Untergangs allemal unschwer auf der
Seite der moralischen Ordnung des Geistes, nicht auf der Seite
der Naturordnung, wie dieß wohl häufig bei einzelnen Indivi=
buen der Fall ist; und zwar findet man den Untergang nicht
deßwegen in den geistigen Ursachen, weil man das Soll der

moralischen Weltordnung gar nicht gekannt hat, — denn kein Volks=
stamm ist ganz ohne Ueberlieferung oder Erziehung in die wirk=
liche Geschichte eingetreten, sondern weil man dieselbe nicht be=
achtet hat. Der Mißbrauch der Freiheit im eigenen Hause so=
wohl und das unbeachtete Soll, was dem Vernunftgeist eines
Jeden schon ohne höhere Erziehung anerschaffen ist, insbesondere
in völkerrechtlicher Beziehung zu der nächsten Umgebung, hat das
Verderben und den Untergang der Staaten herbeigeführt, wobei
die Stufe der geistigen Entwickelung des Ideallebens allemal
mehr im sinkenden Rückschritt als im wachsenden Fortschritt be=
griffen war. Beispiele liefert uns hiervon die Geschichte in Fülle
aus der Ferne und Nähe; die asiatischen Staaten, Rom,
selbst Griechenland, Polen, und nun das in den letzten
Zügen begriffene Türkenreich, welches auf einem Naturboden
gegründet war, wie es keinen schönern und günstigern auf der gan=
zen Erde gibt. Die einseitig und falsch gebrauchten Kräfte gegen
das Soll der Idealgebote sind verderblicher, als die momentan auf=
gehobene Naturharmonie, welche das nothwendige Gesetz des Muß
nie ganz los werden läßt und die alte Ordnung immer wieder in
den entfesselten Elementen herbeiführt. Der Geist wird durch
kein Muß wieder auf die Bahn der Harmonie zurückgeführt,
er muß freiwillig wieder umkehren zu dem Soll des Gebotes,
das ihm aber so schwer vorkommt, daß er gewöhnlich lieber
untergeht, als es ernstlich in sich aufzunehmen und zu erfüllen.
Das freiwillige Pflücken der Früchte von dem Baume des eigenen
Erkenntnisses von Gut und Böse mit Umgehung des Soll
bringt unfehlbar das angedrohte Verderben des Schöpfers:
„welches Tages du davon issest, wirst du des Todes sterben.“
Der Zweck des geistigen Lebens wird nur in der Verwirklichung
der göttlichen Ideen erreicht, der Mensch muß daher die Hinder=
nisse und die Gegensätze derselben selbst besiegen, weil die Lüge
nicht von selbst wieder zur Wahrheit wird, wie die Naturfinsterniß
und die Nacht zum Licht des Tages; weil der Haß und die
Bosheit nicht wieder zur Liebe wird, wie die Kälte zur Wärme,
und weil der geistige Stillstand und der Tod nicht wie die Ruhe
der Natur wieder zu der alten Bewegung und zum frischen Leben

umkehrt. Die Natur hat keinen Schutz für ihn und Gott unter=
stützt und rettet nur die Seinigen vom Untergang, welche frei=
willig die lichte Bahn des Ideallebens zu wandeln bemüht sind.
Das freiwillige Ueberwinden der aufsteigenden Gelüste zu
dem Gegensatz des göttlichen Ideallebens, der Tugend und der
in den Weg gelegten Hindernisse trägt ebenso unmittelbar, den
Lohn, wie das Gegentheil, das Laster die Strafe in sich, welche
also nicht im Verhängnisse, sondern in der That selbst liegt. Es
folgt daraus zugleich, daß die Hindernisse und Gegensätze des
Guten vielmehr als Triebfedern dienen, den Geist auf die rechte
Bahn, als davon abzuleiten, wie das Laster die Tugend weckt,
der Zweifel und Irrthum das Forschen nach Wahrheit auffordert,
wie das Unrecht und die Verfolgung zum Wohlthun, die Ver=
wirrung zur Ordnung leitet. An den Individuen wie in den
Stämmen der Völker offenbaren sich ihre Geschicke dem psycho=
logischen Forscher daher nicht bloß durch ihre Thatenhandlungen,
sondern schon im Beginne ihres Auftretens; denn der Keim des
künftigen Werdens liegt ja schon in der Anlage, und die ersten
Frühlingssprossen des Ideallebens verrathen sogleich das künftige
Gewächs.

So lange die Menschen aber noch nicht eine gewisse Reife
erlangt haben, bedürfen sie (wie oben gesagt) eines Führers zur
erziehenden Leitung, um sie auf die psychologischen und natür=
lichen Hindernisse aufmerksam zu machen und sie in den Gebrauch
des Willens und der Freiheit einzuüben. „Die Civilisation ist
das Resultat der Beschränkung aller Freiheit, wäre diese un=
beschränkt und ungeregelt, so würde die Bildung und Erhaltung
der Gesellschaft unmöglich seyn. Wie in der Natur die Kräfte
sich überall gegenseitig beschränken, so soll es auch bei den Gei=
stern der Menschen nicht anders seyn. Wie dort ungebändigte
Kräfte alles zerstörend hervorbrechen, so kann hier ein Einziger den
Gang der geistigen Ordnung unterbrechen." Graf Fiquelmont.

Die Wahrheit dieser Sätze ist im Großen der Völkergeschichte
einleuchtend und auf jedem Blatte derselben zu lesen. Die un=
gebändigte Freiheit fährt in sausendem Sturm daher, Zerstörung
überall hinter sich lassend, aber sie fährt in der Nichtbeachtung

der moralischen Gesetze unfehlbar in den eigenen Abgrund, weil die Harmonie der festgesetzten Weltordnung wohl gestört, aber nie aufgehoben werden kann; weil das Schrankenlose zuletzt von der Nothwendigkeit gebunden und zur verschwindenden Ruhe des Stillstands gebracht wird.

Der Mensch bedarf eines Führers zum richtigen Gebrauche der Freiheit des höheren Ideallebens in Kunst und Wissenschaft, in Religion und Moral, wie im politischen Leben des geselligen Verkehrs. Es gibt Völker wie Individuen, welche nicht nur keine Lust zu einem höheren Idealleben des Geistes verrathen, sondern die auch jede Beschränkung in den Rechtsverhältnissen verachtend durchbrechen. Solche Völker sind in zügelloser Freiheit vorüberziehende Gewitterwolken, wie die Hunnen, die Vandalen, die keine Zukunft haben. Andere nehmen, durch Zwang angehalten, oder in Bruchstücken von heimathlichen Einwohnern angezogen, eine gewisse Tünche des äußeren Scheines an, behalten aber groß gewachsen wie der Wolf das angeborne Naturell; der Gehorsam in der Beschränkung eines höheren Gesetzes zur Befolgung auch nur der geselligen Pflichten im Staatsverbande kommt nicht aus dem Herzen der Gemüthstreue, welcher vielmehr bei der nächsten Gelegenheit des unbequemen Druckes müde in offene Empörung ausbricht, und die Freiheit in der Ungebundenheit erobern will. Beispiele dieser Art sind nicht nur die Menge aus der alten Zeit, sondern aus unseren Tagen bekannt genug, die nicht genannt zu werden brauchen. Der Gehorsam, der nur der Zuchtruthe folgt, ist eine thierische Sklaverei ohne Menschenwerth. Das Ende solcher zu einer höheren menschlichen Freiheit unfähigen Volksstämme ist ihr Untergang, jetzt nicht mehr durch Ausrottung, wie in der alten Zeit und in Amerika, sondern durch die einverleibende allmählige Vermischung in der Umgebung der kulturfähigen Hauptvölker, welche die wahre Freiheit und den Frieden in dem Gehorsam aus dem inneren Selbsttrieb durch Befolgung der Vernunftgesetze suchen. Einigermaßen damit verwandt sind altersschwache, müde gewordene, im Rückgang begriffene Völker, die einst eine tonangebende Rolle spielten, aber weniger die wahre, höhere ideale Freiheit als eine gewisse politische Ungebundenheit anstreben, wozu alle romanischen Völker zu zählen sind. Diesen muß der Anstoß von außen kommen, und das höhere wahre Idealleben mehr durch das ruhig wirkende Beispiel höher gebildeter Völker neu eingeimpft werden. Wir werden darüber in der Folge noch weiter verhandeln, wo wir die Völker mehr nach dem Standpunkt ihrer wahrscheinlich aus der Gegenwart entwickelten Zukunft als aus der Vergangenheit beurtheilen werden. Bemerkt muß jedoch hier noch werden, daß Revolutionen nicht bloß aus der Rohheit der kulturunfähigen Völker und aus Mangel einer leitenden Erziehung entstehen, sondern auch aus der gehemmten und unterdrückten Freiheit zu den höheren Gütern des Vernunftlebens, durch Vernachläßigung und Schmälerung der Rechtsverhältnisse, durch Verkümmerung und Einhalt des wissenschaftlichen und künstlerischen Strebens, durch falsche und aufgezwungene Religionsgebote. Das am Himmel geschriebene Soll der Vernunftgebote haben vor allem die Führer und obersten Leiter des Volkswohles zu beachten und nicht das Heil durch Beschränkung der Geistesfreiheit in den höheren Gütern bei der Ungebundenheit der niedrigen Selbstsucht zu suchen. Der herrschende Eigenwille von oben und die gebundene Vernunft von unten sind unversöhnliche Extreme, die nie sich die Hände zur Eintracht reichen; die Spannung zwischen beiden wächst und unversehens kommts zum Bruch, wobei zuletzt sicher die Vernunft die Oberhand behält.

Die Weisheit der höheren Volksführer soll darin bestehen, daß sie die angebornen Anlagen nicht beschränken, sondern deren Entwickelung fördern; daß sie an den Vernunftprincipien der moralischen Weltordnung als leitenden Compaß festhalten und allen Staatsgliedern durch Unterricht bekannt machen, damit eine allgemeine Erkenntniß der Rechtsgesetze und der geselligen Pflichten den freiwilligen Gehorsam und eine freie Bewegung durch Selbstbeschränkung herbeiführe, wodurch allein die wahre Freiheit und der innere Frieden zu Stande kommt. Dabei wird die oberste Leitung auch auf der geordneten Bahn die freie Willkühr der Untergegebenen zu überwachen haben, den Mangel hier zu ergänzen, den Schwachen zu stärken und dort das Wuchernde zu beschneiben. Denn die Selbstbeschränkung liegt so wenig in dem Naturell des Menschen, und der freie Geist strebt so leicht über alle Gränzen hinaus, daß das moralische Gesetz des Soll immer als eine Leuchte und Warnungstafel aufgestellt bleiben muß.

„Wie ein jeder Mensch einen Grundzug des Charakters hat, welcher, wie die Grundnote, die Harmonie in der Musik, den ganzen geistigen Inhalt beherrschet, so hat auch in der Geschichte ein jedes Volk einen charakteristischen Grundzug, welcher uns den Schlüssel bietet, dasselbe psychologisch zu mustern, die übrigen Elemente seiner Anlage auszuforschen und die Schicksale als Resultate der moralischen Eigenschaften zu beurtheilen. Denn wie jeder Mensch den Entscheidungsgrund für eine jede Handlung in sich trägt, wo nicht, so ist das Grundlose auch ein Gehaltloses; ebenso liegt auch bei den Völkern der Bestimmungsgrund ihrer Schicksale in ihnen selbst, in dem freien Gebrauch ihres Willens, zuletzt also in den psychologischen Wurzeln der Verstandes= und Gemüthskräfte nach dem Endzweck der ideellen Vernunftgesetze." Graf Fiquelmont.

Wer da lebt und nicht todt ist, äußert eine Grundeigenschaft der Seele, erzeugt Verstand in Umsicht und Aufmerksamkeit, in Vergleichung und Witz; er hat Gefühl in Mitleid und Dulbung, oder er ist stolz, eitel, habsüchtig, zornig; Herrschsucht überwiegt den Trieb zu den höheren Gütern der Moral, zur Wahrheit und Religion, die mehr als Flattergeist der Phantasie zum Spiel dient, als sie in der Tiefe des Gemüthes eine Ahnung des Göttlichen hat, das doch ihn selber beseelt. Wie vom Individuum gilt dieß alles auch von Völkern; einen hohen moralischen Standpunkt gewinnen auch Völker nie, welche mehr die Leidenschaften der niederen Seelenthätigkeit auf dem irdischen Boden der Sinnlichkeit wenn auch mit physischer Kraft und Nachhaltigkeit üben, wo der tiefere Sinn zum wahrhaft Menschlichen abgeht, zum Wahren und Schönen nämlich, zum Guten und Rechten.

Das Urtheil in der Geschichte der Völker läßt sich ferner aus den Gebräuchen, aus dem Kultus, aus den Staatseinrichtungen und Anstalten, ja sogar aus den Spielen und vor allem aus den bestehenden Gesetzen fällen, wonach das gesellige innere

Leben, wie das Verhalten nach Außen zu den Fremden gehandhabt wird.

Die Anwendung unseres Horoskops auf die Geschichte
der Griechen und Römer zeigt uns z. B. den nothwendigen
Ausgang derselben, sowie wir bestimmt aus ihrer Geschichte auch
auf die psychologischen Triebfedern zurückschließen, aus deren
Grunde ihre Thaten wie ihr Schicksal hervorgegangen sind.
Denn wenn die Völkerindividuen ursprünglich sicher unter einer
höheren Bestimmung der Vorsehung stehen, so bereiten sie sich
ihr Schicksal doch von selbst, sie schmieden sich selbst ihre Fesseln
oder bahnen sich den Weg zur Freiheit und so sind sie für ihre
Thaten nicht nur sich selbst verantwortlich, sondern weil sie kein
blindes Werkzeug sind, sogar auch für das Ganze, auf welches
sich ihr Thun und Lassen nicht weniger bezieht. Die Drangsale
und Leiden, die man sich selbst bereitet, erstrecken sich jedesmal
weiter und klingen oft bei Völkern Jahrhunderte fort, sowie
anderseits der Gewinnst in den ideellen Gütern der Kunst und
Wissenschaft ihr Leben überdauert und unverloren auf die Nachwelt übergeht. Das allgemeine Axiom „daß alles, was geschieht,
der Ausdruck seiner Zeit und das Produkt der Umstände ist“ ist
bei den Menschen und Völkerindividuen nur halb wahr; denn
der freie Wille muß sich in die Zeit zu schicken und die Umstände
zu bemeistern suchen, in so weit sie zu den ideellen Lebenszwecken
nützlich oder schädlich sind. Das nothwendige Produkt wie eine
Naturerscheinung unterliegt keiner Zurechnung, wohl aber eine
That des menschlichen Vernunftgeistes.

„Das lange Leben der Völker hängt nicht weniger von den
Vernunftsgeboten des Soll ab, als jenes der Individuen; wo
die Zucht und Ordnung des Geistes fehlt, ist auf eine glückliche
Dauer nie zu rechnen; die moralische Gesinnung ist die Bedingung des Bestandes des Individuums wie der Gattung; die
guten und schlechten Folgen resultiren aus ihren Handlungen,
in ihnen liegt die Büchse der Pandora, wie das Füllhorn der
Fortuna; denn Gott hat das Gesetz so gemacht, daß er nicht
als Zuchtmeister unter die Menschen zu gehen braucht, um jedesmal den Schuldigen zu strafen.“ Graf Fiquelmont.

Das Gesetz enthält schon in sich Lohn und Strafe, die nicht allemal unmittelbar auf die That folgen, sie entwickeln sich aber unvermeidlich früher oder später, wobei jedoch die große Merkwürdigkeit obwaltet, daß der Lohn wenigstens in der geistigen Befriedigung der guten That jedesmal sogleich nachfolgt, während die Strafe oft erst das sechste und siebente Glied erreicht, wie es von der göttlichen Langmuth schon in der Bibel lautet.

Graf Ficquelmont unterscheidet drei psychologische Grundzustände bei der Entwickelung der Völker: 1) Unwissenheit in der ersten Kindheit, Nichterkenntniß der Idealgesetze, noch unentwickeltes höheres Selbstbewußtseyn, 2) Erkenntniß der Nothwendigkeit und beginnendes Selbstbewußtseyn der höheren Freiheit, Anfang der Civilisation, Knabenalter des Schwankens zwischen Fort- und Rückschritt, 3) Selbstbewußtseyn in voller Erkenntniß der höheren Idealgesetze und der moralischen Freiheit, so daß ein Volk auf dieser Stufe sein Schicksal in der eigenen Hand hat.

Das Gefühl der Freiheit kommt im Staatsleben erst auf den höheren Entwickelungsstufen zum Bewußtseyn, wo dem Gebrauche des freien Willens überall das Gesetz gegenübersteht, das ihm als Wegweiser und Schranke dient. Wie sehr es also darauf ankömmt, was für ein Volksführer an der Spitze steht, ist leicht einzusehen; auch die Verantwortlichkeit eines solchen Führers ist klar, obgleich derselbe gewöhnlich nur der Ausdruck des ganzen Volkes ist; qualis grex, talis rex; das regis ad exemplum totus componitur orbis muß überhaupt mehr auf den gesetzlichen Zustand des Regiments, als auf die Person des Fürsten bezogen werden.

Wo die Gesetze der Selbstbeschränkung im Staatsleben von einem Volke mißachtet werden, und wo gar statt den Gesetzen dem Fatalismus gehuldiget wird, da bleibt alle weitere Entwickelung stehen, und ein solches Volk hat keine Zukunft, es arbeitet an seinem eigenen Ruin, wie z. B. die Völker des Islams, der ihnen unausbleiblich bevorsteht und wohl nur von der Langmuth und Zwietracht der Nachbaren verzögert wird. Denn wo im inneren Staatsleben sich keine öffentliche Ordnung

ausbildet und auch die allgemeinen Geſetze des internationalen
Verkehrs mißachtet werden, da kann auch kein Talent, kein
Streben der Individuen, kein Stand der Geſellſchaft aufkommen,
weder für ſich noch für das Allgemeine etwas zu beginnen, und das
eigentliche menſchliche Freiheitsleben iſt ſchon todt, bevor es zum
Leben gekommen. In dieſem Falle lebt der Volksgeiſt kümmer-
lich, der Phantaſie ſind überall die Flügel gebunden, weßhalb
ſie in die unnatürlichſten Mißgeburten der roheſten Sinnlichkeit
ausartet; der Verſtand zehrt von überkommenen Vorurtheilen
und von einigen Sätzen des blinden Glaubens. Von einem
eigentlichen Gehorſam bei einem dumpf hinbrütenden völlig in
der Sklaverei gehaltenen Volksgeiſte kann keine Rede ſeyn; weil
keine Ueberzeugung, kein Nutzen und Vortheil bei der völligen
Rechtsloſigkeit hervorgeht. Daß da innere Stürme aus verhalte-
nem Ingrimm nach der Fauſtgewalt nichts ſeltenes ſind, folgt
nothwendig aus dem unterdrückten inſtinktiven Trieb zur Freiheit,
die ſich ſelber, wenn auch ohne Ziel, auf Augenblicke mit Mord
und Brand eine Bahn bricht. Iſt keine Rettung weder von
innen noch von außen möglich, dann erlahmt endlich der Volksgeiſt und das Gefühl der Freiheit erſtirbt ganz oder wird nur
in wenigen Rabuliſten für ſich erhalten, die das Land und Volk
ausbeuten, wie dieß bei allen aſiatiſchen Völkern der Fall
iſt, wo neben der Gleichgültigkeit und Verdummung der Maſſen
und bei völligem Stillſtande der Kultur in Kunſt und Wiſſenſchaft
Einzelne ein ſophiſtiſches Scheinwiſſen feſthalten, womit ſie ſelbſt
die Religion mit einem politiſchen Lügennetz umſtricken. Die
Perſon hat da keinen Werth mehr, wo alles Licht der Geiſtesfreiheit ausgelöſcht iſt; darum iſt aber auch alle Sympathie und
Verbrüderung, wie alle mögliche Thatkraft für jedes Idealintereſſe
dahin, die Perſönlichkeiten der Individuen beſtehen nur mehr in
iſolirten Kaſten, und die Sklaverei iſt durch die Gewohnheit die
zweite Natur geworden, die unter dem unmenſchlichen Drucke
des Abſolutismus ſeufzet. Wo in einem Staate das Regiment
mit Conſequenz alles Streben zu einer höheren Geiſtesfreiheit zu
unterdrücken vermag, da kann der aſiatiſche Zuſtand auch bei
begabteren Völkern möglicher Weiſe herbeigeführt werden.

Wie der Geist und die Natur einander gegenseitig bedingen, wie der Mensch aus Leib und Seele besteht, so ist in der Geschichte neben dem Volksgeist auch das geographische Landesverhältniß von der größten Wichtigkeit. Die Völker scheinen je nach ihrer Anlage sich gleichsam ein gewisses Erdgebiet aufzusuchen, das sie ihrer Natur angemessen entweder freiwillig auf ihren Wanderungen oder nach gewissen überwundenen Hindernissen zum bleibenden Wohnsitz und zum Vaterland ihrer Nachkommen auswählen. Sehr merkwürdig ist in dieser Hinsicht schon die erste Verbreitung der Nachkommen Noas. „Die Kinder Japhets, des älteren Bruders“, heißt es schon bei Moses, 1.B.10, „sind ausgebreitet über die Inseln der Heiden in ihren Ländern, jegliche nach ihrer Sprache, Geschlechtern und Leuten; die Kinder von Cham in ihren Geschlechtern, Sprachen und Ländern ließen sich im Lande Sinear und in Westasien nieder; der gewaltige Jäger Nimrod gründete Babylonien, Assyrien; sodann Assur, der zuerst Ninive, Irr und Kalah bauete, die großen Städte; während Mizraims Nachkommen nach dem Westen Asiens zogen; und die Cananiter ihre Grenzen bis gen Gasa und Gomora und sodann nach Afrika ausbreiteten, wo Egypten „Mizraim“ auch Ham, (Psalm 105, 23) nach dem Namen des zweiten Sohnes von Ham genannt wurde; Sem ist der Vater aller Kinder von Eber (der Stammvater der Ebräer und nachherigen Israeliten), dessen Kinder ihre Wohnungen namen von Mesa an in ihren Geschlechtern, Sprachen und Ländern gegen den Morgen hin.“

Während Japhets Nachkommen nach Norden und Westen sich über die Gebirge und Gewässer nach Europa und dann als Eroberer über die ganze Erde ausbreiteten, (Japhet heißt ausgebreitet) und während sie im Gegensatz der Semiten — „der gottgläubigen und gesegneten Kinder Gottes“ — mit Recht Heiden genannt wurden, zogen Hams Nachkommen gen Süden nach Afrika als die schwarze Stammrace (Ham heißt warm, verbrannt, schwarz), wo ihnen der Fluch Noas: „Verflucht sei Canaan (Hams Sohn) und sei ein Knecht aller Knechte unter seinen Brüdern“, nachfolgte, wo das Land und Klima allen Weltverkehr und somit alle Kultur ausschloß. Von großen

Meeren rings umschlossen, im Innern mit ungeheuren Sandwüsten und Sümpfen, nur mit wenigen und zerstreuten fruchtbaren Inseln, in ihnen — Oasen — versehen, blieb Afrika „der
Greis, ein Riesenzwerg und kranker Säugling an Asiens Mutterbrust." Es wird eine tiefer ins Innere dringende Kultur wohl
erst zuletzt in Afrika möglich werden, wenn nämlich am Ende
der Tage das ganze Geschlecht wirklich von dem höheren göttlichen Lichte soll beschienen werden, denn der ganze Welttheil ist
schon geographisch aller geselligen Communication entgegen.

Das mit Recht, im Gegensatze von Amerika, „die alte Welt"
genannte Asien hat die älteste Geschichte, aber bei dem Stillstand
und Mangel des wechselseitigen Verkehrs der Asiaten unter einander und mit dem Abendlande herrschet überall eine lebensmüde
und geistesarme Erschlaffung der Völker des ganzen Orients.
An der Anlage und Fähigkeit fehlt es den Semiten keineswegs,
welche sich in ihren Hütten seit Jahrtausenden so geistesstille verhalten, wozu das geographische Element sehr bedeutsam beiträgt. Die
ungeheuren und größten Gebirge der Erde scheiden ganz Asien in zwei
Theile gegen Norden und Süden; die flachen eintönigen Steppen
und Ebenen in Indien, in Sibirien, Persien und China, von
großen mehr trennenden als verbindenden Meeren umschlossen,
veranlassen mehr das Bleiben als das Wandern. Einzelne
Stämme, die hier und da auf einem günstigeren Boden eine
größere Regsamkeit des Geistes besitzen, vermögen auf das übrige
weit verbreitete Phlegma des Geistes und der Natur keine durch-
dringende Kraft zu verbreiten; und so haben in Asien auch nur
mehr die Völker der kaukasischen Race aus Japhets Stamm fortwährend eine gewisse Rührigkeit gezeigt, abgeschnitten aber sowohl
von dem geistigen Verkehr, als auch durch die geographischen
Hindernisse blieben sie roh und ohne Civilisation, die sie jedoch
zunächst als die fähigsten Schüler von Europa erwarten, von
wo sie langsam aber mit Nachdruck nach Osten rückt, so daß
ein französischer Publicist wohl Recht haben mag, welcher
behauptete, „daß im himmlischen Reiche europäische und amerikanische Kultur einst einander begegnen werden," denn wie von
Westen nach Osten von Europa aus der Strom sich bald um-

lehren und mit der Industrie auch die Kultur dahin vorrücken wird, so wird Nordamerika von Osten her auf China und Japan vorzüglich der Träger der Kultur und ein Wecker des in trägem Schlummer versunkenen Geistes jener Völker werden, nachdem bereits vielfach dort durch die Kolonien und durch die Herrschaft der Engländer die Japhetiden in die Hütten Sems eingedrungen sind.

In Europa hat die kaukasische Race aus Japhets Stamm nicht bloß ihrer vorzüglichen geistigen Anlagen und Fähigkeiten halber, sondern auch durch den überall wirthbaren Lebensboden begünstigt, eine höhere Stufe der Kultur erreicht, womit sie alle Völker der Erde überragt, so daß Europa füglich als die allgemeine Schulanstalt für die umliegenden Erdtheile betrachtet werden kann.

Wenn nahe Inseln, in einander übergehende Gebirgszüge mit fruchtbaren Thälern, zahlreiche Ströme und schiffbare Flüsse durch breite Länderstrecken mit ihrem Richtungslauf nach allen Weltgegenden, wenn Binnenseen und allseitig kleinere Meere endlich auf das große Weltmeer leiten, und mit diesen Vorzügen noch die geographische Lage in der gemäßigten Zone mit gesundem Klima sich vereinigen, dann sind alle erdenklichen Hilfsmittel vorhanden, womit der menschliche Geist sich durch den leichten gegenseitigen Verkehr anregen und zu geselliger Humanität ausbilden kann, wie es sonst nirgends gefunden wird. Sehr merkwürdig erscheint da Griechenland im Anfange der europäischen Geschichte; ein edler geistesbegabter Stamm aus der kaukasischen Race läßt sich auf dem europäischen Emporium im Osten nieder, zahlreiche Inseln in der Nähe des Festlands erleichtern die Gemeinschaft untereinander und machen den Uebergang nach Asien und Afrika leicht, sowie das Land nach Norden und Westen offen steht; auf diese Weise konnte eine höhere Kultur aufblühen und sich leicht über das ganze Abendland verbreiten, wohin die natürliche Strömung der Völker von Asien her, „der Wiege der Menschheit", gerichtet war.

Ein ähnliches Verhältniß findet sich nur in Nordamerika, aber dort alles im großen, riesigen Maßstabe, so daß mit der größten Wahrscheinlichkeit von dort einstens die allgemeine Weltherrschaft ausgehen wird. Was die geographische Lage und das Klima im Allgemeinen betrifft, fast gleichwie zwischen allen übrigen großen Erdtheilen gelegen, ist Nordamerika offenbar am günstigsten dazu geeignet, überall hin seine Augen und Hände zu wenden, wie es bereits jetzt schon zu thun beginnt; mit seinem Unterleib Südamerika durch einen schmalen Hals verbunden, ist angedeutet, daß die Kraft der männlichen Thaten und so der Herrschaft im obern Rumpftheil gelegen ist, dem Südamerika so gut dienstbar werden muß, als die nahen westindischen Inseln von Mexico, wie das ferne Australien von dem bereits einverleibten Californien aus. Die geographische Lage ist jedoch nur das Mittel zu den großen Weltunternehmungen, wozu die großen Binnenseen, die gewaltigen Ströme, der unerschöpflich fruchtbare Bodenreichthum auffordern. Die Hauptsache ist der Geist, der diese Mittel ins Werk und Gebrauch zu setzen versteht. **Wir kommen auf diesen Gegenstand in der Folge noch ausführlicher zurück.**

Wie die göttliche Vorsehung die Weltbegebenheiten anordnet und die Geschicke der Menschen leitet, davon gibt uns eines der merkwürdigsten Beispiele „die Entdeckung von Amerika." Columbus segelte in der Ueberzeugung, wo nicht eine neue Welt zu finden, doch jedenfalls jenseits des Meeres nach Indien zu kommen, immer gerade aus nach Westen; das Abweichen des Compasses und das damit Zusammentreffen jener berühmten Bänke von schwimmendem Seegras, was seine Matrosen so erschreckte und entmuthigte, veranlaßte den scharfsinnigen und standhaften Admiral, diese Erscheinungen zu seinen Gunsten zu deuten; in der Meinung, nahes Land zu bemerken, änderte er plötzlich die Richtung des Schiffes nach Südwest, statt gerade aus den Lauf nach Westen beizubehalten, was ihn an die Küste von Nordamerika gebracht haben würde; dadurch kam er nach der Bahamas-Insel St. Salvador, „Guanahani von den Eingebornen genannt", von dort sodann nach Cuba, Haiti und so nach Südamerika. Von dieser scheinbar zufälligen Ablenkung hing die Besetzung und die spätere Vertheilung der europäischen Ansiedelungen durch verschiedene Volksstämme in Süd- und Nord-

amerika ab, wovon die unermeßlichen Wirkungen sich in alle Zu=
kunft erstrecken. Während so nämlich Südamerika von einem
romanischen Volksstamm, den Spaniern und dann den
Portugiesen, colonisirt und beherrscht wurde, geschah dieses
in Nordamerika von einem germanischen Volksstamm,
den Engländern. Die Erfahrung hat bewiesen, daß die
romanischen Völker zu dauernden lebensfähigen Colonien un=
tauglich sind; wären sie nach Nordamerika gekommen, so würden
sie dort dasselbe Schicksal trotz der günstigeren Landesverhältnisse
erlebt haben wie in Südamerika, das sich bereits, ohne eine
wahre nachhaltige Kultur erlangt zu haben, in zerrissenen Gliedern
emancipirt hat; ein Beweis dieser Wahrheit liegt insbesondere
noch darin, daß die sehr bedeutenden französischen Colonien
in Kanada und andern Theilen Nordamerikas theils bereits
wieder verschwunden, theils in ihrem ursprünglichen Zustande
der trägen Geistesruhe neben dem dicht herum rührigen germa=
nischen volksthümlichen Elemente geblieben sind. Die Nieder=
lassung und Ausbreitung des germanischen Volksgeistes
in Nordamerika hat dort den tieferen Grund nicht nur der
europäischen Kultur gelegt, sondern er hat dort ein Feld gefunden
zu unübersehbaren Arbeiten und Werken, welche auf unabseh=
bare Fernen des Raums und der Zeit angelegt werden können
und in der That bereits schon angelegt sind, wogegen Südamerika
sowohl in Rücksicht des geistigen Erbtheils, als in Hinsicht der
physischen Hilfsmittel weit davon absteht.

Indem somit dem Leser „die Wichtigkeit des geographischen
Antheils bei der Betrachtung der Völkergeschichte" einleuchten wird,
will ich beiläufig bemerken, daß ich „in dieser Hinsicht"
eine tiefere Begründung der geotomischen Eintheilung der Erd=
räume überhaupt und der geographischen Zonen, Regionen und
Klimate des miethbaren Lebensbodens insbesondere gegeben habe,
in meinem größeren Werke: „der Geist des Menschen in
der Natur, oder die Psychologie in Uebereinstimmung mit der
Naturkunde, Stuttgart und Tübingen 1849."

Wenn von Amerika der Osten Asiens in den all=
gemeinen Verkehr des Kulturlebens hereingezogen werden soll,

so muß dem Westen Asiens von Europa aus die Hand
geboten werden. Der Unterschied ist aber ein sehr bedeutender;
während von Amerika der Uebergang unmittelbar über das
große offene Meer durch kleinere zerstreute Inselgruppen stattfindet, gibt es in geistiger und geographischer Hinsicht zwischen
den Ländern der mongolischen und kaukasischen Racen eine eigenthümliche Uebergangsvermittelung als ein Ausfüllungspartikel
zwischen Asien und Europa, (wie ein trefflicher Aufsatz im
Wiener Lloyd jene karpathisch-uralischen Landebenen in einer
Länge von 2 bis 300 Meilen gegen das kaspische Tiefland hin
nennt), wo sie sich in die unabsehbaren Steppen bis an die
Mandschurei und die Grenzen von China hin erstrecken; damit
wechseln jedoch die fruchtbarsten Landstrecken, wie von Galizien
aus durch Podolien und Wolhynien und südlicher von den un-
garischen Pußten (Haiden) mit zwischendurch eingestreuten Oasen,
wie das Gebirgsland Siebenbürgen (wohin sehr merkwürdig ein
germanischer Volksstamm vorgeschoben ist), die Ukraine mit den
üppigsten Wiesengründen und Grasebenen, so daß das traurige
Monotone der Hügel und Steppengegend durch die reizendsten
Kulturböden zwischeninne wieder aufgehoben wird und den Wan-
derer immer weiter bis in die Kirgisensteppe und zu den Hoch-
ebenen von Tibet, bis Persien und Iran hinlockt; je weiter
nach Osten, desto kahler werden die Wüsten und desto sandiger und
dürrer wird der Boden, unwirthbar sogar für das Nomadenleben.
Dieser eigenthümlichen Bodenformation entsprechend bildet sich
auch die Thier- und Pflanzenwelt eigenthümlich wie das
Kulturleben des Menschen im Allgemeinen, sowie sich die
kulturhistorische Entwickelung der Gesellschaft insbesondere in dieser
Abänderung abspiegelt. Es werden diese Länder von tartarischen
Slavenvölkern bewohnt, welche mit den Ungarn zwischen
asiatischer Rohheit und deutscher Bildung ein Mittel bilden und so
die künftige Vermittelung der abendländischen Civilisation über-
tragen werden. Die Germanen hielten diese weit vorgedrungenen
halbwilden finisch-tartarischen Asiaten nicht nur auf, sondern sie
trieben dieselben auch von dem kulturfähigen deutschen Boden
wieder zurück oder jene wurden germanisirt, und es ist den

Völkern eine p h y ſ i ſ ch e Herrſchaft über die Deutſchen nie gelungen. Die g e i ſt i g e Herrſchaft derſelben wird wohl auch in Zukunft noch lange den vaterländiſchen Boden bewahren und darauf in ſeiner Geſchichte geiſtig höher ſteigen, um durch ihre Nachbarn die ſchroffen Gegenſätze ſtufenweiſe aufzuheben und den Ueber= gang nach Aſien zu fördern. Auch d i e ſ ü b l i ch e r in der e u r o p ä i ſ ch e n T ü r k e i v o r h a n d e n e n r o m a n i ſ ch = ſ l a v i ſ ch e n V ö l k e r warten nur auf den Anſtoß von Weſten, um dem heil= loſen T ü r k e n r e g i m e n t ein Ende zu machen und mit d e n v e r w a n d t e n G r i e ch e n dann raſcher die europäiſche Induſtrie und Kultur nach Oſten zu führen. Die conträren Gegenſätze begegnen ſich alſo v o n E u r o p a a u s nicht ſo ſchroff wie von der andern Seite v o n A m e r i k a; die Bildung wird dort zwar langſamer, aber nachhaltiger reife Früchte bringen durch jene Zwiſchenvermittelung verwandter Volksglieder im ſteten in ein= ander fließenden Lebensverkehr, der bald vorzüglich von K o n = ſ t a n t i n o p e l aus, dem ſicher einſtigen Hauptmittelpunkt des Völkerverkehrs, vermittelt werden wird.

Von welthiſtoriſcher univerſeller Bedeutung iſt d a s g r o ß e r u ſ ſ i ſ ch e S l a v e n r e i ch bei dieſer großen bevorſtehenden An= gelegenheit, ebenſo ſehr in Rückſicht ſeiner geiſtigen, politiſch= religiöſen Geſchloſſenheit halber, als wahrer Gegenſatz der aſia= tiſchen Zerriſſenheit und pantheiſtiſchen Verſunkenheit, als wegen der ausgebreiteten geographiſchen Lage; der Fuß und Rumpf des gewaltigen Koloſſes hat ſeinen feſten Boden in Europa, an= gelehnt an die occidentaliſche Kultur, mit dem Kopf und den halben Gliedern reicht es herrſchend tief in Oberaſien hinein in die ſchon einmal von welthiſtoriſcher Bedeutung geweſene Kirgiſen= ſteppe in der Zeit der goldenen Horde. Der Raubvogel ſchaut im ruſſiſchen Wappen mit zwei Köpfen als Symbol ſeiner aſia= tiſchen und europäiſchen Doppelherrſchaft nach den entgegengeſetzten Himmelsrichtungen.

„Höchſt merkwürdig iſt es“ (heißt es im Lloyd) „für das Auge des aufmerkſamen Beobachters, wie ſchon ungefähr bei 45 Grad öſtlicher Länge dieſer Uebergang beginnt, wie die ſtark gehenden Wellen des weſteuropäiſchen geiſtigen Lebens ſich

in diese weiten Landebenen versanden und wie die scharf aus=
geprägten Conturen occidentalischer Erscheinungen sich in un=
sichere und schwankende Nebelbilder auflösen; so auch im Ge=
biete des Staatslebens; der moderne europäische Staat, die fest=
gegliederte Gesellschaft zerfällt in Stämme und Familien, der
Agricultur=Manufakturstaat geht in den Agriculturstaat über,
bis endlich jede staatliche Verbindung in den patriotischen Horden
aufhört, die im Hirtenstande leben. Diese selbstständige Natur
und kulturhistorische Erscheinung liegt begrenzt von europäi=
schem Sanguinismus und sinesischem Phlegma, zwischen
dem Heimathland der Brodfrüchte und dem Vaterlande der
Seide, eingeengt von occidentalischer Hypercivilisation
und der vorzeitigen Kultur Indiens, der orthodoxen Kirche
von Byzanz und Kiew und der Thiersymbolik der orienta=
lischen Götterverehrung."

Wie mächtig das physische Element des vaterländischen
Bodens der Heimath auf den Geist des Menschen überhaupt
und auf die Art der Kultur der Völker insbesondere einwirkt, ist
durch vorstehende allgemeine Züge angedeutet; aber
mächtiger ist bei weitem das Erbtheil des geistigen Elements für
die Anlagen und Begabungen der Individuen sowohl, als der Völker.
Die Gefühlsweisen und Triebe, die Gesinnungen und Handlungs=
gewohnheiten pflanzen sich in psychischer Hinsicht viel auffallender
fort von dem Aeltern und den Stammracen auf die Individuen
und Völker, als in physiologischer Hinsicht die leiblichen Formen;
Durch physische und leibliche Vermischung ändert sich die Körper=
form schneller und leichter ab, als der überkommene Geistes=
charakter, ganz besonders dann, wenn die Gewohnheiten und die
Erziehung in der ursprünglichen Art fortgepflanzt werden. Das
merkwürdigste Beispiel liefert hievon das jüdische Volk, das=
selbe ist jetzt noch in alle Welt und Klimate zerstreut, in seinem
geistigen Gehalte gerade noch so, wie es die Geschichtsschreiber
aus der Zeit der Pharaonen in Egypten beschrieben haben,
während die physischen Formen mancfache Verschiedenheiten nach
der ungleichen Lebensart angenommen haben. Das physische
Vaterland verläßt der Mensch ungern, er vertheidigt es mit Gut

und Blut, aber den von der Mutterbrust auf eingepflanzten Charakter der Gesinnung und den eigenartigen Geistesinhalt läßt Niemand auch vor keiner Gewalt fahren, er ist ja sein Leben, als dem zu entsagen er lieber den Tod wählt.

Das geistige Erbtheil der Menschen von den Aeltern ist ein Mysterium, das schon von der Zeugung an datirt. Graf Fiquel-mont berührt dieses wichtige Thema in dem genann-ten Manuskripte so geistvoll, daß wir es näher be-sehen und beherzigen müssen.

„Das Erbtheil durch die Zeugung in den Geistesanlagen ist leicht überall zu beobachten. Bei den aus dem wilden Zu-stande sich erhebenden Völkern ist es am auffallendsten; denn bei diesen werden die Kinder in einer späteren Generation nicht mehr ebenso wild geboren wie Anfangs, der Geist wird durch die Ver-edlung umgestimmt und geht so unmittelbar auf die Neuerzeugten über, der Boden der Anlage wird wenigstens gelockert und die Fähigkeiten erstrecken sich über ein weiteres Feld. Der Mensch gibt nicht, was er nicht hat und ein Kind kann Fähigkeiten und Thätigkeitsäußerungen von seinen Aeltern erhalten, welche die-selben bei ihrer Geburt nicht hatten. Man kann das Ueber-tragen von Neigungen und Geistesfähigkeiten ein physiologisches Gesetz nennen, das sich in der Geschichte des ganzen Geschlechts zeigt. Es wird daher ganz besonders das Heiligthum der Ehe so einleuchtend, sie allein enthält die Bedingungen der höheren Würde und Veredlung des Menschengeschlechts, wie die Ab-weichung davon die Verschlechterung herbeiführt. Im Sitten-gesetze allein liegt das Heil der Menschheit und das gött-liche Gesetz ist unwandelbar eine schaffende Kraft für Zeit und Raum, das der Mensch durch sein Leben erfüllen soll. Denn der Mensch handelt ja nicht blind bei der Zeugung, sondern mit Vorsatz und Wahl, er wählt die Zeit und sieht nicht nur nach der äußern Gestalt, sondern auch nach dem innern Gehalt und Gesinnung des sich verwandten Gegenstands. So liegt mehr schöpferische Kraft in dem Willen des Menschen, als man gewöhnlich glaubt, sein Wille wird wie seine That ihm zu-gerechnet, er allein hat als ein Vernunftwesen die Gabe der

Wahl, soll sie bloß zum Spiele dienen? Ein höherer Zweck liegt in der Ehe und in der Zeugung, als die Selbstbefriedigung, der hinausgeht auf das Allgemeine und auf die dauernde Ewigkeit."

Diese tief in das Mysterium eingreifenden Bemerkungen enthalten so viel Wahrheit, daß man nur auf die Individuen wie auf die Völker zu sehen braucht, um sie überall bestätiget zu finden. Die Vielweiberei nicht allein ist es, die überall unfehlbar den Ruin mit sich bringt, sondern schon die Gleich=giltigkeit in Ehesachen und noch mehr die Mißachtung und Ver=kennung der Heiligkeit der Ehe ist der sichere Hemmschuh aller wahren Sittlichkeit und das gewisse Zeichen einer niedrigen Ent=wickelungsstufe nicht nur, sondern auch des Rückschritts von der bereits erlangten Geistesbildung. Zeugniß davon geben uns ganze Welttheile im Großen, wenn die Erfahrungen unter uns im Kleinen nicht genügen sollten.

Die völlige Unkenntniß und die Geringschätzung dieses hoch=wichtigen menschlichen Gegenstandes der Ehe ist eine Grundursache der Verthierung und des niederen Standpunktes in der Bildungs=geschichte der Völker. In der Sklaverei der Frauen liegt der klarste Beweis der völligen Verkenntniß des göttlichen An=theils, den der Mensch, das Weib wie der Mann, in seiner An=lage besitzt und welchen zu pflegen das Weib nicht weniger be=stimmt ist als der Mann, nur jenes noch unter viel zarteren Formen, als die Trägerin eines — für die Gottheit bestimmten — Geschöpfes. Nicht umsonst ist ihr die Keuschheit des Sinnes angeboren und die Muttersorge in stiller Eingezogenheit zu warten und den Keim zu beschützen von sichtbaren und unsichtbaren Ge=fahren. Und soll sie der Mann wie ein Lastthier ungestraft behandeln dürfen, und nicht vielmehr wie der Nährvater Joseph die Jungfrau Maria zu sich nehmen und sie als seine andere Hälfte des himmlischen Erbtheils halber an seiner Seite beschützen, die ohnehin schwächere und von Natur aus mehr passive Dulderin?

Die Veredlung der Völker muß zuerst von den mo=ralischen Gefühlen ausgehen, die zunächst in den Ge=schlechtsverhältnissen des Familienlebens verborgen sind, und wo dazu die Ahnung und der Trieb fehlt, da wird die Schuldenlast der Erbsünde immer mehr gehäuft, statt das Menschengeschlecht davon zu befreien, wie das Christenthum lehrt, welches das Frauengeschlecht emancipirt und unter den höheren göttlichen Vernunftgesetzen dem Manne gleichstellt. Eine wirkliche Veredlung datirt sich daher auch in der Entwickelungsgeschichte erst seit der Gründung des Christenthums bei den europäischen Völkern, wo das Heilighalten der Ehe wenigstens von den staatlichen Einrichtungen als ein nothwendig gewordenes Rechtsverhältniß anerkannt ist, was, wenn es in dem wahren ideellen Sinne (wie bemerkt) aufgenommen und gepflogen würde, sicher von nicht geringerer Heiligkeit seyn würde, als die durch religiöse Einsegnung geweihte Ehe. Denn in unserem Horoskope steht „das Recht" in demselben göttlichen Werthe, wie „die Wahrheit" und „die Schönheit" und „die Liebe", welche, wenn sie nicht das Göttliche in sich hat und ohne Wahrheit, ohne sittliche Schönheit und ohne Rechtssinn geschlossen und gepflogen wird, wie meistens aus Spekulation oder durch Kuppelei, gemächlich auf anderer Leute Kosten unter Dach zu kommen, vergeht wie das Wetter. Eine solche Liebe ist ohne Echo, ein leerer Schall, eine solche Ehe hat keinen Schluß, sie ist nur ein Freibrief zur Selbstbefriedigung und Unzucht.

Die Ehelosigkeit der Völker und die götzendienerische Ehe der Individuen sind eine Hauptursache der Verwilderung und des noch im Allgemeinen so niedrigen Standpunktes der Bildung, das Christenthum allein enthält das Licht zur wahren Erhebung und Aufklärung aus der Verdunkelung und thierischen Niedrigkeit zur wahren ideellen Humanität, auf welches die Völker noch warten, um es in dem rechten Geiste dort aufzunehmen und hier in sich auszubilden.

Graf Fiquelmont deutet ferner an: wie die Aehnlichkeit der Gesichtszüge der Aeltern in den Erzeugten besonders das Geistige nach den analogen psychischen Thätigkeiten in den Neigungen und Trieben ꝛc. ausdrücke, sowie umgekehrt die gleichen Funktionen und Geistesbeschäftigungen eine Gleichheit der Formen hervorbringen, wie dieß z. B. häufig bei miteinander übereinstimmenden Eheleuten sichtbar ist. Das ist nicht Zufall, sondern

sich gleich bleibende Wirkung gleicher Ursachen bei Menschen und
Völkern, die in Charakter= und Gesichtszügen durch Jahrhunderte,
je nach der gleichen und unveränderten Vermischung der Ge=
schlechter und der Sinnesart, sich gleich bleiben. Wie die Fort=
pflanzung ein streng gesetzliches Mysterium ist, so hat auch das
psychologische Seelenleben eine gesetzliche Rückwirkung auf das
physiologisch=materielle Leibesleben. Die Reizbarkeit der Nerven
und die Art der Bewegungen im Blute wie im organischen
Mechanismus unterliegt den geistigen Einflüssen der Phantasie,
der Verstandes= und Gemüthsthätigkeiten. Gleiche Töne oder
dauernd ungleich veränderte Steigerungen derselben bringen gleiche
oder ungleiche Folgewirkungen hervor. Es muß also der Psyche
auch bei der Zeugung die erste Rolle zuerkannt werden, wobei
jedoch bald das männliche, bald das weibliche Princip als über=
wiegende Potenz nicht bloß bei Individuen, sondern auch bei
Völkern den vorherrschenden Geistescharakter erzeugt, wie z. B.
bei den geistesthätigen kaukasischen Völkern im Gegensatz
der mehr in Gefühlen und in contemplativer Ruhe und auf
gleicher Stufe verharrenden semitischen Orientalen.

„Je weniger Intelligenz in dem Nachbildungs= und Zeugungs=
processe, desto strengere Formen, und so mehr bleibt das innere
Wesen beim Alten. Die Intelligenz hat aber eine große Kraft
zu modificiren; denn die Natur an sich ist stetig und erhält das
Bestehende unverändert, im Geiste liegt die Kraft der Veredlung,
durch die Civilisation verschönert sich die Erde und der Mensch
wird geadelt, was sich sogar auf die Hausthiere erstreckt, bei
denen die Form und der Instinkt durch die Zucht sich verändern.
Nicht blos in der Erziehung liegt die Veredlung des Kindes,
es bringt die Anlage des Adels schon in der Geburt mit sich;
denn die Erziehung fängt mit jedem immer wieder auf dieselbe
Weise an, und die Veredlung würde damit sehr beschränkt blei=
ben.“ Graf Fiquelmont.

Die wahre Erziehung muß schon in der allgemeinen Gesetz=
gebung für die ideelle Veredlung des Geschlechtes begründet seyn
und wie könnte da der Grund tiefer gelegt werden, als in der Er=
ziehung, die mit der Ehe beginnt. Weise Gesetzgeber in dieser

Hinficht wirken daher nicht bloß auf ihr eigenes Volk als zeit=
liche Wohlthäter, sondern für die Ewigkeit, sie sind göttliche
Sendboten zur Aufrichtung des schwachen Menschengeschlechts,
ihr Geist leuchtet den kommenden Geschlechtern und ihr Name
wird fortklingen in alle Zukunft.

„Im Geschlechte wirkt die schaffende ideelle Kraft als gött=
licher Geistesfunke in der Stille fort in Sitte und Tugend; denn
wie die Sündhaftigkeit erbt sich auch die Tugend fort, nur .erbt
sich das Bessere noch viel nachhaltiger; wäre es nicht der Fall,
so wären wir sehr stiefmütterlich besorgt. So ist der Zeitgeist
nichts anderes, als die bei einem Volk wirklich gewordene zum
Guten oder Bösen hinneigende allgemein herrschende Idee eines
Volkes.“ Graf Fiquelmont.

Nicht allemal zündet eine ausgesprochene Idee sogleich, daß
sie in der Geschichte zur leuchtenden und leitenden Feuersäule
wird, wie bei Moses; oft schlummert sie lange wie der Samen=
keim, bis sie im Volke Wurzel faßt, zu rechter Zeit und am
rechten Ort ihre Blätter und Blüthen treibt und endlich zum
herrschenden Zeitgeist wird, der endlich zur allgemeinen nach=
theiligen oder wohlthätigen Frucht den Völkern reift.

Ju dem Zeitgeiste der Jahrhunderte liegt die volle wellen=
artig sich bewegende Geschichte der Völker, in der eine allgemeine
Idee oft auch plötzlich ein ganzes Volk begeistert, ein Gedanke
treibt und beseelt das Ganze und der Macht eines solchen Willens
vermag nichts zu widerstehen. Aber einer solchen Begeisterung
liegt nicht immer eine göttliche Idee zu Grunde, es ist oft mehr
die Folge eines psychologischen, durch Ansteckung verbreiteten
Grundes, der indessen nie ein bloßer Zufall ist, sondern seine
Ursachen in den vorausgegangenen den Zeitgeist bedingenden Be=
gebenheiten hat. Dieß sind die Revolutionen in der Geschichte,
die aber solche Folgen haben, daß der Zeitgeist nie wieder ganz in den
alten Takt und in die vorausgegangene Tonart zurückfällt. Entweder
beschleunigt die Revolution die Schritte in die Zukunft um das aus
der Anlage in der Entwickelung begriffene Geistesleben der Bestim=
mung näher zu führen, wenn der Begeisterung des Volks eine wahr=
haft edle Idee für Wahrheit und Recht zu Grunde liegt, oder

die Revolution führt zum Abgrund des Verderbens, wo die rohe Selbstsucht leidenschaftlicher Triebe sich der Vormundschaft einer vermeinten Fremdherrschaft rachesüchtig entziehen möchte, ohne wahren inneren Selbstgehalt weder in geistiger Hinsicht andern als Muster des veredelten Zeitgeistes zu dienen, noch in materieller Hinsicht durch die geographische Lage und die damit gegebenen Hilfsmittel eine dauernde Herrschaft zu gewinnen. Beispiele hievon sind die Revolutionen der **Polen**, der **Ungarn**, der **Italiener**.

Wo immer, so klein oder so groß eine Nation oder ein Volk seyn mag, der Zeitgeist seine Wurzeln nicht in dem tiefgesäten Samenkorn der göttlichen Ideen „der Wahrheit" und „des Rechts" und „der Nächstenliebe" hat, **wie sie das Christenthum lehret**, wenn sie vielleicht auch noch mehr in der Anlage unentwickelt und noch mehr in den Blättertrieben enthalten sind ohne die schönen Blüthen und wahren Früchte im Großen zu zeigen, da ist auf keine lange Dauer einer Selbstständigkeit zu rechnen, und zwar um so weniger, wenn **der Volkskern aus Mangel einer tiefern Geistesanlage, aus gemischten Elementen der Racen** und aus versäumter Ausbildung und Geistespflege wurmstichig ist, wozu ferner auch die **geographische Lage** der Landesverhältnisse besonders zu rechnen sind; in solchen Fällen ist gar nicht an eine Einigkeit der Stimmung und Volksherrschaft zu denken, und der alte Spruch: „omne regnum in se divisum desolabitur" wird sich unfehlbar bewähren. Schon **David** prophezeite: „wo die Zunge nach Schaden trachtet und mit Lügen schneidet, wie ein scharfes Scheermesser, und lieber Böses und Falsches redet, denn Recht, den wird Gott ganz und gar zerstören und aus seiner Hütte reißen und aus dem Lande der Lebendigen ausstoßen." Ps. 52, 7. Das Prognostikon ist obendrein auch noch (wie oben gezeigt) aus dem **psychologischen** Geistesgehalt eines Volkes zu stellen, aus der Verstandes= und Gemüthsanlage, aus der Sinnesrichtung und aus dem vorherrschenden freien Willensgebrauche, in wie fern sie durch Erziehung und Pflege veredelt aus dem Brachacker hervortreiben, ohne welche die Natur ohnehin nur Unkraut und wilde Früchte

treibt. Denn wenn der einzelne Mensch nur eine einseitige Erziehung genießt zu speciellen Berufszwecken, oder um das tägliche
Brod zu gewinnen, so ist es im Ganzen anders; ein Volk muß
von der Erziehung eine allseitige psychologische Anregung erhalten
haben, um nicht nur für das Feld und den Acker zu Hause zu
seyn, sondern in den Idealgebieten der Kunst und Wissenschaft,
der Religion und Moral seine Geistesthätigkeiten zu einer höheren
Lebensaufgabe zu gebrauchen. Ein bloß elementares Wissen ober-
flächlicher Glaubenssätze ist keine Bildung, ja das bloße Ver-
standeswissen, wenn es sogar ein philosophisches ist, ist noch
keine wahre Veredlung, dem Gemüthe muß durch eine moralische
Erziehung die rechte Richtung gegeben werden, es muß von religiösen Gefühlen durchdrungen und die Triebe müssen von der Moral geleitet seyn, wie der selbstbewußte Wille seine Handlungen auf
dem allgemeinen Rechtswege einzurichten hat. Durch diese Charaktere wird ein jedes Volk mehr oder weniger von den höheren Idealen durchdrungen seine Bildungsstufe kennzeichnen, die unserem
Horoskope nicht nur das wahrscheinliche, sondern beinahe das nothwendige Schicksal zu verkündigen dient.
Es können Völker wie Individuen durch Zucht und Geistes-
zwang zu einer gewissen Gelehrigkeit und zu gehorsamen Werk-
zeugen abgerichtet werden; allein wo jene allgemeinen Charaktere
fehlen, da ist es Sklavensinn und kein selbstbewußtes freithätiges
Glied im Staatsorganismus. Der gezwungene Schüler hat
nichts in Mark und Blut aufgenommen und er sucht, des Zwanges
los, die zügellose wilde Freiheit. Zwang hat nie Dauer bei
einem lebensfähigen Volke, die menschliche selbstbewußte Freiheit,
durch Neigung und Liebe getragen, aber haftet und widersteht
den Stürmen der Zeit.

Ueberaus lehrreich wendet Graf Fiquelmont „das allgemeine Gesetz des Dualismus" auch auf die Völker an. Er
sagt: „Ein Volk als personificirte Abtheilung des Geschlechts
verfällt wie jedes Individuum in einen unvermeidlichen Dualismus, einerseits nämlich sich mit dem allgemeinen Ganzen zu
vereinigen, anderseits sich selbstständig zu isoliren. Ein Volk
soll sich niemals von dem Geschlechte ganz trennen, dem es an-

gehört, sonst geht es ihm wie den Juden, aber es soll sich auch nicht so vereinigen, daß es sich in ihm auflöst und sein besonderes Daseyn verliert. Zu diesem Dualismus liegen zwei Kräfte im Menschen, eine erhaltende leidende und eine thätige entwickelnde. Vollständigkeit und Dauer wird ein Volk haben, wenn beide Kräfte in ihm gleichzeitig und in den den Umständen angemessenen Verhältnissen wirksam sind; die erstere mäßiget die letztere und regelt die schöpferische Kraft in ihren Trieben, daß sie nicht eine zerstörende werde; ist die letztere nicht mehr wirksam, so erlahmen die Lebensverrichtungen und es steht der Verfall bevor — denn ein Leiden ohne Bewußtseyn erschöpft endlich ein Volk. Bei Unterjochung eines Volkes soll immer die Individualität berücksichtiget werden: will man es zerstören, um der Eroberung Halt zu geben, so vergeht man sich an einem Gesetze Gottes, welcher die Menschheit in Völker getheilt hat; dadurch entwickelt sich eine geheime Widerstandskraft als eine Bedingung gleichsam gegen den Uebermuth, die auf eine Erlösung wartet, die Wiedergeburt der Zeit überlassend; sind beide Kräfte in einem Volke unthätig oder haben sie ganz aufgehört, so muß es nothwendig zu Grunde gehen und verschwinden und es kann der rohesten Gewalt gelingen, es mit dem Schwerte auszurotten; ein Volk umzubilden bleibt aber das ausschließliche Werk der Intelligenz."

Ein Eroberer kann die erhaltende Kraft eines Volkes, das hier unter dem sklavischen Drucke leidet, und dort in einer herkömmlichen Gewohnheit schlummert, wecken; er kann ein thatkräftiges Volk fanatisiren und mit ihm im Sturmschritt die Welt durchziehen, er wird aber den Besitz der Herrschaft über die Ueberwundenen nie lange behalten, wenn nur das drohende Schwert und nicht die erleuchtende Idee die Wache hält, denn der Antheil der erhaltenden Kraft einer Nation stellt sich dem Zwang und der Unterdrückung stillschweigend entgegen, bis es gelegentlich die drückende Kette bricht. Den angebornen Sinn aber und den Charakter eines Volkes umzubilden vermag die Gewalt nie, wohl aber das Licht der Wahrheit und des Rechts, welche stetig als Richtschnur die Staatswage lenken, wann die geistige

Uebermacht eines gebildeten Volkes der erhaltenden Kraft eines lebensfähigen Volkes zum Musterbild dienet.

„Schließt sich ein Volk von der Umgebung (wie Graf Fiquelmont sagt) zu sehr ab, so geht es ihm wie den Chinesen im Großen, oder im Kleinen wie den Juden, die keinen Boden und kein Land mehr haben und doch nicht aussterben. Jene vegetiren auf dem Boden angewachsen geistestodt blos um die Früchte des Landes zu verzehren, „fruges consummere nati.“ Diese irren durch alle Welt heimathlos gestoßen und gedrückt von Jedermann, aber kein Moses findet sich, der sie aus der Wüste ihrer geistigen Absonderung auf das grüne Feld der Entwickelung zuführt, weil ihnen die thätige Kraft des Geistes gänzlich abgeht; denn sie leben nur durch die einseitig erhaltende Kraft in der geistigen Absonderung, ohne sich in die Völker aufzulösen, und ohne doch auch sich zu einem Staate versammeln zu können. Den Juden geht der Entwickelungstrieb völlig ab und ihr geistiger Gehalt ist sehr niedrig, den sie durch die ausschließende Ehe unter sich hartnäckig forterben; denn sie zeichnen sich im Allgemeinen weder durch einen höheren Wissenstrieb, noch durch Wahrheitsliebe und moralische Rechtlichkeit, sondern mehr durch eine gewisse List und Schlauheit zu Erwerb zeitlicher Güter aus, wofür sie Anfeindung und Verfolgung eben so leicht ertragen, als den Spott und die Verachtung.

„Der alte Glaube an einen einigen Gott“ stellte sie im Alterthum als das auserwählte Volk über alle andern heidnischen Völker, von denen sie sich nur durch die Absonderung, zwar mit Mühe aber nicht ganz mit Erfolg, rein erhielten; dadurch gewannen sie eine gewisse Ueberlegenheit über dieselben, ein Gefühl der Persönlichkeit, daß sie eben so stolz im Siege waren, den sie durch ihren Gott geschützt errungen, als sie die Niederlage nicht entmuthigte, weil sie darin nur die Strafe ihrer Vergehen gegen ihn erblickten; auch das dienstbare Joch ertrugen sie im Nothfalle ohne Entwürdigung, das sie als eine Prüfung und Mahnung geduldig ertrugen, so fest war ihr Sinn und so hartnäckig halten sie an ihrem alten Glauben, daß sie selbst durch die Verstoßung nicht verletzt an die Hilfe und Zukunft des Messias

glauben; aber ihre Propheten schweigen und klagen nicht
mehr, wie „an dem Wasser am Bache Chebar, und die Herrlichkeit des Herrn erscheint ihnen nicht mehr;" sie haben keine
Stiftshütte und keinen hohen Priester mehr, welcher der Thiere
Blut als Opfer in das Heilige für die Sünden traget, und an
den neuen Altar treten sie nicht, das Lobopfer nicht in den ge-
säuerten Kuchen, „sondern in der Frucht der Lippen, die den
Namen Jesus bekennen, darzubringen, der durch sein eigenes
Blut das Volk heiligte." Paul. Ebräer 13. 12.

Unser Horoskop weissaget den Juden keine Zukunft
mehr, sie sind vereinzelte in alle Welt zerstreute Glieder ohne
geistige Empfänglichkeit und Zeugungskraft, eine Vervollkommnung
ist ihnen daher aus dieser doppelten Ursache unmöglich, sie werden
bleiben, was sie bisher in allen erdenklichen Lagen geblieben
sind, sie werden, wo sie können verkehren, um zu gewinnen, aber
Gold, nicht Geistesschätze; denn die höhere Bildung der Eltern
geht mit diesen verloren, weil sie nur das Geld, aber nicht den
Geistesschatz hinterlassen, „in den Gefängnissen fehlt das Brod
nicht, aber das Licht," da sie keine Erziehungsanstalten haben,
und leider von den vorhandenen Landesanstalten größtentheils
ausgeschlossen werden. Außerdem verdarb das mosaische
Gesetz die Anlage der Juden zur höheren Selbstveredlung schon
ursprünglich dadurch, daß es sie zu so frühzeitiger Ehe verpflichtet,
die unentwickelten Geschlechter zeugen Kinder, reich an Zahl,
aber arm an Geistesgütern, weil so die Eltern keine Fähigkeiten
vererben können, die sie selbst nicht besitzen. Es mag wohl auch
hierin ein Grund liegen, daß die Juden sehr furchtsam sind und
selten viel Muth haben. So wird der Sinn, Charakter und
die Gemüthsart unverändert fortgepflanzt, in letzterer Hinsicht
besonders im Gegensatz der alten Deutschen, die zwar
rohe Heiden und ohne alle Bildung in die Geschichte eintraten,
aber mit einer unverfälschten reichen Naturanlage, und doch mit
so viel Verfassung, die Stammeseinheit zu erhalten, und mit
der herkömmlichen Sitte der späten Verehelichung und hohen
Achtung des weiblichen Geschlechts, daß schon die Römer ihre
Tapferkeit bewunderten und sie vorzüglich davon herleiteten.

Wenn also die urgesetzlichen Grundlagen überall fehlen, so haben die Juden kein Heil zu erwarten, „und wo sie harren aufs Recht, so ist es nicht da, oder aufs Heil, so ist es ferne." Auch für sie ist kein anderes Heil möglich, als von dem allgemeinen Erlöser und Seligmacher, „den Gott durch seine rechte Hand erhöhet hat zu einem Fürsten aus Davids Samen, wie er verheißen hat Jesum dem Volk Israel zum Heiland." Apostelgeschichte 13. 23.

„Wie der wilde Oelbaum der Heiden ist eingepfropft worden in den guten Oelbaum der Juden, daß er theilhaftig geworden ist der Wurzel und des Saftes, so werden die verdorrten Zweige auch wieder eingepfropft werden in ihrem eigenen natürlichen Oelbaum. Blindheit ist Israel eines Theils widerfahren, so lange bis die Fülle der Heiden eingegangen sei, und also das ganze Haus Israel selig werde, welches jetzt nicht hat glauben wollen an die Barmherzigkeit." Römer 11. 21.

Wenn wir mit einer solchen Bestimmtheit einem Volke das Horoskop stellen und sein Schicksal gleichsam an den Fingern abzählen, so wird der Leser dabei nun eben nicht mehr so etwas sehr Auffallendes finden, das Urtheil ergibt sich aus den Thatsachen des Lebens von selbst. Die Thatsachen eines Volkes sind eben seine Geschichte und diese als der Ausdruck des lebendigen Inhalts lauft gesetzmäßig ab. Gerade diese Gesetzmäßigkeit läßt uns das Schicksal eines jeden Volkes errathen, dessen Vorgehen uns hinlänglich bekannt ist; denn ihre Schicksale haben die Völker in ihren eigenen Händen, sie tragen die Verantwortlichkeit in sich selbst, wie wir (oben) gesehen haben. Die psychologische Vernunftgesetzmäßigkeit bringt ein jedes sich absondernde und eigenthümlich auftretende Volk mit sich; im Selbstbewußtseyn sich von den Dingen der objektiven Außenwelt zu unterscheiden, dazu hat es das Gefühl und das sinnliche Vorstellungsvermögen, wie den Trieb und die freie Willenskraft; es hängt nur davon ab, wie der Verstand und das Gemüth davon Gebrauch macht, einem höheren göttlichen dem Menschen anerschaffenen Gesetze zu entsprechen, dem Urgesetze nämlich: daß das menschliche Vernunftwesen dazu bestimmt ist, sich selbst zu

veredeln; denn der Mensch bringt nicht nur die Fähigkeit zur
Vereblung mit sich auf die Welt, sondern seine Existenz und
sein Glück liegt nur allein in der wirklichen Vereblung. Nun
liegt in der äußeren Natur noch obendrein das Gesetz der Nothwendigkeit, so daß diese seine Vereblung nicht hindern, sondern
nur fördern kann, wenn der Mensch auch der Naturgesetzmäßigkeit
folgt, und diese zu seinen Zwecken benutzt, soviel er immer durch
Erforschung und Erkenntniß ihre Kräfte dienstbar machen kann,
und wo er es nicht kann, der Nothwendigkeit ausweicht. Die
Natur selbst ist für den Menschen von der Vorsehung so wunderbar
eingerichtet, daß sie ihn einerseits als dienstbares Hilfsmittel und
Werkzeug zur Thätigkeit herausfordert, anderseits, daß sie ihm
eine Schranke zur Selbstbeherrschung bildet.

Nun fragen wir: „wie gebraucht ein Volk herkömmlicher
Weise seine Geisteskräfte und welche Anlagen zeigt es zu Künsten
und Wissenschaften; wie ist der gesellige Zustand in Staat und
Kirche beschaffen, und endlich wie hoch steht es auf der Humanitäts-
stufe der Menschenvereblung; macht es Fort- oder Rückschritte
auf dem Gebiete der Wahrheit und Schönheit, der Religiosität
und Moral? Wie weit ist es in der Beherrschung der Natur
gekommen und wie verhält es sich in den Beziehungen des
Völkerrechts?

Die Gesetzgebung, die Erziehung, die Politik liegt im National-
geiste der Völker selbst, entweder ursprünglich aus sich heraus,
oder von außen eingebildet, und so ist jedes Volk eine organische
Individualität in Haupt und Gliedern, und ihr Schicksal ist in
der Gesinnung und Sitte des Ganzen und nicht etwa in der
Regierungsart begründet, denn diese ist doch auch nur der Ausdruck des Volksgeistes. Nun finden allerdings Umbildungen der
Völker statt, und zwar sind diese Folgen entweder äußerer Verhältnisse, oder der eigenmächtigen inneren Umstimmung. Eine
weitere Ausbildung erhalten Völker oft nach langem Stillstand
durch den Zusammenstoß mit fremden Stämmen in entfernten
Ländern, durch Herausfordern und Anreizen zum Auswandern
in die Heimath der Angreifer, oder durch das Einwandern und
die Aneignung der vorgefundenen Bildung der Besiegten. Ein

Beispiel der ersten Art sind die Perserzüge nach Griechen=
land, wodurch Alexander Gelegenheit nahm, über den
Hellespont zu gehen und griechische Bildung nach Asien
zu bringen. Beispiele der zweiten Art sind die Araber in
Spanien, wodurch die maurische Bildung entstand, auch
die Deutschen nahmen ihre Bildung von den besiegten
Römern an. Durch das Einwandern höher gebildeter Völker
wird die Kultur in fremde Länder verbreitet und den Ureinwohnern
mitgetheilt, wie den Italienern durch die Griechen und
in der neueren Zeit allen fremden Erdtheilen vorzüg=
lich durch die Germanen und durch die europäische Kultur
überhaupt, welche die geistige Weltherrschaft übernommen hat.

Ein wichtiger Umstand in der Kulturgeschichte ist die Mischung
der Völker; eine zu große Vermischung mit fremden Elementen
verschiedener Nationalität hindert die innere Selbstkraft, wie die
zu große Abschließung aus Mangel an Nahrung und Reiz er=
schlafft. Ein Beispiel hievon sind die romanischen Völker
und unter diesen vorzüglich die Italiener, die nicht mehr ein
Stammvolk, sondern eine Mischung aus verschiedenen Nationali=
täten zusammengesetzt ebensowenig eine innere Geistesgemeinschaft
außer der Sprache besitzen, wie sie in verschiedene Länder getheilt,
eigentlich kein gemeinsames Vaterland haben. Ein Hauptvolk
muß aus den Wurzeln seiner Stammrace hervorwachsen, den
Geistesverkehr und die Mischung mit andern suchen, aber nicht
so weit treiben, daß es die geistige Selbstkraft der Stammeseinheit
und den Boden des Vaterlands verliert. Ein Beispiel dieser
Art, wie es kein anderes gibt, ist das germanische Volk
und insbesondere die deutsche Nation, die den Kern des
inneren Geistesgehalts aus der Erbschaft der Väter bei all dem
zeitlichen Misere noch unverdorben in sich trägt und den Boden
des Vaterlandes bis zur Stunde rein erhalten hat. Wir wer=
den in einem besonderen Kapitel die Gegenwart des
deutschen Volkes noch näher beschauen und davon dann allen
gangbaren Ansichten und Behauptungen entgegengesetzte Folger=
ungen einer neuen Zukunft ableiten.

Mit Rücksicht auf alle diese Motive und Umstände darf man es schon wagen, die Gegenwart zu kritisiren, und den wahrscheinlichen Entwickelungsgang voraus zu verkündigen, und somit den einzelnen Völkern das Horoskop zu stellen. Denn was in einem Volksgeiste sich einmal in einer bestimmten Gestalt ausgesprochen hat, das hat er so fest in sich aufgenommen, daß er nicht mehr davon abläßt, oder sich so leicht umstimmen läßt, wie der einzelne Mensch, vielmehr steigert es sich unaufhaltsam wie durch Ansteckung mit der Zeit durch das Mitgefühl durch alle Schichten des Volks, daß es bis zur Leidenschaft wachsen kann, welche ein Volk leichter ergreift als das Verständniß, und schneller hinreißt, von der richtigen Bahn abzuweichen, als sich zu besinnen und mit Klugheit die Verhältnisse abzuwägen. Was dem Einzelnen möglich ist zu unterscheiden und nach den Begegnissen und Umständen abzuweichen oder vorwärts zu schreiten, ist dem Ganzen unmöglich; weil darin die vielen Köpfe nicht eines Sinnes sind, und nur selten der rechte Mann als Oberhaupt auftaucht oder vorhanden ist, um das ganze Volk zu leiten und zu beherrschen. Findet sich ein solches Oberhaupt in kritischen durch Leidenschaften aufgeregten Volksbewegungen, so kann es den Sturm bändigen und Großes leisten, wie Bonaparte in Frankreich, oder ist ein solches von der Vorsehung an die Spitze gestelltes Oberhaupt als Führer vorhanden, so ist dieses der Leitstern der folgsamen Schaaren durch Gefahren und Hindernisse, wie Cäsar und Karl der Große. Fehlt ein solcher Führer ganz, der kräftig von oben oder kühn sich hervorthuend von unten das Steuerruder ergreift, so schaukelt das Volk wie das Schiff vom Winde getrieben hin und her, wie in Spanien, bis es in der Zeit ermüdet dem Geschicke nachgibt und auf bessere Zukunft wartet.

Man sieht hienach leicht ein, daß ein Führer des Volks, der Gesetz und Ordnung aufrecht hält, ein wahrer Segen Gottes ist und wenn es auch nur zeitlich geschieht, wie viel mehr leuchtet es ein, daß Gesetz und Ordnung zu dauerndem Glück nur festhält, wenn die Fäden der gesellschaftlichen Bande nicht von vielen Knotenpunkten ausgehen, sondern von dem Grunde der

Volkspyramide hinauf bis zur leuchtenden Spitze zusammenlaufen, wo sie ein persönlicher Wille festhält, und mit göttlicher Gerechtigkeit regieret.

III.
Horoskopische Umschau in der Gegenwart.

Ueberschauen wir die Gegenwart des großen Ganzen der Menschheit, so tritt uns sogleich ein bisher noch nie gesehenes Schauspiel entgegen, das wohl geeignet ist, unsere ganze Aufmerksamkeit zu fesseln. Offenbar stehen wir am Eingang einer neuen Zeitperiode, auf allen Seiten der Erde rühren sich die Völker, von denen viele noch fast unbekannt waren, und treten theils freiwillig, theils gezwungen in Verkehr. Der Trieb nach Ausdehnung, die Begierde nach neuen Gütern, das Verlangen, durch Erweiterung des Handels die Existenz zu verbessern und zu sichern, sind Erscheinungen einer allgemeinen Centrifugalkraft. Noch nie waren die Wohnplätze der Menschen auf der ganzen Erde so offen, so einladend zur Einschau und Einkehr wie jetzt, aber auch noch nie gab es eine so allgemein politische Aufregung des ganzen Geschlechts. Es wäre die Regsamkeit und das Treiben dieser großen Gegenwart unserer Zeit schon allein eine interessante Unterhaltung, noch interessanter aber wird sie, wenn man damit das Vorher des geschichtlichen Bodens ins Auge faßt, worauf die Gegenwart ruht, und wohin sie in der Zukunft ihres Verlaufes führet.

Unsere „horoskopische" Umschau soll diesen dreifachen Gesichtspunkt festhalten, wodurch wir ein Instrument in die Hände bekommen, das verschlossene Buch der Zukunft zu öffnen und mit einiger Sicherheit eine Strecke weit in diese neu angebrochene Zeitperiode hineinzuschauen. Denn so verschlossen ist keine Wahrheit, daß das redliche Streben, ihr nahe zu kommen und in der Dunkelheit sich Licht zu verschaffen, nicht belohnt würde. Die Möglichkeit dazu liegt schon in dem Bewußtseyn, daß mit der Gegenwart die Grenze nicht abgeschlossen, und daß der Entwickelungsgang des menschlichen Geistes ein gesetzmäßiger ist, (wie wir oben gesehen haben), daß also die Zukunft nichts anderes ist, als die Ergänzung und Erfüllung der Gegenwart, wie diese das Triebreis der Vergangenheit ist.

Die erste große Frage, um die es sich zunächst handelt, und deren weitere Beantwortung allein ein großes Buch füllen würde, ist die: „wie spät ist es an der Zeit und in welchem Stadium der Geschichte befindet sich gegenwärtig die Menschheit?"

Diese Frage mag befremden und die Beantwortung derselben als Anmaßung erscheinen; wir stehen indessen nicht an, darüber in allgemeinen Linien den gegenwärtigen Standpunkt und den wahrscheinlichen Entwickelungsgang des zukünftigen Weltlaufs anzudeuten. Denn da der Menschengeist im Großen nichts anderes ist, als der Inhalt des Vernunftprincips, getragen von den Individuen der Gattung, so wird der Menschengeist dieselbe Gesetzmäßigkeit auch im Ganzen, nur im großen Maßstabe befolgen in die Zukunft hinaus, wie die geschichtliche Erfahrung aus der Vergangenheit dieselbe bis zur Gegenwart aufgewiesen hat. Wenn ferner alle Entwickelung einen gewissen Stufengang in aufsteigender Linie mit einer vorzüglich physischen Ausbildung der organischen Glieder befolgt, bis sie die Krafthöhe erreicht und dann im Bogen sich auf die absteigende Linie der vollen Geistesthätigkeit zuwendet, so muß auch im Großen beiläufig die Stufenhöhe zu finden seyn, auf welcher die Menschheit entweder in der physischen Ausgestaltung ihrer Glieder gewissermaßen in der Vorbereitung sich befindet, oder schon auf der Höhe in die absteigende Linie der vollen Geisteskräfte übergehend sich einer gewissen Vollkommenheit nähert. Läßt sich nun eine solche Höhenstufe der Menschheit mit einiger Sicherheit bestimmen, so wird auch namentlich das Urtheil daran seine Begründung finden, auf welche Weise die einzelnen Glieder des Organismus an der weiteren Entwickelung des Ganzen mitwirken und Antheil nehmen werden. Durch eine solche Betrachtung gelangt man jedenfalls zu einer festeren Erkenntniß der Sachlage der menschlichen Dinge in der Gegenwart, woran die Trostlosigkeit der Einen über die menschliche unverbesserliche niedrige Schlechtigkeit sich emporheben, wie der Hochmuth der Andern über den hohen Standpunkt der schon erreichten Vollkommenheit sich herabstimmen kann, sowie anderseits die philistermäßige Schweigsamkeit, von der Zukunft überhaupt nichts sagen zu können, eben auch ihre Autorschaft nicht zu hohem Ansehen bringen wird.

Zur Begründung einer annehmbaren Wahrheit „über die Stufenhöhe der Menschheit" haben wir fürs erste einige Vorfragen zu erledigen, wodurch wir uns die Bahn durch das Dickicht brechen, nach einer lichten Anhöhe zu gelangen, die ganze Gegenwart nach allen Seiten überschauen zu können.

Eine der wichtigsten Fragen betrifft in dieser Hinsicht: den Völker-Organismus, „in wie weit derselbe in seinen Gliedern zu gemeinschaftlichem Zwecke ineinander greift;" „bildet derselbe bereits ein geschlossenes Ganze, das von einem Mittelpunkt aus regiert wird, oder drehen sich die einzelnen Glieder noch als Fragmente um die eigenen Achsen in selbstsüchtiger Abschließung?" „Wie weit ist die Erde bewohnt und zu einem Garten Gottes gemacht?" „Sind die organischen Glieder der Menschheit in gegenseitiger Anziehung oder Abstoßung in wohl begriffener Unter- oder hochmüthiger Ueberordnung auf der auf- oder absteigenden Linie der physischen oder der psychischen Ausbildung?" „Wo herrschet Stillstand und wer schreitet vor- oder rückwärts?" „Wie hoch steht der Bildungsstand der Humanität überhaupt und der einzelnen Völker insbesondere?" „Wie weit ist das Selbstbewußtseyn in den Verhältnissen des Lebens entwickelt zu Gott und der Natur?" „Ist Kraft des Willens da zu höheren Lebenszwecken, zu ewigen Bauten, oder geht man für Phantome in den Tod?" „Wie weit reicht die Aufklärung über diese Dinge, über Pflicht und Recht, über Unterthänigkeit und Freiheit in den Gliedern des Staates und der Menschheit überhaupt?"

„Wie weit scheint das Licht der höheren Vernunft-Ideale der Wahrheit und Liebe, der sittlichen Schönheit und Tugend in dem Gebrauche des Willens, des Wissens und Könnens?" „Wohin ist der Sinn und Trieb gerichtet und wie weit hat sich die Menschheit und die Völker insbesondere in die Zukunft des

zeitlichen oder ewigen Lebens hineingebildet?" „Wer führt das
Regiment der Staaten und mit welchen Gesetzen?" „Ist nur
die oberste Spitze oder der Grund der Pyramide ohne Spitze
von denselben beleuchtet?" „Was wird hier abgebrochen und
dort angesetzt an dem alten und neuen Bau der Staaten?"
„Wie steht es mit der Pflege der Wissenschaft, der Kunst, des
Rechtsstaates und der Religion?" „Wie viel Weisheit herrschet?"
„Regieret das Recht, die Politik oder das gezückte Schwert?"
„Herrschen die Götter Griechenlands oder der einige Gott des
Christenthums, der Glaube an die zeitliche Glückseligkeit Epikurs
oder an die ewige der ascetischen Einsamkeit und Abschließung?"
„Was ist das höchste Gut der Zeit, was dichtet die Vernunft?"
„Beherrschet die Kirche den Staat oder der Staat die Kirche,
wo eines das andere als Mittel zum Eigenzwecke benutzt, aber
nicht für das Reich einer unsichtbaren künftigen andern, sondern
von dieser Welt — herrschet Christus oder Belial?"

Alle diese und noch mehrere daraus ins Einzelne
gehende Fragen sind geeignet, uns ein ziemlich deutliches
Bild zu entwerfen, worauf man für diesen und jenen die Rechen=
schaft und das Horoskop wie aus einem Spiegel ablesen kann,
wenn man auf die Art und Verschiedenheit in der Färbung und
den Charakteren derselben Obacht gibt. Die mir bis dahin
gefolgten Leser wären ohne Zweifel im Stande, diese
Fragen selbst zu beantworten, wir können dieselben
daher kurz abmachen.

Auf die erste dieser Vorfragen kann man dreist mit
Hamlet sagen: „es ist ein wüster Garten, der auf in Samen
schießt, verworfenes Unkraut erfüllt ihn gänzlich." Schönheit,
Freude und Glück blühen noch nirgends auf dem Wohnplatze
des Menschengeschlechtes; auf der ringsum von Ost nach West
bewohnten, von Pol zu Pol durchstrichenen Erde fehlt noch viel,
bis die Gegensätze der zerstreuten Glieder zur Einheit der Har=
monie gebracht sind, in der „Alles sich zum Ganzen webt, eins
in dem andern wirkt und lebt, wie Himmelskräfte auf und nieder
steigen und sich die goldenen Eimer reichen;" die Quellen der

Freiheit in der Selbstbewegung sind noch überall getrübt, und das ganze Geschlecht ist krank.

Allein ein gewisser Assimilationsproceß hat bereits doch unter den verschiedenen Völkern der Erde begonnen, daß sie sich wenigstens als Glieder einer gemeinschaftlichen Kette erkennen und wie sie eine Himmelsluft athmen, die ihr Blut durchströmt, so möchten sie auch die ungefügige Abgrenzung und die ungleichen Töne der Harmonie beseitigen; die getrennten Bewohner der Haupttheile der Erde reichen sich wenigstens von ferne einander die Hände in Handel und Wandel, und wenn es auch nicht die Bruderhände der Innigkeit und Freundschaft sind, so leiten sie doch entweder freiwillig oder gezwungen eine nähere Bekannt=schaft und das Bedürfniß gegenseitiger Rücksichten ein, um im immer größeren Ganzen zusammenzufließen und die Isolirung aufzugeben, in der selbst die Glieder eines Welttheils als ver=lorne Posten zerstreut auseinander lagen und bei jeder zufälligen Begegnung sich feindselig abstießen.

Eine wechselseitige Anziehung mehr verwandter Glieder findet namentlich unter den Völkerschaften der kaukasischen Race in Europa statt, welches als der Mittelpunkt der Civi=lisation seit einem Jahrtausend die Stätte bildet, auf der jene wunderbaren Schwankungen von Anziehungen und Abstoßung der nacheinander aus Asien eingewanderten und sich begegnenden Stämme stattfanden, die nun immer mehr in einer familien=artigen Ausgleichung begriffen sich einander nähern. Man fängt hier an einzusehen, daß die verschiedenen Glieder zusammen ein System bilden, in welchem jedes nach seiner Art seyn und bleiben kann, wo aber das Maaß der gegenseitigen Lebensbedingungen keines sich allein bestimmen darf; denn jedes Volk ist zwar ein Individuum für sich, eine Position, aber nur ein Bruchtheil, der sich nur in der Harmonie des ganzen Systems zu entwickeln vermag. Die europäischen Glieder beginnen zwar in der Verschiedenheit ihrer Art, einander zu einer allgemeinen Wechsel=wirkung enger zu verknüpfen und zum gemeinschaftlichen Besten Aller sich zu ergänzen; Alle sehen ein, daß sie sich einander be=dürfen und daß sie bei aller Verschiedenheit ihrer Natur gemeinsame

Interessen haben, aber die Constituirung Europas ist in der Co- und Subordinirung deßwegen noch nicht fertig, es gibt noch überall einseitige Betonungen gewisser Traditionen, die man durch einen bewaffneten Frieden, durch Offensiv- und Defensiv-Allianzen aufrecht halten will; eine gegenseitige Ausgleichung der politischen und socialen Verhältnisse findet nirgends statt, ja man ist noch nicht einmal in der Grenzbestimmung der verschiedenen Nationalitäten übereingekommen; auch das Ideal einer Staatsform fehlt noch überall, man streitet über den Vorzug von Monarchie und Republik, welche beide in den bisherigen Mustern keine Dauer und Sicherheit bieten. Wenn nun in „physischer" Hinsicht die Gliederung des Völker-Organismus in der Anlage nach allgemeinen Umrissen in Europa gegründet scheint, so fehlt die „geistige Einheit des höheren männlichen Bewußtseyns noch überall und das Eintragen des Farbenschmuckes der ideellen Ausbildungen bleibt noch überall der Zukunft vorbehalten. Die übrigen Erdtheile sind noch disjecta membra in weiter Entfernung und gar nicht eingegliedert, unter sich zusammenpassende Systeme; überall spielt der Geist der Zwietracht in Leidenschaften der niedrigen Selbstsucht ohne Erkenntniß und Bewußtseyn der höheren Güter, die nur in der Gemeinschaft zusammenstimmender Kräfte zu erreichen sind; denn der Mensch ist ein Geschöpf der Gesellschaft und er kann seine Bestimmung nur in der Vereinigung lösen.

Die Sonne des Vernunftlebens steht also noch weit von dem Mittag ab und die Menschheit ist auf der aufsteigenden Linie noch lange nicht auf der Höhe des Bogens im Uebergange des Mannesalters, wo die verschiedenen Sinnesverrichtungen und Willensbestrebungen, die Gemüthstöne und Verstandesoperationen eine gewisse Festigkeit des Charakters im Selbstbewußtseyn anzunehmen pflegen; man könnte das Alter der Menschheit im Großen, die sicher einen gesetzlichen Verlauf, gleich dem normalen Zeitverlauf des Menschenindividuums, im Aeon des Weltlebens durchmacht (wie ich anderwärts gezeigt habe, „der Geist des Menschen in der Natur" und „anthropologische Ansichten") etwa dem Alter eines 19jährigen Jünglings vergleichen, so daß also die Menschheit noch nicht ein Viertel ihres Alters (von 81 Jahren) zurückgelegt hätte.

Darnach ergeben sich nun die übrigen Fragen gleichsam von selbst; wie wenig nämlich wahre Humanität zu finden, wie geringfügig das Selbstbewußtseyn in den Verhältnissen des Lebens und die höhere Aufklärung anzuschlagen ist; das höhere Idealleben der Vernunft ist noch kaum über den ganzen Horizont der Erde erschienen, und insoweit die europäische Kultur in Kunst und Wissenschaft reicht, das Rechtsprincip in den Staaten herrschet und die Kirche in der Pflege des ewigen Geisteslebens sich hervorthut, stimmt Alles zusammen, daß man noch nirgends dem Knabenalter der Schulen entwachsen ist. Denn der Zweck des Lebens ist im Allgemeinen überall ein zeitlicher Sinnesgenuß und höchstens ein abentheuerliches Industrieritterthum. Der Leib der von dem Geiste Gottes beseelten Menschheit schwebt wie die mit dem Menschengeiste beseelte Erde im jährlichen Turnus durch den Himmelsraum, ohne sich des Grundes ihrer Abkunft und ihres Lebenszweckes bewußt zu werden, ohne die materiellen Schranken des Raums und der Zeit zu durchbrechen und sich als ein Gottesglied in den Organismus der Welten einzugeisten.

Das Resultat dieser allgemeinen Beantwortung wäre also auf die (oben) aufgestellte Frage: daß die heutige Menschheit noch auf der aufsteigenden Linie der physischen Ausgestaltung ihrer Glieder steht, sich jedoch in der Vorbereitung zu einer mehr organischen Einheit der Bogenlinie der höheren männlichen Vollkommenheit nähere, um immer mehr in den leiblichen Thaten das geistige Rathen walten zu lassen.

Es ist aber offenbar die Zeit einer neuen Aera in der Entwickelungsgeschichte der Menschheit angebrochen, die Entscheidung naht mit Riesenschritten, der Dampf der Maschinen treibt auch die Geister vorwärts, und was früher in Jahrhunderten zu Stande kam, wird jetzt in Jahrzehnten ausgemacht; die Beweise hievon liegen Jedermann vor Augen: auf eine Festigkeit in der Dauer der jetzigen Verhältnisse und Verträge rechnet Niemand, die Spannung der Partheien ist aufs

Höchste gestiegen und erstreckt sich auf alle Theile der Erde, eine stille Glut durchwühlt die Eingeweide der Länder, in welchen eine Revolution nach der andern ausbricht und kein Tag vor einem neuen Bruche sicher ist, was mit conservativen Zwangs- mitteln sicher nicht zu dämpfen ist, denn viele Brüche bilden am Ende ein Ganzes, einen allgemeinen Renner, der als ein un- berechenbarer Faktor endlich den Meister spielen wird, und zu- nächst wenigstens dem gehetzten Europa mehr Freiheit des Geistes, eine dauernde Ruhe und Frieden zur Morgengabe bringen wird, insoweit nicht das neu aufgeregte Geisterleben **in Asien und Amerika** dasselbe in Mitleidenschaft ziehen wird.

Bevor wir zur **Erhärtung dieser allgemeinen Behauptungen ausführlicher die Beweise beibringen, die „unser Horoskop" überall aufdeckt, wohin man es wendet, wollen wir erst** einen kritischen Spaziergang **über das Erdenrund machen, um dann in der euro- päischen Heimath** uns noch etwas näher umzusehen; besehen wir zuerst die **peripherischen Länder** der Erde.

Der „geistige" Völkerorganismus wird von der Configu- ration der Erdgegenden bedingt; er ist also nach den „geotomi- schen" Verhältnissen des Bodens und der Klimate aufzufassen, worüber ein **Weiteres in meinem Werke, „der Geist des Menschen in der Natur"** (Seite 375 und folg.).

Wie wir die Erde in 4 Haupttheile abgrenzen, in eine nörd- liche und südliche, in eine östliche und westliche Hälfte, so theilen wir auch die Menschen in 4 Hauptracen, in die nördliche weiße kaukasische, in die südliche schwarze Negerrace; in die östliche gelbe mongolische, und in die westliche braune amerikanische Race; alle weiteren Abtheilungen sind von diesen abgeleitete Stamm- gruppen, die in den verschiedenen Ländern und Inseln verschie- dene Mischungen und Uebergänge bilden. Uns genügt **hier** ein allgemeiner Ueberblick **des Orients und Occidents** und des zwischen beiden gelegenen Mittels von **Europa und Afrika.** Diese Abtheilungen des Menschheitsorganismus bilden eigenthümliche Systeme in schroffen Gegensätzen wie nach der „geographischen" Lage, so in „geistiger" Hinsicht in der Offenbarungsweise der menschlichen Bewegungen. Wie die alte Welt des Orients in gewohnheitsmäßiger stiller Ruhe beim herkömmlichen Alten verharret, so ist die neue Welt des Westens in Amerika in jugendlich frischer Bewegung ohne Ruhe und Rast nach immer neuen Gegenden suchend mit immer neuen Thaten beschäftigt. „Jugend" und „Alter" treten sich hier auf der Kreislinie des Umschwungs der Erde wie im Menschengeiste charakteristisch entgegen.

Wie in Europa der nördliche Erdtheil in breiter Gestalt den trockenen Erdleib bildet und ganz in der gemäßigten Zone den günstigsten Lebensboden für die Pflanzen= und Thierwelt entfaltet, so läuft der südliche Erdtheil in Afrika durch den Weltozean zusammengedrängt in eine Spitze aus, und der Boden von der Sonnenglut versengt und durch öde Sandwüsten getrennt, dient mehr zur Herberge der Ungeheuer und des Todes, als zum Leben des geistigen Menschenverkehrs. Dem „geographischen Mutterland" entsprechend offenbart sich der „Menschengeist" in Europa mit leicht beweglicher männlicher Thatkraft und er entfaltet sich da am kulturfähigsten zu den schönsten Blüthen der Vernunft=Ideale, während er in Afrika in der vegetativen Stoffbildung und in träger Rohheit versinkt.

Rechnen wir zu dem Orient ganz

Asien,
die tropischen Inseln des großen Ozeans und Australiens mit Neuholland,

so herrschet da überall noch die Nacht des Geistes, oder höchstens beginnt eine matte Dämmerung hie und da als Gegenschein von der „europäischen" Kultur, den äußern Rand der weit gestreckten Länder zu erleuchten. Allein das „alte" Licht der einstigen Bildung ist in Asien längst unter=, und das „neue" noch nicht aufgegangen; denn überall herrschet, wo nicht die völlig wilde barbarische Rohheit, doch die gräßlichste Thrannei des Absolutismus weniger bevorzugter Aristokraten, die in der Gewalt allein das Recht neben dem versteinerten Kastengeist und dem thierischen Sklavensinn haben und die Staaten zu persönlichen Standeszwecken aus=

beuten. Das Licht des „Christenthums" ist noch nirgends er=
schienen, welches den Werth des Menschen, die Rechtsgleichheit
und die Liebe verkündiget, die Ehe heiliget und wahre Humanität
im höheren Sinne prediget. Die Idee der Persönlichkeit und die
Würde des Individuums, eine Verfassung, die Expansivkraft der
Industrie und des Handels, sind überall unbekannte Hebel eines
geselligen Kulturlebens. Die Vielweiberei entwürdiget den Mann,
während seine Hälfte, das Weib, in sklavischer Unterwürfigkeit
schmachtet, wenn nicht gar ihr Leben jeden Augenblick in Gefahr
ist. Dieses düstere Bild kann von der alten Welt, „der Wiege
der Menschheit", mit Bestimmtheit gezeichnet werden, wenn wir
gleichwohl gar wenig sichere Kunde von der Geschichte des
inneren Asiens besitzen. So ist uns China und Japan
nicht allein noch beinahe unbekannt, ebenso das nördliche
Tibet bis zu dem Pol; Mittelasien nicht weniger zwi=
schen dem persischen Golf und dem Caspischen Meer
und dem indischen Kaukasus; die Länder am Orus,
Jaxartes, Balkh, Bochara, Samarkand, Iran und
Turan sind jetzt beinahe so fabelhaft als je. Die spärlichen
indischen Nachrichten „der Engländer" bringen uns wenig Auf=
klärung, jedoch nie etwas, was dem Gesagten widerspricht.

Von den gemischten Völkern der Malaien auf den un=
zähligen großen und kleinen Inseln Australiens kann dasselbe
gesagt werden, welche noch gar keine Geschichte haben. Sogar
das nähere Westasien unter dem persischen und türkischen
Drucke, in den Ländern, wo einst das Wort der Wahrheit einen
großen Theil derselben beschienen hat, warten des neuen Tages,
der jene schönen Gegenden, den ersten Schauplatz des Menschen=
geschlechts neu beleben und zu Geistesthaten erwecken soll.

Neuholland, der entlegenste Theil der Erde im fernen
südpolaren Meere mit seinem monotonen fremdartigen Charakter
alles Lebens, als wäre er erst vor Kurzem aus dem kometaren
Weltraum angekommen, scheint zunächst aus der wilden Rohheit
in den geistigen Verkehr des europäischen Lebens hereingezogen
zu werden. Ihm wird auch die schöne Inselflur des stillen
Oceans folgen, die weit und breit den Weg dahin mit Tropen=

üppigkeit schmückt und wie eigens dahin gesät insbesondere die
Amerikaner zum fleißigen Besuch einladet, welcher vorzüglich
die Bestimmung vorbehalten zu seyn scheint, die Erdsysteme mit
einander zu verbinden. Auf eine sehr merkwürdige Weise bildet
Australien das letzte Glied in dem Völkerringe, welchem die
Kultur im Umkreise von Osten immer nach Westen und zwar
jetzt zuerst von Amerika her überliefert und in den Verkehr des
Lebens gebracht wird, so daß nun das letzte und neueste Glied
dem ersten und ältesten die Bruderhand reicht und die Kette
durch alle Systeme hindurch zu einem ganzen zusammengehörigen
Organismus schließt.

Es weht ein geheimnißvoller Strom des Lebensgeistes durch
unsichtbare Kanäle eben jetzt über das ganze Erdenrund und
verbindet unvermuthet getrennte Theile vor unseren Augen.
Asien steht im Vordergrunde der Gegenwart, auf welches die
Augen aller im Westen gelegenen Länder mit Adlerblicken
hingerichtet sind. Diese Wendung ist vom politischen und nationalen Standpunkt aus von weltgeschichtlicher Bedeutung; Asien
wird zu einer neuen Zukunft aus dem Dunkel über dem Horizont
in das Licht des Lebens erhoben, wo sich eine Perspektive eröffnet zu einer unübersehbaren Weite von Folgewirkungen für die
ganze Menschheit. Das stumme Buch der verschlossenen
alten Welt, an Lehren und Thaten reich, wird geöffnet werden,
und das Wort so vieler noch unbekannter Wahrheiten wird nicht
nur uns mitgetheilt werden, sondern auch den in den Kinder-
schuhen und in der Altersmütze zurückgebliebenen Völkern
der Urheimath zu Gute kommen. Der so lange Stillstand
des geistigen Lebens in der Kulturentwickelung wird die Völker
Asiens erfassen und mit dem Abendland in Verbindung gebracht,
wird das Licht des Christenthums die alten Lehren des Dao,
des Budda und Confutse neu befruchten und das contem-
tative Gemüth zur verständigen Glaubenswahrheit der religiösen
Verhältnisse zu Gott und der Natur bringen. Der Beweis dazu
liegt in der angestammten Fähigkeit der von Urbeginn gesegneten
Semiten, in der sinnigen Auffassungsgabe, der poetisch reichen
Phantasie, in der großen Beweglichkeit und Geschicklichkeit der-

selben in allerlei Künsten, wo nur ein freies Feld ihnen offen steht und die Isolation der Individuen aufhört. Ist der un= unterbrochene Verkehr einmal hergestellt, wozu jetzt alle Mittel vorhanden sind, und die Wege vorbereitet und überall geöffnet werden, so werden alle bisher einander unbekannten und sich anfeindenden Völker und Stämme aneinander rücken und in gegenseitigen Verkehr treten, durch Gedankentausch einander erregen und ein jedes auf seiner Stelle die ihm von der Natur zugetheilte Rolle im großen Weltdrama spielen, in welchem die Literatur und Kunst des Staats= und Kirchenlebens öffentlich und nicht mehr bloß in Winkeln seitwärts sollen aufgeführt werden. Denn es muß die Zeit kommen, wo dem Beobachter nicht mehr bloß dürftige Genrebilder vorliegen, sondern wo ihm das volle Völkerleben in der Geschichte vorgeführt wird, wo die Land= schaften wahrheitsgetreu mit der Architektur und den Portraiten der mitspielenden Personen offen gezeigt werden. Die neue Zeit wird die Thore öffnen zum freien Ein= und Ausgang; sie wird die abgeschlossenen Kasten und Stände aus dem Moder der Vorurtheile in die bürgerliche Gemeinschaft hervorheben, daß alle das Recht und die Freiheit unter dem gleichen Schutze des Ge= setzes genießen, und an den Gütern des Geistes mitwirkend Antheil haben. Wo bisher die Völker bewußtlos hinbrütend in abgeschlossenen Reichen unter tyrannischen Herrschaften ein Dämmerleben führten, werden sie in Zukunft durch den gegen= seitigen Besuch und die eingeleitete Bekanntschaft ihre positiven und negativen Gegensätze ausgleichen und zu höherem Selbst= bewußtseyn gehoben werden. Freilich werden dabei häufige und heftige elektrische Spannungen nicht ausbleiben, die sich in Zwie= spalt und Kriege entladen, aber die Gewitter sind fruchtbar und segenbringend.

Wenn der ferne Osten Asiens sich aufthut und dem kühlern Westen der verständigen Forschung die Tiefen der Contemplation geöffnet werden, so wird insbesondere in dem ideellen Vernunft= gebiete „der Geist der Menschheit" nach allen Gesichtspunkten geklärt und gehoben werden. Der Wissenschaft werden in allen Gebieten neue Wege geöffnet, die Kunst bekömmt neue Muster

und aus aller Zeit und Weltgegend neue Formen zu Idealen
der Phantasie für eine Romantik, in der Götter und Menschen,
Himmel und Erde, Geister und Körper des übersinnlichen und
sinnlichen Lebens eingetragen werden. Und die Religion des
Christenthums wird den heidnischen Pantheismus aus der Viel-
heit der vergänglichen Naturobjekte zur Einheit des ewigen Geist
Gottes erheben, der über alle Glieder und Systeme des Organismus der Menschheit sein Licht wird leuchten lassen.

Blicken wir auf die Vorgänge der ganz ungewöhnlichen
Aufregung im Osten Asiens, und namentlich auf die chinesische
Revolution, so ist dieselbe unstreitig von weltgeschichtlicher Bedeutung, gegen welche die europäischen Eifersüchteleien, Han-
dels- und Verfassungsstreitigkeiten, ein Kinderspiel sind. Es
scheint, daß dort es sich weniger um die physische als um die
geistige Herrschaft handelt, die von der Vorsehung eine Heidenbekehrung im Großen bezweckt. Denn wenn der Ausspruch: „das
Werk der Heidenbekehrung müsse früher oder später in einen
Volkskampf in Mitten der Heidenwelt übergehen", sicher eine
unbestreitbare Wahrheit enthält, so scheint nach allen dem, was
eben in China vorgeht, wo der neue Prätendent mit dem
christlichen Princip auf seiner Fahne die Götzenbilder zerstört und
von Stadt zu Stadt, von Provinz zu Provinz als Sieger im
Triumphe einherzieht, dort diese ganze Wahrheit in Erfüllung
zu gehen, es wird dort der Kampf des Christenthums
gegen das Heidenthum, des Lichtes gegen den Drachen der
Finsterniß im Großen und nicht mehr in kleinen Metzeleien christ-
licher Missionäre gekämpft. Wird es auch nicht sogleich zur
völligen Entscheidung kommen, so kann dieselbe auf keinen Fall
lange mehr hinausgeschoben werden, da von Europa und
Amerika aus die gewappneten Sendboten bereits an den Thoren
stehen. Ebenso wird sich Japan bald fügen und dem Schicksal
Chinas folgen müssen, wodurch so die ganze östliche Welt
völlig umgestaltet werden muß, wohin wohl in nicht sehr ferner
Zukunft das Ziel der Weltpolitik sich verpflanzen kann. China dürfte
wohl in Zukunft in kulturgeschichtlicher Bedeutung das Reich
der Mitte von Asien werden.

„Was die chinesische Revolution betrifft, so befinden wir
uns (nach den Aeußerungen eines in Asien reisenden
Gelehrten) am Anfang eines der großen Abschnitte der Welt=
geschichte, der obschon in anderer Art und Weise doch in seiner
Grundbewegung viel Aehnlichkeit mit der Zeit der Eroberung
des amerikanischen Continents hat. Hier wie dort stürzen
alte durch lange träge Ruhe morsch gewordene Staatsformen
zusammen, Länder, deren frühere hohe Kultur durch gänzlichen
Abschluß von der übrigen Welt zur Ueber= und Unterkultur,
folglich zum kultivirten Barbarismus herabsank; wir sehen die
mühsam aufgerichteten und mühsam erhaltenen Schranken von
dem gewaltigen Strom durchbrechen. Neues Leben wird einem alten
Körper eingehaucht, und die lang verschlossenen, aufgespeicherten
Schätze der Natur und des menschlichen Geistes verbreiten sich frei."

Bei dieser unzweifelhaft zu erwartenden Umgestaltung wird
indessen Niemand bezweifeln, daß die bisherigen Abgrenzungen
aufhören und neue Uebergänge zu höheren Entwickelungs=
stufen werden herbeigeführt werden, was schon dadurch klar wird,
daß die orientalische ganz in der Naturobjektivität versunkene
Weltanschauung, worin sie Gott und die Persönlichkeit verlor,
sich mit der occidentalischen vereinigen wird, welche mehr
in der subjektiven Persönlichkeit alles Objektive zu beherrschen
strebt, daß hier der Pantheismus umgekehrt von der philo=
sophischen Spekulation auf die Spitze der menschlichen Persön=
lichkeit gesetzt wird. Diese zwei Gegensätze werden ihre Ge=
dankenrichtungen und Sprachweisen der Söhne Noas aus=
gleichen und das Erbe des segnenden Stammvaters theilen in
einer zukünftigen gemeinschaftlichen Geistesentwickelung, in welcher
die objektive Welt und die subjektive Persönlichkeit als Gegensätze
unter der göttlichen Weltregierung werden erkannt werden. Die
Semiten sollen aus ihrem träumerischen Stillstand von den
in alle Naturgebiete sich ausbreitenden Japhetiten aufgeweckt
und diese von jenen zu einer ausgleichenden Geistesruhe ge=
bracht werden und zuletzt auch die ausgeschlossenen Chamiten
aus ihrer Dienstbarkeit erlösen, um sie der allgemeinen mensch=
lichen Güter des Geistes theilhaftig zu machen.

Die Richtungen zu dieser gemeinschaftlichen Völkervereinigung des Orients und Occidents sind hiezu beiderseits sowohl „geographisch" als in der „geistigen" Verwandtschaft des Sprachen= baues gegeben. Wie von Asien der Weg ursprünglich mit Europa zusammenhängend über Griechenland nach dem Occident die Ausbreitung begünstigte und die Völkertrennung veranlaßte, so liegen auch im indischen und europäischen Sprachen= bau die Gegensätze der verwandtschaftlichen Anziehungen und zwar vorzüglich in dem „germanischen" Sprachenbau, der aus der nationalen orientalischen Wurzel in die griechisch= lateinische Bildung eingegangen, im vollsten Gegensatz die Geistesrichtungen des Orients und Occidents darstellt und die Objektivität der Welt mit der Subjektivität der Persönlichkeit sowohl nach der philosophischen Geistesrichtung, als in dem Bau der Sprache vermittelt.

Wenn wir nun gleichwohl die einleitenden Versuche zu einem gemeinschaftlichen Völkerverkehr von allen Seiten, von Europa und Amerika aus wahrnehmen, so daß der Handel und die Industrie die Welttheile zu einem ununterbrochenen Ganzen an= einander ketten wird, so werden damit allerdings vorerst bloß die Mittel dargeboten zu einer höheren Geistesbildung und Kultur= entwickelung „der Menschheit", welche jedenfalls zu merklichen Schritten Jahrhunderte braucht. Der Geist der orientalischen Völker, namentlich Indiens und Chinas, ist ohnehin zu raschen Schritten nicht geeignetschaftet, eine schnelle Kulturentwickel= ung ist keineswegs zu erwarten, da fürs erste die Bekanntschaft nur zu materiellen Interessen und so nur mittelbar eingeleitet werden kann. Schon Hypokrates lehrte: „daß Körper, die binnen einer langen Zeit mager geworden sind, nur allmählig durch Nahrung zu Kräften zu bringen sind." Allein das Er= wachen und die Aufmerksamkeit zu den höheren Geistesbedürfnissen wird schon damit gegeben, und auch die abendländische Bildung wird in= und extensiv gesteigert durch die Eröffnung neuer Bahnen zum Forschen und Ergänzen. So werden die an Asien grenzenden Nachbarvölker zu einem rascheren Fortschritte genöthiget werden, um das Vermittleramt desto vor=

theilhafter übernehmen zu können, als sie es bisher gethan haben und zu thun im Stande waren. Ich meine damit vorzüglich „die slavischen Völker", durch welche zunächst eine höhere Bildung wohl nicht nach Asien getragen werden kann; denn „wer nicht hat, der kann nicht geben", und im Allgemeinen hat die slavische Bildung noch gar geringe Fortschritte gemacht. Auch in „geographischer" Hinsicht ist das Uebertragen der europäischen Kultur nicht zunächst von Rußland aus zu erwarten, die sibirischen Wüsten, der Kaukasus, sind keine Communicationsstraßen, diese müssen südlicher von Constantinopel aus und durch Griechenland, gerade wieder von Westen rückwärts auf demselben Weg eröffnet werden, auf welchem sie ursprünglich nach Europa gekommen ist. Es werden daher die Völker am mittelländischen Meere: die romanischen Völker, die Griechen, und von den Slaven: vorzüglich die am Archipelagus und näher am Pontus wohnenden Rumelier, Macedonier, Bulgaren, Bosnier und Serbier, die sich an die Germanen anlehnen, die vorzüglichen Vermittelungsglieder werden. Diese letzteren können unmöglich mehr lange von der türkischen Tyrannei zurückgehalten werden, und Rußlands größtes Verdienst wird vorzüglich darin bestehen, die Schranken des Halbmonds zu durchbrechen, welche leider zu lange allem Verkehr zwischen dem Morgen- und Abendlande sperrte, und wahrlich zur Schande der christlichen Völker, insbesondere der mit hoher Civilisation und türkischer Allianz sich rühmenden Engländern und Franzosen aus Neid und Krämergeist heute noch aufrecht erhalten wird. Ist es nicht eine Schande, daß im englischen Parlamente für die Beschießung Kopenhagens und die Zerstörung der dänischen Flotte ein feierlicher Dank votirt, und daß hingegen die Schlacht von Navarin ein unglückliches Ereigniß genannt wurde? Durch solche Demonstrationen verrathen die Engländer besser als durch ihre Bibelgesellschaften den wahren christlichen Geist, den sie unter die Heiden zu verbreiten vorgeben, wenn man den Gehalt ihrer Nächstenliebe und Menschenbeglückung nicht besser kennte und nicht anderweitig genug vor Augen hätte, wie die Behandlung

: und das zu Tod hetzen der Irländer, der Glieder ihres eigenen Leibes; das Regiment auf den jonischen Inseln, der Opiumkrieg in China ꝛc. ꝛc. Den christlichen Heldensinn beweisen die Engländer ferner ganz besonders durch die Flotten ihrer gewaltigen See= macht, die sie heute nach dem Piräus schicken, um den König von Griechenland zur Zahlung einer Rechnung für einen Juden zu zwingen, und morgen nach dem Dardanell beordern, um den Großsultan vor den Russen zu schützen, damit die edle Perle des Türkenreichs nicht aus der Fassung des europäischen Gleichgewichts falle; wie denn der Engländer Urquhart den Satz ausspricht: „Wäre die Türkei nicht da, so müßte sie gemacht werden." Groß und edel steht dagegen Rußland mit seinem Doppelaar dem Mißbrauch der physischen Gewalt Englands gegenüber, wel= cher den einen Kopf nach dem Orient, den andern nach dem Occident und zwar vorzüglich auf Englands Dreizack gerichtet, seine Hauptbestimmung darin zu haben scheint, die Thore Asiens und die eisernen Ketten zu sprengen, welche England rings um dasselbe wie vor ein Waarenlager angelegt hat. Die Russen sind es ganz vorzüglich, welche der Türkentyrannei endlich den Garaus machen werden, und die Katastrophe wird nur um so heftiger werden, je länger die Eifersucht der Türkenfreunde den morschen Bau zu stützen sucht. Wir können den Dienst der Russen nicht hoch genug anschlagen, welchen sie der Civilisation leisten, wenn sie auch keinen andern Beruf hätten, daß sie auch nur die christliche Bevölkerung befreien, die unter der Türken Gewalt in der Knechtschaft schmachtet und daß sie die ungebahn= ten Wege nach Asien öffnen, wozu nur Gewalt und physische Macht im Stande ist.

Ein Haupthinderniß und wie ein Fluch gegen die Civili= sation und den Fortschritt der Menschheitbildung liegt in der Vormauer des brutalen Fanatismus der Moslims, der bis vor Kurzem (bis Anfang dieses Jahrhunderts) alle Christen wie Thiere (Christenhunde) und sogar die Gesandten der euro= päischen Mächte wie Sklaven behandelte. Denn es war Gebrauch der „hohen Pforte" (und sie wird diesen Gebrauch erneuern, sobald sie die Fesseln ihrer Hände abschütteln kann) diplomatische

Agenten als Geiseln für das Benehmen ihrer Regierung und als Gefangene in die sieben Thürme zu schicken. Die Feierlichkeit der Gesandten in der Türkei war eine schmähliche Demüthigung, ein entwürdigendes Schauspiel für den dummen Pöbel, der sie nach Gefallen insultiren durfte, um dadurch die Größe ihres Souveräns zu zeigen. Der Gesandte, der beim Sultan eine Audienz erhalten sollte, mußte sich um 4 Uhr Morgens im Pfortenpalaste einfinden, wo er nach mehreren Ceremonien benachrichtiget wird, daß ihm vergönnt werde, das leuchtende Antlitz des Herrschers der Welt, des Bruders der Sonne und des Mondes, des Herrn der Meere, Stellvertreters des Propheten, zu schauen. Darauf wird er in einen einsamen Winkel des Divans in der Nähe der Thüre gesetzt, und der Wessier sendet eine kurze Note an den Sultan des Inhalts: „der Ghiaur — Ungläubige — dieses oder jenes Hofes flehe, nachdem er durch die besondere Gnade Sr. erhabenen Majestät gefüttert und gehörig gekleidet worden, um Erlaubniß, den Staub unter dem erlauchten Thron zu küssen.“ Solche Gäste aus den Schluchten Turkostans duldet die christliche Engherzigkeit der entnervten Völker des Abendlandes in ihrer Nähe, in einem schauderhaften Zustande der Ohnmacht und des Zerfalls, wo keine Spur von Kunst und Wissenschaft, keine öffentliche höhere Bildungsanstalt, kein Rechtszustand und kein Sinn für Humanität zu finden ist. Man nennt sie Alliirte und trachtet die Tage eines solchen in der Weltgeschichte einzigen Barbaren zu fristen, nachdem man Jahrhunderte gegen sie gekämpft hatte, um die eigene Existenz zu retten. Ja diesem Türkendespotismus sieht man in geduldiger Ruhe zu, wie 12 Millionen Christen sogar in Europa diesseits des Bosporus von einzelnen Barbaren auf Blut und Leben behandelt und gezüchtigt werden! Unter solchen Umständen erklärt die tugendhafte Entrüstung der englischen Parlamentsredner den Großtürken für einen vor den Russen zu schützenden Freund und alten Alliirten, der dagegen zu Hause „den ungläubigen Christenhunden, den schäbigen Sklaven und armen Krämern erlaubt, in der himmlischen Levante Scheeren zu schleifen, Band und Zwirn zu verkaufen und Rosinen zu bauen!“

Jedoch die Gewalt des Schicksals ist mächtiger als der Menschenwitz, die Stunde zum Abzug wird bald schlagen und gegen Wunsch und Erwartung wird sich ein erneutes Kaiserthum der Griechen an den Gewässern des goldenen Horns aufthun und die Brücke bauen zum freien Zug nach Asien, wo der wesentliche Faktor der Civilisation für die Freiheit der Ideen und der Persönlichkeit nur allein vom Christenthum zu erwarten ist. Die Morgenröthe zu neuem Geistesleben ist vorerst im Osten Asiens angebrochen, mit jedem Jahre mehren sich die Sendboten des Evangeliums und die neuen Niederlassungen in Australien und an den Küsten von Siam und China; wenn auch zunächst die „materiellen" Beziehungen und der Handel der Hauptzweck des engeren Verkehrs bleibt, so wird damit doch die Bekanntschaft mit den „höheren" Gütern eingeleitet, welche überall auf physischem Wege erst mit materiellen Vorbereitungen zu Stande kommen. Der Zug dieser „materiellen" Vermittelung auf „physischen" Wegen findet bereits sehr lebhaft von England und dem äußersten Westen von der neuen Welt aus nach dem östlichen Asien statt, und wir folgen diesem Zuge, indem wir in unseren Betrachtungen direkt nach

Amerika

übergehen. Eine richtige Würdigung der Zustände und Verhältnisse des jüngsten Kindes des modernen Zeitgeistes in der neuen Welt ist nicht so leicht, wie der Sprung dahin aus der alten abgestorbenen Welt von Asien. Amerika ist eine Welt von Kolonien, deren Geschichte noch kaum die ersten Wurzeln in das Erdreich bleibender Wohnstädte getrieben hat, indem die Mischung der Geister aus allen möglichen Elementen und Ländern auf dem freien Grunde ohne festen Stand nach allen Formen und in allen Richtungen der überbrachten Sitten, Rechte, Gewohnheiten und Gewalten, ein Chaos bildet, aus dem der Niederschlag und die bleibende Gestaltung erst in Stämme aufwachsen und zu Blätter und Blüthen eines Systems sich ausbilden muß. Da findet man noch die wilden Indianer, zwar in rascher Abnahme und zurückgedrängt von den immer

weiter vorrückenden und sich ausdehnenden Niederlassungen; da
sind die Reste der ersten Ankömmlinge aus Europa, der Spanier,
Portugiesen, Franzosen, Engländer und Niederländer mit den spätern Nachzüglern nordischer und deutscher
Völker, neben den schwarzen Negern, den gelben Chinesen
und den Malaien der alten Welt. Die Bevölkerung vermehrt
sich mit einer seltenen Fruchtbarkeit von innen, und mit einer
erstaunlichen Zuströmung von außen aus allen vier Weltgegenden,
welche ihre Sitten und Gebräuche mitbringen und dieselben ungehindert auf dem freien Boden fortführen. Alle Staatsformen
der alten Welt, Ueberreste der ersten Einwanderer, hierarchische,
monarchische, demokratische, aristokratische, blühen nebeneinander,
da hausen die wilden und rohen Helden neben den strengen und
lauen Katholiken, die Juden, die Protestanten vom reinsten
Schlag in den Verzweigungen nach allen Farben, deren Zahl
sich mehret wie die unbekannten Sterne am südlichen Himmels-
gewölbe. Alle Länder der Welt haben ihre Repräsentanten in
Amerika, die reiche Hierarchie Roms, die stolze Grandezza von
Spanien, das stille gewerbliche Bürgerthum der Franzosen, der
Krämergeist und die Industrie der Engländer, der Hirtenstand
und der Landbau der Deutschen, besitzlose Proletarier aller Stände
und Länder in bunter Mischung durcheinander. Die Negersklaven
unter der thierischen Behandlung der Pflanzer, das wilde Wald-
und Jägerleben der Indianerstämme, die ihre Gefangenen verzehren, bestehen ungeirrt neben der Genfer Theokratie und der
cosmopolitischen Quäcker-Republik, die massenhaft europamüden
Einwanderer und Heimathlosen aus aller Welt leben durcheinander in der neuen Welt, die dort jedoch häufiger Kohlen statt
der verhofften Schätze Geldes finden. Bei diesem Wirr- und
Irrsal des geistigen Treibens findet sich in Amerika noch ein
ungemessener leerer Raum unerforschter, von keinem menschlichen
Fuße betretener Urwälder, wüster Sümpfe und unbebauter Länderboden. Eine Reihe von Menschenaltern werden noch dahin gehen
im Kampfe gegen die rohen Elemente der Natur und der Geister,
bis die Bande der geselligen Zustände aneinander geknüpft und
befestiget seyn werden; die Schwierigkeiten zu einer höheren Kultur

sind erst noch zu überwinden, ein fester Stand eines gesetzten politischen Lebens muß daher erst von der Zukunft erwartet werden; denn noch herrscht eine aller Gesetze spottende Barbarei und Geringschätzung des Menschenlebens, theils in despotischer, theils in demokratischer Form; die Bildungselemente sind überall sehr sparsam und dünn gesät; eine Rohheit der Sitten bei der wilden Jagd nach Geld und Gut zu zeitlichen Genüssen herrscht noch größtentheils neben dem Atheismus, Pietismus und Fanatismus aller denkbaren religiösen Formen; Kunst und Wissenschaft zehren von den sparsamen Brosamen der europäischen Kultur und haben noch kaum die ersten Rudimente zu einer eigenen Geschichte gelegt; der politische Rechtsstaat mit der demokratischen Freiheit des tausendköpfigen Volkswillens neben der unmenschlichen Sklaverei beruht auf zwei Säulen des Gegensatzes und des Widerspruches, nämlich auf der nomadisirenden Gewissenhaftigkeit und auf dem absoluten Despotismus unmäßiger Hab- und Erwerbsucht der Individuen und Staaten.

Dieß ist das Bild des heutigen Amerika, welches wie „physiographisch" so „humanistisch" in zwei wesentlich verschiedene Theile zerfällt. In Südamerika herrscht eine geringere Verschiedenheit der Einwanderer vorzüglich romanischer Abkunft unter den Indianerstämmen, daher auch mehr Einförmigkeit des hierarchisch-kirchlichen neben der Ungleichheit des politischen Staatslebens, die emancipirten sehr lose befestigten und unzusammenhängenden Freistaaten neben dem monarchischen Brasilien stehen noch auf der niedrigsten Bildungsstufe; das Land von ungemessenem wüstem menschenleerem Boden ist wegen Mangel natürlicher Communicationen durch Binnenseen und ineinander mündende Flüsse, durch undurchdringliche Wälder und Wüsteneien der natürliche Gegensatz von Nordamerika und wird auch ewig der passive Antheil und vegetative Unterleib desselben bleiben, wo bei der vorherrschenden und größeren Einwohnerzahl in der Nachkommenschaft germanischer Kolonien mehr Thätigkeitstrieb mit überlegender Nüchternheit und mehr Freiheit und Gleichförmigkeit im politischen Staatsleben bei völliger Verschiedenheit der kirchlichen protestantischen Zustände herrscht und auf einem für

alle Zweige der Kultur unvergleichlich günstigen Länderboden
Platz greift.

Mit diesen Vorbemerkungen bereiten wir die Beantwortung und Entscheidung der Fragen vor, in
wie weit nämlich: die beiden entgegengesetzten Behauptungen
gegründet sind, nach denen Amerika noch von der einen Partei
auf die niedrigste Stufe eines erst für die Zukunft sich entwickeln-
den Staatslebens gestellt wird, während die andere Partei
und zwar von Geschichtsforschern ersten Rangs namentlich in
Nordamerika das Eldorado des Glücks und der höchsten Einfachheit der Staatsordnung findet. „Dieser neue Staat, sagt
Gervinus, hat mit den staunungswürdigsten Erfolgen des
Glücks und der Macht alle andern plötzlich überholt und die
kühnsten politischen Wagnisse sind gelungen und haben der Zweifler
gespottet. Die Volksherrschaft hat sich auf einem unermeßlichen
Raume vereinbar gezeigt mit Ordnung und Gedeihen, die beweglichste Verfassung mit Anhänglichkeit an bewährten Gebräuchen,
die freiste Religionsübung mit Religiosität, die Abwesenheit der
Militärmacht mit kriegerischem Geiste, der ungeheure Anwachs
einer zusammengewürfelten Bevölkerung mit der Vaterlandsliebe,
die in der Freiheit wurzelt, die Verwaltung und Regierung durch
Beamte, die von Armen aus den Armen gewählt sind, mit Ordnung und Sparsamkeit im Haushalt. Dieß Gedeihen in Verbindung mit der Einfachheit der Verfassung, die dem schlichtesten
Verstande einleuchtet, hat diesen Staat und diese Verfassung zu
dem Vorbilde gemacht, wohin die durchschnittliche Einsicht, die
Unzufriedenheit und der Freisinn in allen Nationen strebt; seine
1776 erklärten Rechte sind das Glaubensbekenntniß des Liberalismus in aller Welt geworden. Der Individualismus, das
charakteristische Kennzeichen der neueren Zeit und der protestantischen Menschheit hat hier seine größten Rechte errungen. Der
Staat ist hier mehr für das Individuum da, als dieses für den
Staat, die menschliche Ungebundenheit überragt die bürgerliche
Pflicht. Die größten Gebiete, auf denen sich die menschlichen
Ansprüche mit den staatlichen immer stritten, wie die Kirche, sind
hier dem Staate gänzlich entzogen und es sind nur weite all-

gemeine Grundſätze der Geſetzgebung als der Boden übrig geblieben, auf dem ſich die Staatsgewalt und der individuelle Wille
zu vertragen haben."

Das ganze Leben in Amerika iſt noch in einem jugendlichen
Gährungsproceſſe begriffen, das in den beiden Hälften einen
weſentlich verſchiedenen Charakter angenommen hat, und in Zukunft ſicher auch wegen der natürlichen und geiſtigen Elemente
einen verſchiedenen Ausgang nehmen wird. Südamerika ſteht
in jeder Hinſicht dem nordamerikaniſchen Leben gegenüber
bei weitem zurück und wird für alle Zukunft einen langſameren
Gang innehalten und in einem iſolirten Zuſtande verharren,
wenn es nicht von Nordamerika ins Schlepptau genommen wird.
Denn gleichwie ſchon das Terrain zu einem beweglichen inneren
Lebensverkehr in den verſchiedenen getrennten Provinzen ungeeignet
iſt, ſo iſt es der geiſtige Völkercharakter romaniſcher Abkunft,
inſoweit er die bildungsfähige Bahn betreten hat, noch viel mehr,
der dem germaniſchen gegenüber ſelbſt im Mutterlande der
alten Welt an Betriebſamkeit und Unternehmungsgeiſt zu großen
welthiſtoriſchen Fortſchritten ſich unfähig gezeigt hat. Man kann
alſo mit Rückſicht auf Südamerika der Behauptung mit voll-
kommenem Grunde zuſtimmen: „daß es noch auf der niedrigſten
Stufe eines ſich erſt bildenden Staatslebens begriffen iſt, wo
die Atome noch nicht einmal zu einer feſten Criſtaliſation des
Staatslebens angeſchoſſen ſind." Wir nehmen daher in
der weiteren Betrachtung Umgang von Südamerika
und wenden uns zu Nordamerika, das als der aktive neue
Welttheil ſeinen polaren Gegenſatz, tonangebend, mitbedingen wird.

„Iſt nun Nordamerika wirklich der alten Welt ſo voraus-
geeilt, daß es als Muſter einer vollkommenen Staatsordnung
der geſelligen Zuſtände betrachtet werden kann?"

Wenn nach dem Geſagten das Leben in ganz Amerika
erſt als ein jugendlicher Bildungsproceß angeſehen werden muß,
ſo kann der jetzige Zuſtand der nordamerikaniſchen Frei-
ſtaaten (worunter gewöhnlich ganz Nordamerika verſtanden wird)
kein bleibender ſeyn; Gervinus ſelbſt ſagt: „Hier iſt alles
neu in dieſem modernen Staate, alles beweglich und auf Neuer-

ung gestellt, in diesem Staate der Zukunft." Sehen wir davon ab, daß die großen Länderstrecken von Mexico, die Besitz-
ungen der Engländer in Kanada, die vielen nahen großen
Inseln noch gar nicht mit inbegriffen sind, was zukünftig möglich und sogar wahrscheinlich seyn wird, die in geographischer
und geistiger Hinsicht ihre eigenthümliche Stellung für die zukünftige Constellation jedenfalls auch maßgebend machen werden;
so kann ich das Glück und die hohe Vollkommenheit der norb-
amerikanischen Freistaaten durchaus nicht erkennen, wie
ich sie für einen vollkommenen Staat voraussetze. Denn wenn
gebildete Reisende, welche die nordamerikanischen Zustände
genau kennen gelernt haben, behaupten: „daß in Amerika
nirgends ein Ideal zu finden sei, wie man es sich in Deutschland vorstelle," so komme ich aus bloßer Induction von den
(oben) angeführten Thatsachen zu derselben Folgerung, ohne je
in Amerika gewesen zu seyn, weil ich in den von Gervinus
gepriesenen Zuständen der geselligen Freiheitsrechte das große
dauernde Glück ebenso wenig erblicke, als ich in der dort herrschenden demokratischen Staatsverfassung das Ideal verwirklicht
finde, wie ich es zu einem vollkommenen Staatsleben ganz anders voraussetze, was später gezeigt werden soll.
Die Geschichte hat in Amerika noch nirgends feste Wurzeln, das beginnende Leben ist seinem Inhalte nach nur eine
modificirte Nachahmung des in Europa in gutem oder schlechtem
Gang befindlichen Modus, neben den Prachtbauten der großen
Städte finden sich einsam hinter den Urwäldern versteckte stille
Hütten; auf weiten Länderstrecken ist noch kein Haus gebaut,
kein Pflug eingesetzt, wilde Raub- und Jägervölker durchstreifen
die Prairien und Bergländer, und der sich erhebende Geist Nordamerikas ist noch erst ein junger Riese, als den er sich allerdings durch seine kraftvollen und kühnen Unternehmungen ankündiget. Bei der so hoch gepriesenen Freiheit der Individuen
wüthet dort ein Parteileben und eine Jagd zu Uebervortheilung
in irdischen Gütern ohne wahrer Sittlichkeit, ohne Trieb einer
tieferen Religiosität und zu höherer Kunst und Wissenschaft.
Dabei überschattet die schwarze Wolke der schändlichen Neger-

Sklaverei den nordamerikanischen Himmel wie nirgends sonst auf Erden, was ein starker Beweis eines in seinen Elementen noch sehr wurmstichigen Volkslebens ist, und sicher zu keinen gedeihlichen Resultaten führen wird. Die Neger-Sklaverei wird als eine Todsünde gegen den Geist der Menschheit große Verlegenheiten bereiten, wenn nicht gar zu Revolutionen und Ueberstürzungen treiben. Die großartigen schätzenswerthen Anlagen der neuen Welt werden durch den eben nicht ganz reinen und vielfach gemischten Grundstock, sowie durch den unaufhörlichen Zufluß von überwiegend ungebildeten Proletariern, Vagabunden und Personen niederer Volksklassen sammt den Glücksrittern aus allen Welttheilen verdunkelt. Die Blüthen der modernen Bildung werden überall noch gar sehr von der Barbarei überwuchert, und die großen Kraftanstrengungen gelten noch wohl auf eine lange Zeit hinaus mehr dem Kampf zur Eroberung und Ueberwindung der Naturelemente des menschenleeren und von Ungethümen wüsten Bodens, zur Gründung und Selbsterhaltung der physischen Existenz. Dabei sind offenbar die Krisen, welche jetzt Europa erschüttern, nicht überwunden, ja sie stehen Amerika noch sicher bevor; der jetzige eigentlich nur lose zusammenhängende Staatenbund, in dem die nördlichen und südlichen Provinzen ganz verschiedene Interessen haben, welche jetzt schon Spannungen und Streit veranlassen, dürften die bis dahin gediehene demokratische Verfassung gar bald gefährden und in Zukunft sogar unmöglich machen, den Genuß der Freiheit und Unabhängigkeit zu schützen, wenn auf der enormen Länderstrecke der Boden mit Hunderten von Millionen angefüllt seyn wird, in denen sich verschiedene Gewalten, Stände und Ansprüche bilden und steigern werden, dürfte der Regierung zu Washington unmöglich werden. Es dürfte daher dieser anfängliche Staatenbund wohl mehr nur eine prophetische Andeutung zu einem einstigen großen Völkerbunde als „der große Schlußstein und das Musterbild germanischer Staatenentwickelung" seyn, der sich, soll er dem wahren Ideal einer vollkommenen geselligen Staatsordnung entsprechen, erst in weiter Zukunft hinaus bilden muß, wo eben nicht ein streng abgeschlossener einheitlicher Volksstaat,

sondern ein nationaler Völkerbund von Staaten im geselligen
Streben unter einer gemeinschaftlichen das Gesetz repräsentirenden
Souverainität gebildet wird, welche die Freiheit aller in ihren
Rechten und Pflichten schützet und dazu anhält.

Die gepriesene „Volksherrschaft" mag sich in kleinen Staaten und auf einem großen Raume sich erst sammelnder und aus-
bildender Völker eine Zeit lang erhalten, sie kann durch Revolutionen die monarchische Form verdrängen, aber gegen die lange
Dauer und das große Glück derselben spricht die Geschichte
der alten und die Erfahrung unserer Zeit. „Die Anhänglichkeit an die beweglichste Verfassung" schlägt bei einer absoluten Demokratie gar leicht in das Gegentheil um, wo eigentlich doch nur die Selbstsucht und der Eigennutz Einzelner das
große Wort bei dem Schweigen der Menge führt, aus der wie
durch eine entzündete Rakete oft plötzlich eine Gewalt aufsteigt,
welche die Volksredner und Regierer aus dem Sattel hebt und
auf immer zum Schweigen bringt. Die „freieste Religionsübung"
in Amerika möchte ich mit der „Abwesenheit der Militärmacht"
nicht gar so hoch anschlagen und beiden keine ewige Dauer ver-
sprechen. Eine absolut freie Religionsübung in einem Staate
zeigt eine Gleichgiltigkeit gegen die wahre Religiosität, ohne
welcher kein Individuum und kein Staat zu einer wahren Bildung und zu höherer Vollkommenheit gelangen kann. Die Religionsübung wird aus einer zersplitterten zügellosen Gedanken-
freiheit zu einer einheitlichen Glaubensüberzeugung, zu einer mehr
gemeinschaftlichen Kirche zurückgeführt werden müssen, die Nordamerika bei den unzähligen Sekten völlig abgeht, so wie wohl
auch eine Art ständige Militärmacht für die innere, wie äußere
Sicherheit nothwendig werden wird, wenn einmal die Provinzen
„mit der zusammengewürfelten Bevölkerung" angefüllt und mit
gegenseitiger Eifersucht einander gegenüber gestellt seyn werden,
wo die provincielle besondere vor der allgemeinen Vaterlandsliebe
gar so leicht das Uebergewicht nimmt. In „die Einfachheit der
Verfassung, die dem schlichtesten Verstande einleuchtet," werden
so manche Gesetzartikel über Pflichten und Rechte eingeschaltet
werden müssen, wenn sie zum echten Vorbilde dienen sollen, wo-

nach auch fremde minder beglückte Staaten und nicht bloß „die Unzufriedenheit und der Freisinn aller Nationen" zu streben angeeifert werden, „der Individualismus, das charakteristische Kennzeichen der neueren Zeit und der protestantischen Menschheit, hat hier seine größten Rechte errungen, wo der Staat mehr für das Individuum, als dieses für den Staat da ist," sagt Gervinus. Ein solcher Liberalismus wird schwerlich das Feldgeschrei aller Welt werden, denn „der Personen-Individualismus" und „die absolute Freiheit" sind Chimären radikaler Brauseköpfe der neuesten Zeit, die von der Naturnothwendigkeit und dem göttlichen Vernunftgesetz keinen Begriff haben, nach denen die wahre Freiheit auf der Beschränkung beruht, in welcher die menschliche Ungebundenheit die bürgerlichen Pflichten nicht überragen darf. „Die protestantische Menschheit," ein Kind der neueren Zeit, das Ungebundenheit und Freiheit auf ihre Fahne geschrieben hat, das Gesetz und jede herkömmliche Regel als Fesseln betrachtet, wird dafür wohl das katholische Recht und die allgemeine Wahrheit einsetzen, sowie alle Confessionen die allgemeine — christliche — Menschenliebe anstreben müssen, um die menschlichen Ansprüche mit den göttlichen und staatlichen auszugleichen. Es werden daher neben den allgemeinen auch engere und besondere Grundsätze der Gesetzgebung erforderlich werden, wenn sich die Staatsgewalt mit den individuellen Sonderheiten vertragen soll. Es wird auch eine „Kirche," und nicht keine Kirche, wie in Nordamerika, aufgerichtet werden müssen, die das Göttliche in der Gemeinschaft pflegt und verwaltet, weßhalb sie vom „Staate" nicht gänzlich getrennt bleiben kann, weil eben der Staat die große Gemeinschaft ist, in welchem das Unsichtbare mit dem Sichtbaren, das Geistige mit dem Natürlichen, das Göttliche mit dem Menschlichen vereiniget seyn soll.

Nicht „den Schlußstein" eines Musterstaates, sondern den Grundstein zu einem Riesenstaate erblicke ich in Nordamerika, der unzweifelhaft zu einer Macht und Blüthe heranwachsen wird, wie die Geschichte der alten Welt nichts Aehnliches darbietet. Nordamerika wird die Weltherrschaft übernehmen und zuerst die physische Verbindung durch den Handel auf neuen

Bahnen des Verkehrs vorzüglich über den großen Ocean nach dem Orient herstellen, somit auch die geistige Bildung verbreiten und einstens auch darin Ton angebend zum Musterstaat der Welt werden, und zwar wird dieses nicht so langsam geschehen, wie bisher der Fortschritt in der alten Welt stattgefunden hat, sondern der Riese wird in der jetzt angebrochenen Zeitperiode auch Riesenschritte machen, nachdem durch die neuen Erfindungen der Naturwissenschaften die Zeiträume und Raumfernen wie aufgehoben werden, wie es auf eine überraschende Weise bereits schon thatsächlich bewiesen ist. Ich habe erst vor wenigen Jahren in einer Schrift („der Geist des Menschen ꝛc.") vorausgesagt: „daß Amerika zuerst westwärts seine Herrschaft ausbreiten und zunächst Californien, dann wohl auch Merico in Besitz nehmen werde," was von ersterem auch bald darauf in Erfüllung ging, und von letzterem in der Folge kaum fehlen wird.

„Diese erste Bedingung der großen Zukunft" wird bereits mit Hellsicht erkannt, und der Weg nach dem großen Ocean wird bald zur offenen Straße werden, da mitten durch das Land hindurch von Osten nach dem Westen die Bahnrichtungen abgesteckt sind. Daß es zur Ausführung kommt, dafür bürgt „der amerikanische Geist" des stürmischen Vorwärts und der herculischen Energie in der nüchternen Berechnung und feurigen Triebthätigkeit, das vorgesteckte Ziel zu erreichen, wie kein Beispiel auf Erden bekannt ist. Es lohnt sich der Mühe, zur Begründung dieser Behauptung einige Data aus der Natur- und Geistesbeschaffenheit von Nordamerika noch näher anzuführen, der Gegenstand ist es werth, daß man ihm die volle Aufmerksamkeit widmet; denn hier liegt ein Buch vor uns, aus dem wir die noch ungeschriebene Geschichte der Zukunft mit ebenso viel Sicherheit herauslesen, wie die geschriebene und so vielfach verfälschte der Vergangenheit der aus- und abgelebten Reiche der alten Welt. Es kommen uns hiezu die trefflichen „Briefe aus Nordamerika" von Dr. M. Busch (in der allgemeinen Zeitung) zu gut, der sogar schon „das künftige

Centrum der vereinigten Staaten angibt und Cincinati die Königin des Westens nennt."

Nehmen wir noch etwas specieller einen „geographischen"
Einblick in die Landesverhältnisse von Nordamerika, so finden
wir da den national-ökonomischen Boden und die Lebensbedingungen der Natur zu einem Staatengebäude von einer Macht,
Größe und Umfang, wie die alte Geschichte und die gesammte Gegenwart nichts Aehnliches darbietet; „nicht in
den Reichen des Sesostris und Alexanders, noch im Reich der
Römer," sagt Busch, „die Hand des Schöpfers hat über dieses
glückliche Land durch Fruchtbarkeit und Ausdehnung, durch glückliche Vertheilung der Verkehrsmittel, besonders durch die reiche
Gliederung jener Flußrinnsale, welche Humbold das belebende,
menschenverbindende, zukunftschwangere Element nennt, und durch
die freiwillige Verleihung der zwei nützlichsten Mineralien, der
Kohle und des Eisens, reicheren Segen ausgestreut, als über irgend
einen andern Theil des Erdenrundes." Zu den unvergleichlichen
Naturkräften in Amerika für Industrie gehören die großen Wasserströme mit den vielen senkrechten Wasserfällen des Mississipi, des
Missouri, des Niaguara; des St. Morizflusses und anderer
Flüsse Canadas. Dazu der Wälderreichthum im Osten und
Westen und in den unbetretenen Thälern Californiens, wo die
höchsten Bäume der Erde stehen, besonders Eichen zum Schiffs-
bau; ferner die Vereinigung aller Rohproducte der Natur, von
denen die Baumwolle in den südlichen Theilen ins Unendliche
vermehrt werden kann; die Zucker- und Kaffeeplantagen, der
Reichthum und die Ueppigkeit aller zum Leben nothwendigen
wohlfeilen Nahrungsmittel aller Art von Brod und Fleisch auf
einem ohne Dünger auf Jahrhunderte fruchtbaren Ackerboden
und unübersehbaren Weiden, stellen uns ein Bild dar, wie es
keine Phantasie schöner auszumalen vermag.

„Die gegenwärtigen geistigen Zustände und Naturverhältnisse"
sind von der Art, daß die republikanische Staatsform (wie schon
angedeutet) keine sehr lange Dauer haben wird. An einem ein-
heitlich zusammenstimmenden Familiengeist fehlt es kaum irgendwo
mehr als da; schon das Princip einer möglichst unabhängigen

Selbſtregierung der Einzelnſtaaten, dann die gar ſehr verſchiedenen
Landesintereſſen, der Sklavenſtaaten des Südens und der Manu-
facturen des Nordens, der Ackerbauer des Weſtens und der
Kaufleute des Oſtens, ſpricht gar ſehr gegen eine lange ungeſtörte
Dauer und Feſtigkeit der Republik. Die Eiferſucht wird mit der
Vergrößerung der Staaten jene Feſtigkeit und den allgemeinen
Kulturfortſchritt nicht vermehren, ſondern lockern, wenn die großen
Zwiſchenräume von Wildniſſen ſich mit Bewohnern ausfüllen
werden, die Reibungen werden dann mit den Handelsintereſſen
ſich ſteigern, das Föderativband wird dadurch lockerer werden
und mit dem Bewußtſeyn der eigenen Macht und Selbſtſtändig-
keit wird ſich eine Provinz von der andern löſen. Unzweifelhaft
bilden ſich bei dem wachſenden Reichthum und mit der Zunahme
der Bevölkerung Ungleichheiten der ſocialen Exiſtenz, ſowie der
Bildung. Bei kriegeriſchen Ereigniſſen von innen und nach
außen werden ſich Ariſtokraten hervorthun und der Schritt zu
einer monarchiſchen von der republikaniſchen Herrſchaft iſt ſo
nahe und leicht, daß es ſchwerlich fehlen wird, daß zunächſt nicht
eine, ſondern mehrere abſolutiſtiſche Monarchien ſich neben einander erheben werden, wovon der nordamerikaniſche Stamm-
Charakter gar nicht ſo naturwidrig abneigt. Schon die gegenwärtigen Führer der Demokratie ahnen die Gefahr für die re-
publikaniſche Verfaſſung durch ſtehende Heere, weßhalb ſie ein
ſolches nur im äußerſten Rothfalle nur ſo lange anwerben, als
ſie ihre Herrſchaft nach außen zu befeſtigen und zu erweitern
veranlaßt ſind, wogegen ſie die Kriegsmarine willig zuſehends
vermehren, welche die innere Freiheit nicht gefährdet. Auch hierüber wird die Beſchleunigung oder das Hinausſchieben künftiger
Revolutionen gar ſehr von der alten Welt aus, nicht nur
durch die maſſenhaften Einwanderungen, ſondern auch durch die
politiſchen und religiöſen Ereigniſſe bedingt werden. Wäre der
Gegenpol in Südamerika von einem mächtigen einheitlichen
Volksgeiſte beſeelt, und ſtellte ſich dort ein lebenskräftiger Rival
dar, der in den abgeſchwächten zur Koloniſirung unfähigen „ro-
maniſchen" Abkömmlingen ganz fehlt; ſo würde Nordamerikas
Gegenwart und Zukunft noch ganz anders bedingt und gefährdet

seyn. So geht es aber ungehindert seiner großen Bestimmung entgegen, die ihm von außen nicht gestört werden kann. Denn das ohnmächtige alterschwache weitentlegene Asien hat gar keine positive Rückwirkung, und von Europa, welches ohnehin nichts mehr dagegen vermag, ist es durch den großen Ocean und die Eismassen des Polarmeeres geschützt.

Wenn also gleich einseitige Strebkräfte von Partikular-Interessen mehrfache und periodische Trennungen veranlassen werden, so wird in der Folge der Zeiten Nordamerika dessen ohngeachtet zu einer innigen politischen Gesammtheit zusammen-wachsen. „Diese Bestimmung" erscheint nicht nur von dem nordamerikanischen homogenisirenden, alles Fremdartige verschmel-zenden in sich aufnehmenden Geiste gerechtfertigt, sondern fast noch mehr von der innern Natur und Configuration des Landes bedingt; eine lange Trennung der sich bildenden Staaten und Reiche wird deßhalb unwahrscheinlich, weil der Mangel natür-licher innerer Grenzen und Absonderungsmittel den Wechselverkehr nie ganz aufheben kann, die aus der Concurrenz entstehenden Collisionen werden sich gegenseitig durch Verträge oder durch Gewalt des Stärkern ausgleichen, die Eisenbahnen und Tele-graphen verbreiten gleiche Töne und Worte einer Gesittung und Sprache wie der Gesinnungen und Bildung über den ganzen Continent. Die geistige Einförmigkeit kann daher in der Folge ebenso wenig fehlen, als wie die Gestaltung des großen inneren von Norden nach Süden durchgehenden Thalbeckens zwischen den Felsengebirgen und den Aleghanen eine so merkwürdige Ein-förmigkeit hat, und somit eine naturnothwendige politische Einheit herbeiführen muß. „Es war der Wille des Weltschöpfers," schreibt Busch, „der als er die plastischen Umrisse des neuen Continents im Gegensatz zur Structur der östlichen Erdhälfte formte, nur einer Race, der kräftigsten unter den übrigen, den Sieg verhieß, und hier nur einer Nationalität die Existenz vergönnte."

Bei allem inneren Reichthume von Naturprodukten auf Wald und Weiden, auf Feld und Acker, wird Nordamerika vorzüglich ein Industrie- und Welthandelsstaat werden, wie schon die erste Ansiedlung von einem solchen betriebsamen Volke stattgefunden hat, deffen „germanifcher" Stammcharafter seiner Natur treu geblieben ift, deffen politifcher und focialer Geift mit dem colonifirenden Vorwärtsfchreiten, mit Unternehmungsluft und Freiheitsfinn emfige Thätigfeit und Liebe zu gefetzlicher Verbindung, zum Menfchenwohl und zur Verbefferung der Inftitutionen hat, fowie auch ein tieferer moralifcher Sinn des religiöfen Elements für das Ewige, wenn auch auf Um= und Abwegen, fehr rege ift. Nordamerifa hat bereits das Mutterland als Weltinduftrie= und Handelsftaat weit überholt und wächft riefenmäßig England und allen Concurrenten über den Kopf, welches mit Steuern und Schulden belaftet für feine Millionen Fabrifarbeiter jetzt fchon mit dem Rohftoffe das Brod von Nordamerifa faufen muß, dem es nichts zu bieten hat, als feine verhungerten Irländer.

Auf Induftrie, Schifffahrt und Handel fpefulirt der Erfindungsgeift der Amerifaner mehr, als auf die hohen Ideale der europäifchen Stammgenoffen, denen fie in diefer Hinficht die Mufter lieferten, um auf den Weltmeeren die entlegenen Räume einander zu nähern und den Verfehr mit fremden Völfern in furzer Zeit herzuftellen. Dem ausdehnungsluftigen und ländergierigen Geifte fommt die Natur von Nordamerifa auf eine wunderbare Weife zu Hilfe, die großen Seen und Waffer= ftraßen führen von allen Seiten in das Weltmeer; zum Schiff= bau ift das Material aller Orten im Vorrathe und der äußerft fruchtbare Boden, den man lieber zur Kultur den Händen frem= der Einwanderer überläßt, liefert überflüßige Subfiftenzmittel dem Kaufmann und Seefahrer, wozu der ächte Yanfee vor= züglich Sinn und Gefchick hat, auf den weiteften Fahrten zu verforgen. Das Streben, zu verdienen und reich zu werden, ift eine angeborne Leidenfchaft der Amerifaner, und ein jeder, der da leben will, muß irgendwie feine Hände rühren, die amerifanifche Luft ftecft an, aber zur Thätigfeit, fie duldet feine Faullenzer auf dem üppigen, fegenreichen Boden, hier ift fein Stillftand möglich, und wer am herzhafteften unternimmt, gewinnt am meiften, und natürlich fchneller und mehr durch Handel und Induftrie, als durch das mühfame Graben und Schaffen auf dem jungfräulichen Mutterboden der Farmer. So gehen Ursachen und Wirkungen Hand in Hand, die wachsende Concurrenz treibt den Handel über alle gewohnte Grenzen hinaus; die Bedürfnisse wachsen mit der Befriedigung derselben durch künstliche wie natürliche Agitation, und so werden sie immer neue Bahnen suchen und dem Nationalgeist in Abentheuern Nahrung verschaffen, gleichviel ob ein Demokrat oder Whig das Staatsruder leitet, ob die republikanische Regierungsform oder eine Monarchie besteht, bis die Weltherrschaft vielleicht weniger nominell als faktisch in ihren Händen ist.

Sind die vereinigten Staaten einmal hinreichend bevölkert, so daß die mittlere Dichtigkeit der Populationsverhältnisse dem heutigen Frankreich oder Großbrittanien gleichkommt, was höchstens 300 bis 400 Jahre dauern wird, wo dann etwa 400 bis 500 Millionen Einwohner den nordamerikanischen Boden beleben und alle Kräfte den Naturreichthum benutzen, so muß ihr Welthandel der ausgedehnteste und blühendste werden und ihre Industrie wird alle Länder der Welt versorgen, sie aber auch beherrschen; den Beweis hiezu können wir aus der Geschichte von Europa entnehmen, welches so viele Jahrhunderte im Kleinen die alte Welt beherrschte, weil es mit seiner höher entwickelten Geistesbildung in reicher Gliederung die günstige Weltlage der umgebenden Küsten und alle Verkehrsmittel, so weit sie bekannt waren, benutzte, und somit den großen Welttheil Asien, das zugängliche Afrika und selbst ganz Amerika ausbeutete, bis dasselbe in der neuesten Zeit ebenbürtig auftritt, und bereits jetzt schon Europa in aller Hinsicht des natürlichen Reichthums übertrifft. In so viel Zeit wird auch die höhere Geistesbildung fortschreiten und nicht mehr bloß in irdisch zeitlicher Erwerbsucht den Erfindungsgeist üben, in welchem die Amerikaner jetzt schon den Europäern überlegen sind, wie sie ihnen durch die natürlichen Hilfsmittel des Bodens, der Mineralien, der Meeresküsten und Binnenseen, der Wasserstraßen und Eisenbahnen unvergleichlich überlegen sind, was bis ins Unberechenbare zunehmen muß, wenn einmal der Osten mit dem Westen, der Norden mit dem

Süden mit einem Netze der projektirten und schon in Angriff genommenen Bahnen und Kanäle verbunden (was nicht mehr lange dauern wird) und durch volkreiche Städte im vollen Maaße vollendet seyn wird.

Daß solche Projekte und Anlagen ins Werk gesetzt und ihre Erfüllung erreicht werden, darüber dürfte wohl der Charakter, der Reichthum und die Macht des gegenwärtigen Zustands von Nordamerika jeden Zweifel zu beseitigen vermögen, und daß ein so glänzendes und apodictisch aufgestelltes Horoskop kein bloßes utopisches Phantasiestück sei, darüber können wir eine Rechenschaft durch die etwas nähere Betrachtung der heutigen nordamerikanischen Zustände erlangen. Wir sehen in den gegenwärtigen Zuständen von Nordamerika ebenso wenig das Glücksland der letzten Verheißung, als ein Gemisch von Freibeutern aus aller Welt, ein Gesindel von unmoralischer Selbstsucht nach materiellem Gut der roheſten Art, was noch lange dauern mag, ohne daß sich ein Gärtner findet, das aufschießende Unkraut auszujäten. Wir sehen hier den Bestimmungsort für das Vorwärtsschreiten der Menschheit aus den Mängeln und Gebrechen der Zeit, das Weitere wird Gott fügen, er wird das Unkraut von dem Weizen sichten mit der Wurfschaufel der Pest, des Hungers und Krieges, bis seine Macht des Guten obsieget und der Hyder den Kopf zertritt.

Ein regsames Leben, frische Thatkraft, Unternehmungslust mit nachhaltiger Macht ist in Nordamerika überall sichtbar. Das Land ist bereits nach allen Richtungen durchforscht und zum Theil, wenn auch dürftig, mit Ansiedlern besetzt; fahrbare Straßen, Kanäle, Eisenbahnen, Dampfschiffe durchziehen und verbinden alle Provinzen; der mineralische Kohlenreichthum, die Fruchtbarkeit eines unübersehbaren Bodens, ein blühender Handel, mächtige Flotten, eine centrale Gewalt der Gesetzgebung sind die Stützen und Hebel zu Bewegungen und Unternehmungen weit über die Grenzen des heimathlichen Gebietes hinaus. Und dieß ist uns hinreichend, in dem Treiben der „physischen Strebkräfte" das Vorbild einer einstigen Zukunft auch des höheren ausgebildeten „Vernunftlebens" zu erblicken, wozu die Elemente keineswegs fehlen.

Noch anschaulicher wird unsere Behauptung, wenn man das rasche Wachsthum nur seit erst 50 Jahren mit der Gegenwart vergleicht, wie es Dr. Busch beschrieben hat. „Vor 50 Jahren bewohnten fünf Millionen Menschen den Landstrich zwischen dem Kamme der Alleghanies und dem Strande des atlantischen Meeres; nur einige kühne Squatters überkletterten mit der Axt in der Hand das Gebirg, den Weg sich durch die Urwälder bahnend, zu den westlichen Strömen. Ein Dutzend zerstreute Ansiedlungen, hier und da ein Dörfchen oder ein einzelnes Fort von feindlichen Indianerstämmen umgeben; die Bevölkerung bestand aus Jägern, Abentheurern, Soldaten mit wenigen Arbeitslustigen im fruchtbaren Westen. Zehn Jahre später sieht man schon Kirchen, Schulhäuser, Gerichtswohnungen entstehen; die Verbindungen waren noch sparsam und mangelhaft, kaum fahrbare Straßen führten vom Osten nach dem Westen, plumpe Karren zogen in die Ferne einer neuen Heimath zu. Die Anfänge des Handels schwammen in Flößen und Booten langsam, mühsam und unsicher auf den großen Strömen nach den weit entlegenen Märkten. Und vor 30 Jahren? Da that sich der gewaltige Westen auf, eine neue Aera begann und ein völliger Umschwung entstand durch die Zauberkraft des Dampfes; Mühlen, Eisenhütten, Fabriken sproßen aus dem Boden, das Reisen und der Verkehr verdoppelte und verzehnfachte sich in der Schnelligkeit, Leichtigkeit und Wohlfeilheit. Und vor 20 Jahren? Da rollen die Postkutsche und der gewaltige Lastwagen auf schönen Kunststraßen aus dem Osten nach dem Westen, es wiegen sich Meere von Weizenhalmen, wo noch kurz zuvor der Urwald stand; da ragen die stattlichen Landhäuser an der Stelle der Blockhütten, es erheben sich Städte aus ärmlichen Dörfern empor. Und wie steht es jetzt um die wachsende Welt des einstigen Hinterwaldes? Die Wildniß ist zum Garten, die Squatter, welche sie bewohnt, sind zum großen Volk geworden, dessen Stimme laut, gewichtig, Ausschlag gebend in den Hallen der nationalen Gesetzgebung gehört wird. Die Fluth der Einwanderung, einst schwach und langsam,

wälzt sich, einem mächtigen Strome gleich, reißend, die Reste der
Urwelt niederwerfend, alles Land erfüllend, auf Kanälen, Dampf-
booten und Eisenbahnen in die Staaten, denen sie Jahr auf Jahr
neue anfügt;" so Busch.

Bei keinem Volke in der Weltgeschichte haben sich die zwei
urgesetzlichen Grundkräfte: der „centrifugalen" Ausbreitung und
der „centripetalen" Schwerkraft des festen inneren Zusammenhalts,
so auffallend erwiesen, als bei Nordamerika. Nicht nur allein
sammeln und verschmelzen sich alle aus der Ferne zusammen-
strömende Elemente der verschiedensten Art aus allen Nationen
zu einem gemeinsamen Ganzen, denn einmal auf dem amerikanischen Boden angekommen, erliegt jede fremde Nationalität dem
homogenisirenden einheimischen Princip; sondern die nordameri-
kanische Thatkraft greift erobernd auch keck weiter um nach außen,
neue Gebiete sich anzueignen. Dabei offenbaret sich auf eine
merkwürdige Weise jetzt schon der instinktive Trieb, daß die peripherischen Landeskräfte einen Centralpunkt zu gewinnen suchen,
um sich da gleichsam prophetisch anzusammeln, so daß sich un-
willkührlich ein Mittelpunkt bilden wird, von wo der Impuls
des inneren und äußeren Weltverkehrs einst ausgehen wird.
Dieser Mittelpunkt wird Cincinati im Mississippithal seyn, wohin
alle peripherischen Kräfte und Strebungen gerichtet sind. „Es
handelt sich um nichts geringeres," sagt Busch, „als um den
Beweis, daß Cincinati zum Centrum der vereinigten Staaten
zu werden bestimmt ist. Dieses Weltreich des dritten Jahrtausends,
zu dem die Yankee-Republik herauswachsen wird, wird mit derselben Gewißheit, mit welcher aus der gesunden Eichel ein Baum
wird, in Cincinati sein Rom haben, ein Rom, um so viel
gewaltiger als das der Cäsaren, wie der Ohio größer ist als
die Tiber, es wird der Mittelpunkt seiner Macht, seines Handels und seiner Kunst und Wissenschaft seyn." „Die Centrifugalkraft war die Mutter der Hinterwäldler, sie ist der Trieb, der
noch jetzt die Bevölkerung des Ostens massenhaft hinaus nach
Sonnenuntergang drängt," (history of the american revolution
by G. Bancroft. London 1853.)

Ursprünglich entstanden nach der eroberten Freiheit von der englischen Herrschaft mehrere Vereinigungsstellen, gleichsam als Kristalisationspunkte junger Organismen in verschiedenen Gegenden des chaotischen weiten Ländergebietes, die mehr nominell als faktisch eine Einheit — Union — eines Gesammtstaates bildeten, wodurch sie aber in der kurzen Zeit eines halben Jahrhunderts immer mehr zu einem festen Organismus wuchsen und von einem ideellen Mittelpunkt aus zu einer Machtentwickelung gelangten, welche jetzt schon die Welt in Erstaunen setzt, daß sie diesem zum Schrecken und jenen zum Ideal geworden ist. Der Westen von Nordamerika und das große Ländergebiet des Mississipithals war noch vor 50 Jahren fast eine chaotische, menschenleere Wildniß; einzelne Gehöfe wurden hier und da aus rohen Stämmen des Urwalds errichtet, einige Ansiedler fremder Einwanderer gesellten sich hiezu und es entstand ein Dorf als Kern, an dem sich neue Verhältnisse knüpfen, Pflanzen zu ziehen und Thiere zu zähmen; so bildeten sich mit Nothwendigkeit einzelne Strahlen und Wege durch Handwerker und Umtausch von Nahrungs- und Geschäftsmitteln; es entstand ein Kramladen, eine Kirche und Wirthshaus; in einiger Entfernung entstanden bald neue Dörfer, somit Bezirke der zerstreuten Farmen und kleiner Gemeinden; der Verkehr wurde lebendiger, die Vereinigungsstrahlen werden häufiger durch neue Bauten der Ansiedler ausgefüllt: so entstanden endlich Städte als Centralpunkte größerer Gegenden, das erste Centrum der Vereinigung peripherischer Einzelkräfte zu einem immer größeren sich unwillkürlich geheim heranbildenden Organismus eines gesellschaftlichen Zustandes; je nach der günstigen Lage in einer angenehmen Gegend, an einem Flusse, bildeten sich größere und vorzügliche Städte, wo durch die innere Industrie bei der Wohlfeilheit des äußeren Naturreichthums endlich eine Hauptstadt entstand, die alles Vorherige, ja eine ganze Provinz des Landes beherrscht, wo aber noch kein wahrer, faktischer Vereinigungspunkt des ganzen Landes stattfindet, weil der große Raum desselben in den entlegenen Fernen noch zu wenig ausgefüllt ist und der höhere Geist der Civilisation über den Wassern schwebend seine Triebkraft noch nicht in die schwachen nicht fest genug zusammenhaltenden Glieder treibt, die in republikanischer Selbstherrschaft keine Centralisation anerkennen. Nach dieser Gesetzesnorm bilden sich buchstäblich die ver= einigten Staaten von Nordamerika und namentlich: der westliche Theil desselben am Ohio und am Mississipi; andere im Oregongebiete und in Californien sind sogar jetzt noch erst in der ersten Ausbildung begriffen; eine Haupt= und Centralstadt existirt aber noch nicht in den nordamerikanischen Freistaaten, die aber sicher durch die Macht der bereits eingelei= teten Verhältnisse des Verkehrs und durch die Configuration der Natur sich gleichsam von selbst emporheben wird. Die Macht der Verhältnisse des industriellen und Handelsverkehrs hat den Zeitpunkt zu einer solchen Erhebung so beschleuniget und den Ort bestimmt bezeichnet, daß man mit der größten Bestimmtheit Cincinati „die Königin des Westens" nennen kann (wie Busch ihn angibt). Denn einerseits haben die Eisenbahnen und Telegraphen, welche die Orte aneinander knüpfen und die Zeiten aufheben, nothwendig gerade diese Stelle zum Mittel= punkte gemacht, andentheils kann der centrale Stationsplatz der von der Peripherie ausgehenden Strahlen der Schienenwege nur im Missisippithale an jener Stelle errichtet werden, wo der Westen den kürzesten und wohlfeilsten Weg nach Osten, der Süden nach Norden und umgekehrt findet, und wo noch dazu der Reichthum und die Wohlfeilheit der Nahrungsmittel alle Provinzen der Union bei weitem übertrifft. Die Viehzuchten und Getreideländer, um nicht nur Millionen der Einheimischen in Ueberfluß zu er= nähren, sondern auch die Reisenden in alle Welttheile reichlich zu versehen und die fernen brodarmen Fabrikstädte des Nordens und Ostens zu versorgen, sind im Missisippithale, wo mit geringer Mühe der Handarbeit der Boden noch auf Millionen Menschen wartet und ungedüngt auf Jahrhunderte die Frucht „des Männer= marks" (wie Homer das Getreide nennt) spenden wird. Im Westen sind nicht nur die vorzüglichen Getreideböden und Vieh= weiden, sondern auch die Kohlengruben, die Bleibergwerke und der Eisenreichthum sammt den unermeßlichen Wasserkräften zum Betriebe aller denkbaren Art von Fabrikgegenständen. Das Zu=

sammenmünden endlich der großen Ströme bei St. Louis bedingt die Leichtigkeit und Vielseitigkeit der Dampfschifffahrt und
somit die allgemeine Centralität des wunderbaren von Gott er-
korenen und gesegneten Welttheils von Nordamerika.

Die hohe Bedeutung des erst seit 10 Jahren herangebildeten
Westens ergibt sich schon gegenwärtig aus der Wohlhabenheit
und der täglich sichtbar zunehmenden Größe der Städte, wie
z. B. St. Louis; aus der schaarenweisen Zuströmung der europäischen mit Geld versehenen Auswanderer dahin, aus der eifersüchtigen Spekulation der großen Haupthandelsstädte im Osten
und Süden, die reichen Hilfsquellen des Westens zu benutzen;
aus der allseitigen Zuleitung der Hauptbahnen nach dem Misssisippi-
thale rc., wodurch sich eine Centralsphäre bilden muß, alle noch
zerstreuten unzusammenhängenden peripherischen Kräfte zu sammeln und einen Organismus mit einer unzerstörbaren centralen
Lebenskraft heranzubilden. „Das Werk der Emancipation schreitet
so rasch wie die Zeit, und so unaufhaltsam wie das Fatum vorwärts," sagt Busch. Derselbe beschreibt die von allen Seiten
bereits angelegten nach dem Missisippithale gerichteten sechs großen
Eisenbahnstraßen, drei von der atlantischen Küste und drei vom
mexicanischen Golf, und die dadurch zu erzielenden Vortheile der
südlichen und nördlichen Staaten zum schnellen Verkehr und Aus-
tausch der Handelsgegenstände, die sämmtlich auf Cincinati zustreben, auf denen man die entferntesten Punkte der Union in
ein paar Tagen erreichen wird, wozu bisher auf großen Umwegen
Wochen nothwendig waren, und die Unsicherheit der Transport-
preise ums Zehnfache größer sind. Hören wir ihn hierüber
selbst sprechen: „Die Städte des Südens sind in dem Ringen
um den auswärtigen Handel gegen Boston, Newyork, Philadelphia und Baltimore zurückgeblieben, aber sie haben es nicht
aufgegeben, sich wenigstens einen Antheil daran zu sichern. Ihre
Gegend liefert bei weitem die größere Hälfte der Ausfuhr Nordamerikas, und der Einfuhrhandel wurde ihm aus Ursachen ab-
wendig gemacht, die sie heben werden, weil sie sich nicht mehr
bloß auf ihre Flüsse verlassen, sondern Eisenbahnen bauen werden.
Auch wird durch Seedampfboote die direkte — versäumte — Ver-

binbung mit Europa hergestellt werden. Neuorleans erfreut sich des bedeutendsten Theiles der Handelsgeschäfte mit Westindien und Südamerika. So werden auch Charlston und Savannah durch Eifer in der Vollendung ihrer Verbindungswege mit dem Norden nicht bloß ihren Handel heben, sondern auch zu Häfen der Einwanderung werden, wie sie die Baumwolle nach aller Welt versenden können. Der Süden in gleicher Weise wie der Osten muß dem von der Natur der Dinge im Centrum der Union bestimmten Laude zwischen dem Mississipi und den nördlichen Seen zustreben, was er bereits schon thut, wenn auch ohne es zu wollen, und er wird mit seinen Städten in Zukunft vollkommen in die Stellung eines Vasallen eintreten. Cincinati aber, als der Vereinigungspunkt der Bahnen, in denen sich dieses Streben äußert, wird das Centrum des Centrums seyn.

Der Nordwesten und die Landstriche jenseits des Mississipi sind noch nicht in Betracht gezogen, und doch fühlten auch sie schon den Zug nach dem großen Magnet. Eine erste Eisenbahn lauft schon von Cincinati nach St. Louis, die ins Unendliche weiter gehen wird, wenn das Projekt, den Handel Europas und Asiens durch eine zu erbauende Welteisenbahn über das amerikanische Festland zu leiten, zur Ausführung kommt. Abgesehen von einem solchen Riesenplane ist dieser Schienenweg einer der wichtigsten in der Union; denn er verbindet Baltimore mit dem schnell wachsenden St. Louis und eine ungeheure Masse von Waaren wird auf ihm alljährlich durch Cincinati strömen. In nordwestlicher Richtung ferner werden innerhalb der nächsten Jahre von jener Stadt drei Linien sich strecken, von denen zwei der Vollendung nahe sind nach Indianopolis. Von dort endlich wird eine Straße nach Michigan-City, eine nach Chicago und eine dritte nach Alton am Mississipi, nach Galena und Dubuque, der ergiebigsten Bleiregion in der Welt, und nach Milwaukie, der Hauptstadt Wiscousins, führen, was eine entschiedene Unumgänglichkeit ist, weil von da eine Fortsetzung nach den Kupferbergwerken am oberen See gewiß ist. Die Bewohner von Michigan, von dem vielgepriesenen Wiscousin, von Java und Nordillinois sind fünf Monate im Jahre vollständig eingefroren und

von allem Zusammenhange mit allen Theilen der Union abge=
schnitten, so lange nicht eine Verbindungsstraße um das Südufer
des Michigan=Sees hergestellt ist. Auch wird Cincinati der Ver=
knüpfungsort seyn. Ist die Schifffahrt auf dem Ohio für grö=
ßere Fahrzeuge einmal regulirt, so werden Zucker und Kaffee
Artikel, die in der Sprache der amerikanischen Handelswelt „die
leitenden" heißen, durch den Kaufmann im Nordwesten von
Cincinati fast um die Hälfte billiger bezogen werden, als von
Newyork. Die Eisenwerke, Glashütten und Hausgeräthfabriken
Ohios werden um einen Dollar an Ort und Stelle geliefert
werden, was Boston oder Philadelphia nur mit einem Zuschlag
von zehn Procent geben können. Ein ausgedehnter Markt endlich
eröffnet sich den nordwestlichen Staaten zum Absatz ihrer Roh=
produkte in Cincinati, fünfhundert Meilen näher als im Osten."
Wenn wir in dem bisherigen Entwickelungsgang
der nordamerikanischen Freistaaten eine gewisse Gesetz=
mäßigkeit erblicken und darnach den Fortschritt der inneren natio=
nalen Ausbildung mit Nothwendigkeit erwarten, welche die vor=
handenen Natur= und socialen Verhältnisse bedingen, so daß wir
schon die Ausbildung eines Staatsorganismus in seiner Glieder=
ung zwischen Umkreis und Centrum genauer anzugeben vermögen:
so wird wohl auch noch ein weiterer Schluß gerechtfertigt
seyn, worin wir nach einer schon (oben) angedeuteten Gesetzmäßig=
keit eine noch höhere Geistesbildung und eben dadurch einst eine
allgemein menschliche Oberherrschaft über die ganze Erde pro=
phezeien können. Kein Volk und kein Land ist in der
Geschichte bekannt, wo mit einer solchen Hast, Rührigkeit und
Thatkraft, irdisches Gut zu erobern, alle Kräfte bei völlig auf=
gehobenem Ständenunterschied angespannt werden, wie es bisher
in Nordamerika der Fall ist. Allein das ganze Dichten und
Trachten, Bilden und Schaffen des nordamerikanischen Geistes
besteht lediglich in der Gründung des objektiven nationalen
Vaterlandes, um somit erst zu einer subjektiven höheren
Geistesentwickelung eine historische Basis zu gewinnen, das Bar=
barenthum abzulegen und auszumerzen. Denn wenn ein Orga=
nismus zwischen Peripherie und Centrum nicht seine Festigkeit

schon in der Anlage erhalten hat, so ist nie auf eine Zukunft
zu rechnen. Eine solche Basis aber, wie wir sie in Nordamerika anlegen sehen, hat sich in der Geschichte bei keinem Volke vorgefunden.

Die verschiedenen Länder der Provincialstaaten der Union werden
schon bald einen geschlossenen Völkercomplex ausmachen, und wie sie
an innerer Kraft intensiv zunehmen, werden sie bald auch extensiv
mit Geisteskraft nach außen wirken und nicht nur mit physischer
Gewalt herrschen, und zwar Anfangs auf der aufsteigenden Linie
ihres Wachsthums oft vorlaut und roh offensiv herausfordernd,
sondern dann auch geistig die Weltbildung in die Ferne tragen,
gleichviel, ob die republikanische Union oder die Monarchie das
Steuerruder führt. Daß dieses gesteigerte Leben nicht auf die
Union beschränkt bleiben kann und im historischen Fortgang
der Geist auch auf das subjektive Gebiet der Gedanken und
der Phantasie sich erstrecken wird, daß es die höchsten Güter des
Vernunftlebens aufzunehmen, die Kunst und Wissenschaft, die
Religion und das Recht vertreten wird, läßt sich, wenn nicht
mit Nothwendigkeit, doch mit der größten Wahrscheinlichkeit ebenso
wie die objektive physische Heranbildung der Weltherrschaft
erwarten. Wie der Strom des „Handels" und der „Industrie"
sich in Amerika bereits ein neues sicheres Bett gegraben hat,
so wird auch „die höhere Kultur" einer künftigen Weltgeschichte
dort auf einem festen und breiteren Boden fußen, als innerhalb der alten Ufer an den Zwingburgen des romantischen
Europa. Die Gewähr hiezu liegt insbesondere in dem eigenthümlichen nordamerikanischen Volksgeiste der vorwaltend
germanischen Abstammung, gemischt mit dem romanischen
Elemente der errungenen Weltbildung, wie schon die „sprachliche"
Eigenthümlichkeit des Englischen mit germanisch-keltischem Stamm-
princip, gemischt mit romanischen Wurzelworten, prophetisch die einstige Vereinigung der Geister und Völker beurkunden. Daß übrigens
wirklich der germanische Stammgeist der vorherrschende ist, beweist
(wie schon gesagt) der Trieb und die Strebsamkeit der allgemeinen
Ausbreitung, die vorzügliche Kolonisationsfähigkeit, der industrielle
Geist der Erfindungen und Werkthätigkeit, die nautische Geschick-

lichkeit und endlich der unersättliche Wissenstrieb, in allen Fächern aus der Nähe und Ferne sich zu unterrichten, endlich das christliche Princip, ohne welchem ohnehin keine höhere humane Weltbildung möglich ist, ist wenigstens in die gewonnene Basis des Staatslebens eingetragen. Die formelle Bildung wird indessen wohl noch lange von Europa und namentlich von Deutschland aus stattfinden; denn was Kunst und Wissenschaft, Religion und Recht betrifft, so befinden sich alle diese Gegenstände auf einem völlig negativen Standpunkte. Aber gerade hierin liegt das rechte Mittel, daß die Nachhaltigkeit und Consequenz zugleich von außen bedingt wird, um jede Ueberstürzung zu vermeiden und zu einer höheren Vollkommenheit der subjektiven Ausbildung heranzureifen.

Es mag auf diese Weise begreiflich werden: daß es Nordamerika vorbehalten ist, einst die Weltherrschaft zu übernehmen, nicht wie Rom das eiserne Scepter zu führen, sondern wie Alexander auch den Phalanx der Geistesbildung nach Asien trug, das allgemeine Menschliche und das höhere Vernunftlicht über die objektive Realität des Naturlebens auszugießen, soweit die Sonne den bewohnbaren Erdboden beleuchtet. „Die Väter der amerikanischen Revolution erklärten die Wohlfahrt des menschlichen Geschlechts für ihr Ziel und waren der Ansicht, daß sie nicht allein in ihrem eigenen, sondern im Dienste aller künftigen Generationen kämpften." (Bancroft, history of the american. revolution. London 1853.)

Ja allerdings ist es auch in der neuen Welt weit hin, bis sich der Himmel auf die Erde niederläßt, die Schuld und Sünden der alten Welt haben sich auch dahin verpflanzt, die irdische Genußsucht, eitler Stolz der Selbstüberhebung, feindselige Anmaßung gegen das europäische Mutterland werden noch lange die Klippen bilden, an denen das Staatsschiff anstoßen wird; häßliche Schatten verfinstern das reine Sonnenlicht, in der großen Zahl der schwarzen tyrannisirten Sklaven, in der rohen Genußsucht weißer Schlemmer, in der Zerrissenheit religiöser Normen der Bekenntnisse, bei ascetischer Frömmelei und wildem Heidenthum, bei völligem Mangel einer allgemeinen

Rechtspflege 2c.; es wird auch an politischen Wühlereien und
Revolutionen nicht fehlen. Aber trotz allem dem erblicke ich
über dem amerikanischen Horizont eine ferne blühende Zukunft
in der unendlichen Regsamkeit der Geister und ihrer Arbeitsliebe,
in den Wundererscheinungen der Riesenunternehmungen mit den
schnaubenden Dampfrossen und der Götterkraft des electrischen
Blitzes; ich habe jetzt schon meine Freude an den frischen Lebens-
keimen und dem Gedeihen von Staaten, deren Geschichte neu
und nicht so ruhmreich wie in Griechenland und Rom, aber
doch schon humaner und segensreicher ist. Das Loos der Amerikaner ist bei weitem gleichmäßiger und glücklicher, als im
alten Rom, wo die Bürgerfreiheit nicht über die Stadtmauern
hinausreichte, oder wo wie in Athen fünf Sklaven auf einen
freien Bürger kamen, oder wie in Sparta, wo Hunderte von
rechtslosen Heloten auf einen Helden gingen. Unwidersprechlich
herrscht in Nordamerika Lebensfrische statt Verwesung, un-
aufhaltsamer Fortschritt statt Stillstand und Rückschritt, eine feste
Grundlage zu einer unübersehbaren Dauer einer kühnen, freien
und thatkräftigen Nation.

Mag „diese Prophezeiung" ein kühnes hypotheti-
sches Wagniß seyn, dem sowohl die zureichenden Prämissen aus
der Geschichte, als die Sicherheit des ekstatischen Sehers
abgehen, wir werden folgerecht von unserem Horoskope
darauf geführt: dasselbe weiset uns nämlich auf „einen gesetzmäßigen Fortschritt der Menschheit in der Kultur und allgemeinen Geistesentwickelung hin, um einst eine gewisse Vollkommenheit zu erreichen, in der alle Völker der Erde als gesellige Glieder
eines Organismus einander brüderlich die Hände reichend in
einander greifen und das gemeinsame Interesse im Frieden erkennen werden"; daß ein solcher Zustand noch als ein frommer
Wunsch sehr ferne in der Zukunft liegt, wird nicht in Abrede
gestellt; allein wenn wir uns zu einem so hohen Zwecke um die
Mittel umsehen, so erblicken wir dieselben mit aller Wahrscheinlichkeit nur allein in dem Complexe der geschilderten Zustände
von Nordamerika; die Zeit mag wohl auch noch tausend Jahre
ferne seyn, bis eine so glänzende Erscheinung verwirklicht wird!

Afrika.

Soll der Fluch unabwendbar ewig auf Afrika laſten?

Wenn jede Entwickelung nach einem höheren Rath-
ſchluß darin beſteht, daß die lebensfähigen Weſen zuerſt aus
dem allgemeinen Juhalt beſtimmte Gegenſätze entfalten, die nach
ihrer Ausgeſtaltung ſich wieder zu einem höheren Ganzen der
Zweigglieder in den Blüthen und Samen vereinigen, ſo ſehen
wir an dem hiſtoriſchen Stammbaum der Menſchheit
„dieſes Geſetz" buchſtäblich in Erfüllung gehen.

Der Stamm Noas hat ſich mit ſeinen drei Söhnen in
drei Hauptäſte getheilt, von denen zwei ſich in das Erbe theilten
und der dritte ausgeſchloſſen zur Dienſtbarkeit verurtheilt wurde,
wodurch auch die ſelbſtſtändige weitere Entwickelungsfähigkeit nur
den zwei erſten, nicht aber auch dem dritten möglich gemacht
wurde. Die unmittelbar geſegneten Semiten Aſiens und die
im Gegenſatze von dieſen ſich über das ganze Naturgebiet der
Erde von Europa aus ſich verbreitenden Japhetiten begegneten ſich auf eine wunderbare Weiſe in Amerika und ſie
haben ſchon angefangen, auf eine höhere Art die nationalen
Gegenſätze wieder auszugleichen und zu vereinigen, indem die
letzteren bereits ſchon eingezogen ſind in die Hütten Sems. Der
dritte Hauptaſt Hams iſt jedoch noch ausgeſchloſſen und ſeufzet
unter der ſchweren Laſt der niedrigſten Dienſtbarkeit in Afrika
und mit dem ſchneidendſten Gegenſatz barbariſch behandelt von
den kultivirteren Geſchlechtsgenoſſen in Amerika.

Es wäre hier Stoff zu einer tieferen Beherzigung der beſtia-
liſchen Schmach, die aus der Verachtung der natürlichen Scham
des Stammvaters folgte, bei der es noch nicht abzuſehen iſt,
wie die ſchwarze Haut für einen höheren Lichteinfluß weiß ge-
waſchen werden ſoll!

Zwar greift ein verwandter Zweig der Araber mit dem
ſemitiſchen Samen der orientaliſchen Bildung tief in das
Innere Afrikas hinein; allein der bloße Anflug des Muhameba-
nismus, wie er ſtellenweiſe in Afrika verbreitet iſt, bleibt ohne
die höhere japhetiſche Bildung mit dem chriſtlichen Lebens-

princip zeugungsunfähig, dasselbe hat also von den Moslems wie diese selbst keine Erlösung zu erwarten; höchstens ist damit der Weg etwas offener und die Möglichkeit zu einer einstigen Weiterbildung gegeben, wozu die menschliche Naturanlage der Regerrace allerdings vorhanden ist.

„Das Innere" Afrikas deckt ein geheimnißvolles Dunkel, wir kennen kaum „den Rand" dieses Welttheils, der schon von den Küsten aus auf allen Seiten unzugänglich jedem Schritt gefahrdrohende Hindernisse in den Weg stellt. Wir wissen wenig mehr als das Alterthum und was uns Herodot berichtet und die arabischen Geographen überlieferten, deren Kenntnisse auch nicht weiter reichten als so weit ihr Handel ging, der fast ausschließlich Landhandel blieb, weil sie sich auf die offene See nicht hinausgetrauten, sogar „die kanarischen Inseln" kannten sie nur von älteren Geographen und nicht aus eigener Anschauung. Was tiefer als einige Tagreisen in das Innere des Landes hineingeht, haben selbst die neueren kühnen Reisenden nur wenig aufgeklärt, und von einer politischen und geistigen Entwickelung sind namhafte Spuren nirgends entdeckt. Es bildet also Afrika wie in „geographischer," so auch in „geistiger" Hinsicht den geraden Gegensatz von Europa, dasselbe hat noch gar keine Geschichte, weil keine Civilisation, welche überall an den Handel und Verkehr geknüpft ist, der dort die Länderverbindung aus Mangel der von den Meeresküsten in das Innere führenden Wasserarme beinahe völlig abschneidet und selbst den Karavanenhandel — wie schon (oben) die Ursachen angegeben wurden — unendlich erschwert; denn die Civilisation blüht nur, wo der Völkerverkehr im Innern und der Handel nach außen erleichtert ist; deßwegen blüht sie in unserer Zeit in der Mitte der Länder, welche der Ocean verbindet und nicht mehr trennt, seitdem das Weltmeer und nicht mehr bloß das Mittelmeer zur offenen Straße geworden ist und den Erfindungsgeist wie des Mannes Kraft zur Arbeit und Thaten herausfordert. Wo statt der durch grüne Thäler rauschenden Silberströme Wasserarmuth oder Moräste den Fuß des Wanderers zurückschrecken und ein völliger Mangel eines den Handel fördernden Stromsystems, wo

statt der Wiesenflur und der Ueppigkeit der Wald- und Weizen-
felder, statt der Spiegelflächen anmuthiger Landseen, die jetzt
trennen und dann verbinden, immer aber das Leben wecken und
den Verkehr befördern, der Boden hunderte von Meilen ein
Sandmeer trägt, das Klima den Hauch des Athems verpestet
und selbst wilde Stämme jeden Versuch zum Vordringen feindselig bekämpfen, da liegen solche Schwierigkeiten jedem Kultur-
versuch vor, daß ein so langer Aufschub alles Weltverkehrs und
der Mangel aller Geschichte der Negerrace leicht einzusehen und
sogar die Möglichkeit, je die rechten Mittel finden zu können,
kaum abzusehen ist und ob der Sieg des Geistes und das höhere
Licht der Menschenbildung einst auch dem afrikanischen Continent werde zugeführt werden können?

Sehen wir aber, wie die Gegensätze von allen Seiten sich
immer mehr ausgleichen; wie alle Theile und Ländergebiete der
Erde mehr und mehr aufgeschlossen werden; wie der Westen
Amerikas mit dem Osten Asiens die Bande der geselligen
Verknüpfung immer enger durch Handel und Missionen an einander ziehen; wie sogar Europa durch Kolonien in Afrika
im Süden und Norden schon festen Fuß gefaßt hat, womit
zugleich von allen Seiten tiefer in das Innere des Landes ein-
zudringen unabläßig versucht wird, die Wissenschaft zu bereichern
und dem Handel die Thore zu öffnen und die Wege zu bereiten;
so ist wohl nicht zu zweifeln, daß auch Afrika einst aus dem
unbekannten und isolirten Zustande heraus zu dem offenen allgemeinen Weltverkehr gezogen werden wird; und daß der aus
dem Leben in die Wüste hinausgeschobene dürre Zweig wieder
grünen und von dem Blüthenduft der errungenen Geistesbildung
der zwei verwandten Stammglieder einst auch neu belebt, die
Naturschranken durchbrechen und die Erlösung finden werde; daß
also auch Hams Sohn, „der schwarze Neger," in die
Menschengeschichte eintreten und an den göttlichen Gütern des
idealen Vernunftlebens Theil nehmen wird.

Europa

bildet nicht nur in „geographischer" und „geistiger" Hinsicht den geraden Gegensatz von Afrika, sondern auch den Mittelpunkt und Schlußstein des gesammten Erdorganismus. Wie es „physisch" unmittelbar, ein Theil der alten Welt, mit Asien zusammenhängt, so hängt mittelbar „geistig" Amerika von Europa ab, Afrika ist wie physisch durch die schmale Erdzunge und das mehr trennende als verbindende Mittelmeer, so auch geistig ein isolirter, wie aus dem Reich des Lebens in das Weltmeer hinausgeschobener verlorener Posten. Was die alte und neue Welt im großen Maßstabe, aber zerstreut und ohne physischen und geistigen Zusammenhang in großen Ländermassen enthält, das besitzt Europa als der von der Vorsehung auserwählte Lebensboden und Mittelpunkt auf kleinem Raume, wie in einem Schmuckkasten (Mikrokosmos) zusammengedrängt. Vom Norden bis zum Süden seiner Gränzen, vom Osten bis zum Westen des Aufgangs der Sonne und Bildung ist dieser Welttheil immer dichter auf einem mit steigender Fruchtbarkeit, mit Land und Wasser in allen Richtungen wechselnden Boden von Volksstämmen der edelsten Race des Menschengeschlechts bevölkert. Eine wirkliche stets im Fortschreiten begriffene Bildungsgeschichte besitzt nur allein Europa.

Die Lage seiner Weltverhältnisse bedingt auch die „politische" Stellung, die es unter den Völkern des Erdbodens einnimmt, daß es offenbar durch den Geist seiner Geschichte, wie durch die concentrirte physische Macht nach allen Seiten herrschend einzugreifen und zum Ordner des allgemeinen Weltverkehrs bestimmt erscheint. Denn in Europa allein ist das Bewußtseyn und Streben einer socialen Ordnung lebendig, der Trieb in der Verschiedenheit der Individuen, Familien, Stämme, Nationen, Völker eine dauernde natürliche Stufenordnung, ein Staat und ein — zwar noch streitender — Wille wach, sogar ein Staatsrecht zu gründen, nach welchem Staaten gegen Staaten in friedlicher Eintracht eine systematische Organisation der Völkerindividuen erhielten, was aber noch nicht gefunden und festgestellt ist. Ist aber die friedliche Lösung dieses Systems einmal gelungen, dann wird Europa nicht mehr bloß scheinbar, sondern in Wirklichkeit das Abbild einer höheren von Gott eingepflanzten Stufenordnung der ganzen Menschheit seyn, welche bei der endlichen Ausgestaltung alle Racen in sich faßt, um das Höchste zu erreichen und einen allgemeinen vollkommenen Staat, ein Reich Gottes auf Erden zu bilden! So unvollkommen indessen Europa heute noch ist, so bildet es doch bereits das Centrum der gebildeten Welt, ein herrschendes Ganzes, zu dem die Produkte der Erde hinfließen und von dem wiederum allen Völkern Belehrung und Zusammenhang geboten wird.

So sanguinisch und fremdartig dieß erscheinen mag, unser Horoskop führt uns darauf hin, und das Ziel der Vernunftordnung und alles psychologischen Strebens ist kein anderes als die Darstellung eines Ideals, welches „die Vollkommenheit in der Wahrheit und Güte, in der Schönheit und Gerechtigkeit" darstellt. Das Bewußtseyn dieser Wahrheit ist freilich noch kein weit verbreitetes, ja es ist noch nicht einmal ins Fleisch und Blut der europäischen Menschheit gedrungen, es muß aber im Laufe der Zeiten von Jahrhunderten sich heranbilden und es wird im Laufe von Jahrtausenden zur Reife kommen, weil die Schöpfung Gottes sonst nur ein ewiges zweckloses Chaos seyn würde!

Ist in Europa die Staatenordnung und die Stellung der Völker unter sich erst einmal festgestellt, daß es in friedlicher Eintracht eine „moralische" Einheit in einem „organischen" System bildet, dann erst wird es die weitere und höhere Aufgabe erfüllen, die Racenverschiedenheiten nämlich untereinander auszugleichen und den Geist des Friedens zu einem allgemeinen Weltverkehr zu verbreiten. Das bisherige Suchen und Treiben geht noch nach der peripherischen Ausbreitung auch in Europa erst auf Befestigung der Naturgüter auf physischem Raume, wobei auch nur ein zeitlicher Gewinn hervorgeht; das rechte, wahre Leben besteht aber vielmehr in dem Suchen und Befestigen der höheren ewigen Gesetze des Geistes, „zu wissen und zu können, zu wollen und zu lieben, was wahr und schön, was recht und gut ist, und was nicht von der Zeiten Wandel, vom Wind und

Wetter menschlicher Laune und Leidenschaft abhängt"; und dazu ist auch die europäische Menschheit erst an die niederen Stufen herangetreten zu dem hochüber in der Wolkensäule schwebenden Friedenstempel der Humanität, in welchem nicht mehr bloß Individuen und Stämme, sondern auch die Nationen und Völker und einst endlich die Racen in der Selbsterkenntniß und gegenseitiger Achtung des Rechts mündig werden sollen.

Unter diesem Gesichtspunkte muß der mittlere und von der Vorsehung bestimmte erste Welttheil der Erziehung allen übrigen voranstehen: die europäischen Völkerstämme und Nationen müssen sich erst unter sich vereinigen und in ihren gegenseitigen Rechtsverhältnissen je nach ihren angebornen Eigenschaften freiwillig einander anerkennen; sie müssen mit dem höheren Vernunftziele vor den Augen einander Hilfe leisten und gehorchen demjenigen, der mehr zur „geistigen" Herrschaft berufen ist und dienen demjenigen, der zum Nachkommen der Stütze bedarf. Auf solche Weise wird Europa die Mittlerin der Civilisation der ganzen Erde, von Amerika und Asien zunächst, als den mitberufenen und begabteren Nationen, und ferner den wilden Stämmen von Australien und Afrika, den schwächeren und zur Sklaverei verdammten, aus dem geistigen höheren Lebenskreise noch ganz ausgeschlossenen Nationen.

Wie die ganze Menschheit ein geschlossenes innig verbundenes System der Racen und Völker zu bilden bestimmt ist, wobei jedoch immer eine unendliche Verschiedenheit der Vollendung stattfinden wird, so insbesondere zunächst die europäische Menschheit, die bereits als familienartiger Bestandtheil von Nationen einer Race ihre Stellung auf einem vaterländischen Boden einnimmt, auf dem sie nach Maßgabe ihrer Natur und ihres Berufes die Verfassungen und die organische Gliederung festzustellen bemüht ist, um ein wahres Gleichgewicht herzustellen, welches ein natürliches ist und nicht ein künstliches, wie es die Politiker nach einem angenommenen Maaß und Gewicht ausklügeln und geltend machen wollen. Das „organische" Verhältniß der Staaten liegt nicht darin, daß die zufällig heute bestehenden ihre Verfassungen und räumlichen Gränzen unabänderlich behalten, damit etwa der Friede und die Ordnung nirgends gestört werde, wenn auch die internationalen Rechtsverhältnisse hie und da verletzt werden oder noch gar nicht festgestellt worden sind. Die Kulturblüthe von Europa kann nicht aufgehen und der Friede kein dauernder seyn, so lange hier eine Region von unmündigen und aller Kultur abgeneigten Völkern besetzt ist, und dort alterschwache und im Absterben begriffene von Neid und Eiferfucht geschützt und gefristet werden; Haltung, Zusammenhang und Einheit in Familie und Staat, im einfachen Gemeindewesen, wie im ganzen Erdtheil, ist nur möglich, wenn jedes Glied nach seiner Natur die Allen dienliche rechte Stelle einnimmt, wenn also der natürliche Boden je nach der individuellen Naturanlage der Völker zur vaterländischen Heimath geworden ist, daß er bearbeitet und vom Geiste bepflanzt und belebt wird, wo das Kleine klein, das Große groß seyn kann, wenn es nur lebensfähig ist und als gesundes Glied den harmonischen Zusammenhang fördert. Die Verschiedenheit in der Art und Größe und Eigenschaft der Glieder ist der Grundcharakter „alles Organischen," nicht die verflachende Gleichheit, sondern eine unendliche Abstufung in der „Natur=" und „Geisterwelt" ist das Werk des Schöpfers, das da Leben und Dauer verspricht!

Bis jetzt ist noch der Principienkampf in Europa nicht ausgekämpft, „ob Republik oder absolute Monarchie herrschen oder untergehen soll", ja — man hat noch nicht einmal das wahre Princip erkannt, und deßhalb herrscht noch ein knabenhafter Zwist der Territorialinteressen, Furcht und Hoffnung läßt keine „Einigkeit" im Innern aufkommen und keine organische „Einheit" nach außen befestigen; ohne Erkenntniß des wahren Princips, „was man soll," kann aber weder die Einigkeit, noch die Einheit zu Stande kommen, ob die demokratische Republik oder die absolute Monarchie die Herrschaft führt, man wird überall von der Nothwendigkeit gezwungen, zu thun, was man muß: das lebendigste Beispiel hievon sehen wir an den täglichen „revolutionären" Bewegungen im Innern Europas und an den zwitterartigen halb innern, halb äußern sogenannten „orientalischen" Angelegenheiten der Türkei.

Indeffen ift doch der innere Völkerorganismus gegründet und ein Gefetz der Wechselwirkung bedingt die Geschichte der europäischen Staaten, welches zeigt, daß trotz aller Verschiedenheit der Völkerstämme einer und derfelben Race doch ein Grundcharakter der Staateneinheit herrscht, von welchen keiner fehlen darf, ohne das ganze Syftem zu gefährden; der Grundcharakter diefes Syftems besteht aber darin, daß drei große Familien von Völkerstämmen, innerhalb welchen sich mittlere und kleinere einfügen, die zu diefen Hauptstämmen verwandte Zweige bilden, auf einem bestimmten vaterländischen Territorium die materiellen und geistigen Intereffen nicht mehr ifolirt ohne Rückficht auf die andern beforgen können; daduch ift in der europäischen Geschichte ein internationaler Rechtsboden gegründet, auf dem jene drei großen Völkerfamilien fo befestiget find, daß keiner die Stelle eines andern einnehmen oder diefen ausstoßen kann, ohne die Geschichte der Kultur zu unterbrechen oder ganz aufzuheben, was gegen den Zweck des von der Vorfehung bestimmten Ganges im Leben der Menschheit streiten würde, wogegen verwandte Stammzweige unbeschadet des Ganzen ihre Sondereristenz einbüßen können; die unverbefferlichen und unmündigen Eindringlinge müffen als fremdartig ganz ausgestoßen werden; die drei großen Völkerfamilien, die in Europa einen geschichtlichen Boden einnehmen, find die „romanischen," die „flavischen" und die „germanischen" Völker, welche alle in mehrere Unterabtheilungen als Stämme oder durch fremde Blutmischungen in mehr oder weniger verwandte Zweige auseinander gehen. Es ift nicht schwer einzusehen und wird in der Folge klar werden: daß die germanische Völkerfamilie nicht bloß den „geographischen", fondern auch am wenigsten gemischt durch Sprache und Abkunft am reinsten den „historisch-geistigen" Mittelpunkt bildet, und daß sie daher der Hauptträger der europäischen Kultur ift. Nach dem Grundtypus „des germanischen Staates" find nämlich alle Staaten von Europa gebildet und „Deutschlands Beruf insbefondere" als Mittelpunkt der germanischen Volksstämme wie der kaukafischen Volksrace im geographischen Centrum erscheint schon hieduch offenbar kein anderer, als durch eine geistige Vormundschaft die einen zu verjüngen und die andern zu befruchten. Hieburch sind wir berechtiget, den europäischen Organismus namentlich „durch das christlich-germanische Princip" als die Pflanzschule der ganzen Weltordnung anzuerkennen, was in der Folge deutlich gemacht werden soll; denn die Stellung der Hauptvölker und die politische Lage Europas kann nicht verschoben und noch weniger aufgehoben werden, ohne einen Bruch in dem gesetzlichen Fortgang der ganzen Entwickelungsgeschichte herbeizuführen, welche nur im Laufe der Zeiten ihren Ausgang und centralen Standpunkt in andern lebensfähigen Gliedern nach einem höheren Rathschlusse bei allmählig veränderten Verhältnissen annimmt. Im großen Haushalte des Lebens geschieht kein plötzlicher Wechsel, alles geht seinen vorgezeichneten natürlichen Lauf; kein Daseyn entsteht zufällig, wenn auch die erzeugenden Ursachen hier verborgen bleiben, dort leise sich ankündigen oder hier durch heftige convulsivische Bewegungen zum Vorschein kommen.

Einen solchen gesetzlichen Gang hat die europäische Bildungsgeschichte der Staaten durch alle Phasen bis zum gegenwärtig mehr firirten Standpunkt durchgemacht, auf welchem die antike Welt und das Barbarenthum der Völker durch die Idee des Christenthums verwischt, wenn auch noch nicht gänzlich abgelegt worden ist, das nun heute die Grundlage der europäischen Staaten bildet. Alle anderen Welttheile stehen erst am Anfange oder vor dem Eingange zu einer höheren Bildungsgeschichte des Geistes, wozu nur Europa die nothwendige hilfreiche Hand bieten kann und erst dann seinen Beruf erfüllt haben wird, wenn die Idee des Christenthums und der Humanität durch seine Vermittelung den übrigen Welttheilen zu gut kommen wird; denn „das Christenthum" ist die große Lebensfrage, wie der Individuen, so der Staaten, ohne dasselbe kein Heil weder in der Gegenwart, noch in der Zukunft, und wo man dessen Bedeutung nicht faßt, da ist keine Zukunft. Unser Horoskop beruht vorzüglich darauf, einem Menschen, einem Volke, einem Welttheile die sichere Nativität zu stellen, so sicher, wie das Wort der Wahrheit, welches Gott gesprochen hat. „Der Leib, die Größe und der Reichthum der physischen Kraft

der Menschen und Staaten ist Asche und Spreu, der Geist der
Wahrheit und Güte ist es allein, der da lebendig macht und
dem Menschen wie den Völkern die Irrgänge in der Finsterniß
erleuchtet!"

Wie Europa den „geographischen" Mittelpunkt der Erde
bildet, so bildet es „geistig" den Mittelpunkt der Geschichte aus
der Vergangenheit in die Zukunft. Aus der Vergangenheit
hat es in die griechisch-römische aus dem Orient überkommene
Kultur die Idee des Christenthums eingetragen, welches gegenwärtig auf den Wurzeln der antiken Bildung und dem Stamme
der christlich mittelalterlichen Verzweigung die Grundlage der
bestehenden Staaten bildet, die Blüthe der Entwickelung aber
erst in der Zukunft erwartet. Die antike Welt reicht ganz
in unsere Gegenwart herein, die religiösen Elemente aus dem
Orient von Egypten und Persien her, Kunst und Wissenschaft
aus Griechenland und unsere Rechtszustände und Sitten
sind noch größtentheils römischer Abkunft. Die Zukunft kann
nur aus der Entwickelung als Resultat der Gegenwart hervorgehen und es ist ihr Wachsthum und Fortgang nicht schwer
vorauszusehen, wenn wir die lebensfähigen Glieder und Zustände des heutigen europäischen Organismus richtig zu schätzen
verstehen. Daß aber Europa selbst noch kaum auf dem festen
Standpunkt der Höhe seiner Entwickelung steht, um erst einer
reiferen Vollendung entgegenzugehen, geht daraus hervor, daß
zwar die Hauptstaaten eine feste Begründung haben, aber der
Ausbau zu standhaften Uebergängen und Ausfüllungen noch
überall unvollendet sind: das internationale Völkerrecht muß erst
festgestellt werden; die Künste und Wissenschaften bedürfen einer
weiteren Verbreitung und die Blüthendüfte ihrer Ergebnisse müssen
die wohlthätigen Einflüsse allgemeiner Nutzanwendung über die
Völker in weit reicherem Maaße ergießen; die religiösen Verhältnisse zwischen Staat und Kirche sind noch überall weit von
ihrem Abschlusse, in mittelalterlichem Streite über die Oberherrschaft — ausschließende Leidenschaft der Despotie von oben und
gemeines Gezänke über Glaubenswahrheiten von unten halten
die Individuen wie die Staaten auseinander, daß eine Aus-

gleichung des Verständnisses der wahren Verhältnisse zum Göttlichen erst von der bevorstehenden neuen Aera einer vollendeten Kulturstufe des gesammten höheren Vernunftlebens erwartet werden muß, wozu es wohl noch Jahrhunderte, wenn nicht aber ein Jahrtausend bedürfen wird — denn die echte Verbrüderung des Staats und der Kirche, die rechte Vertheilung des Lichtes der aufklärenden Wahrheit und der belebenden Wärme der gegenseitigen Friedensliebe der Völker auf den verschiedenen Punkten der Erde, welche von nun an in die Wagschale der europäischen Interessen fallen, bedürfen zu einer Wechselbewegung der Freiheit und Harmonie wohl noch einer langen Zeit, bis Europa mit einer gewissen Mündigkeit den übrigen Welttheilen maßgebend vorleuchten kann; daß aber Europa durch seine angegebenen Eigenschaften Maß geben und den übrigen Welttheilen allein vorzuleuchten im Stande seyn wird, dürfen wir bestimmt annehmen, weil sich auf Europa als den natürlichen Mittelpunkt der Weltstellung die ganze Erde „geistig" abspiegelt und als „Mikrokosmus" durch sein geistiges Uebergewicht maßgebend alle Völker der ihm untergeordneten Racen beherrscht, was sicher so lange dauern wird, als es in dieser Eigenschaft obenansteht.

Mit nichten ist Europa altersschwach und im Absterben begriffen, Europa ist sogar jünger als die bekannte alte und die unbekannte neue Welt durch seinen aufstrebenden jugendlichen Geist der Industrie, um die materielle Welt zu beherrschen, wie durch seine höheren Geistesbestrebungen die ideellen Güter des ewigen Vernunftlebens zu gewinnen; durch eine consequente in alle Gebiete des Lebens eingreifende männliche Thatkraft kündigt sich eben unsere Zeit als eine neue Periode einer höheren reiferen Altersstufe an, was keineswegs ein zufälliger vorübergehender Ruck, sondern das Ereigniß der vorbereiteten Vergangenheit ist; dazu kommt, daß eine gewisse Freiheit der Bewegungen in den europäischen Völkerschaften erst in unserer Zeit erwacht ist, wie auch der Begriff der Nationalitäten zum höheren Bewußtseyn sich erst deutlich zu erheben beginnt; so haben die Russen sich erst seit Kurzem zu einer compacten Weltmacht consolidirt, die Griechen haben kaum angefangen, sich nun als ein ver-

wandter Zweig im Osten zu einer — in der Folge sicher sehr
bedeutsamen Nation zusammenzuthun, selbst die Engländer
haben ihre weltgebietende centrale Macht erst seit gestern. Der
Keim der europäischen Gestaltung lag seit Jahrhunderten in
der Anlage der verschiedenen Völker, die volle Ausgestaltung ist
aber noch lange nicht fertig, daß die verschiedenen Tendenzen ihr
Ziel und die politische Ausdehnung der Staaten das wahre Gleichgewicht im Innern erreichen und dann erst die große Aufgabe
zu erfüllen im Stande sind, nämlich: die erstorbenen Völker
Asiens zu verjüngen und die jugendlich aufblühenden Amerikas
zu stützen und zu kräftigen; hier müßen aber die Kulturvölker
auf ihren verschiedenen Wegen sich noch erst höher ausbilden und
die gegenseitigen Interessen ausgleichend, näher aneinander rücken,
um endlich ein Ganzes, eine gemeinschaftliche europäische Einheit
zu bilden, welche allen Völkern der Erde Licht und Recht zu
verbreiten bestimmt ist.

Um näher zu zeigen, „daß Europa von der Vorsehung dazu
wirklich bestimmt ist, der Führer der Völker zu werden," müssen
wir nun die Eigenthümlichkeiten der drei großen
Völkerfamilien nach ihrem geschichtlichen Typus in
ihren Verzweigungen insbesondere betrachten, wie
sie ein organisches, zwar noch nicht geschlossenes Ganze nach
einem verborgenen Gesetze bilden. Ein organischer Mittelpunkt
ist aber leicht begreiflich nothwendig, wenn die ganze Erde in
den geschlossenen Kreis der Civilisation gezogen werden soll. Der
eigenthümliche geschichtliche Typus der drei großen Familien ist
aber nach seinem gegenwärtigen Standpunkt von der
Art, daß noch vieles unvermittelt erscheint, so daß noch erst einzelne Lücken ausgefüllt werden müssen, damit Europa in sich
selbst abgeschlossen zur Leuchte und Stütze der übrigen Welttheile
werden kann, wie denn überhaupt zu diesem Ziel Europa noch
vorerst die großen politischen und religiösen Fragen zu lösen
hat, wozu es noch einer langen Zeit bedürfen wird; „daß auch
hiezu die Geschichte auf einem neuen Wendepunkte steht," wird
die folgende Betrachtung zeigen.

Einen bestimmten Typus der Persönlichkeit haben die (genannten) drei großen Völkerfamilien in der Geschichte allerdings bereits gewonnen, daß sie eine gewisse Sicherheit für sich haben, sich in der Fluth des allgemeinen Entwickelungsganges zu erhalten, ohne als untergeordnete Glieder weiter zu verschmelzen oder ausgetilgt zu werden; denn die romanischen, die slavischen und die germanischen Völker besitzen eine so feste typische Persönlichkeit, daß mit Zuversicht das Horoskop ihnen eine Zukunft verspricht, in der sie berufen erscheinen, „eine weitere Rolle in der Entwickelungsgeschichte der Menschheit zu spielen" und dabei vorzüglich mitzuwirken, zunächst den inneren Frieden zu befestigen und zu sichern, wie sodann nach außen die neue Weltgestaltung aufzubauen.

Die älteste den Südwesten von Europa einnehmende Völkerfamilie bilden die romanischen Völker von Italien, Spanien mit Portugal und Frankreich. Die jüngsten, wenigstens in kulturgeschichtlicher Hinsicht, sind die den Norden und Osten einnehmenden slavischen Völker der Russen und Polen mit den Finnen und Lappen, der Kroaten, Slavonier, Böhmen und Neugriechen sammt den romanischen Slaven der europäischen Türkei mit den verwandten Ungarn. Die Mitte von beiden nimmt die germanische Völkerfamilie ein, die Deutschen, die Schweizer, die stammverwandten Niederländer und die skandinavischen Völker der Dänen und Schweden. Die Engländer erscheinen als Inselvolk, hinausgeschoben von dem Continent, als ein Vermittelungsglied von welthistorischer Bedeutung zunächst zwischen den germanischen und romanischen Völkerfamilien mit vorherrschend germanischem Typus.

Diesen entgegengesetzt hauset gegenwärtig in Südosten eingeschoben ein fremdartiger asiatischer barbarischer Volksstamm der Türken, der aber wegen der natürlichen Unverwandtschaft sowohl, als wegen der Abneigung aller geistigen Bildung von allen drei Völkerfamilien absteht und deßhalb auch ohne Wurzel und ohne Hand und Kopf nur zeitweilig den Fuß auf europäischen Boden gesetzt hat, wo ihm deßhalb keine Zukunft bevorsteht.

Alle drei Völkerfamilien haben miteinander eine gewisse Verwandtschaft und gegenseitige Abhängigkeit, theils durch die Mischung zunächst unter den Stammgliedern, wie zum Theil auch der verschiedenen Völkerfamilien unter sich, theils durch die vaterländische geschichtliche Heimath und die politische Weltstellung, so daß das ganze Gebäude der Gegenwart auf einem Wurzelstock ruht, der nicht verrückt werden kann, ohne das ganze organische Gefüge zu zertrümmern.

Auf diese Weise sind die Stämme durch natürliche Bande aneinander gekettet und die Familienglieder durch gegenseitige Landesverhältnisse an die Heimath gebunden, wie sie unter sich nicht nur in ihren eigenen, sondern für die großen Weltinteressen zu freundschaftlicher Achtung verbunden sind. Die romanischen Völker können von ihrem heimathlichen Boden nicht auf jenen der slavischen Völker verpflanzt werden, ohne ihre Existenz aufzugeben, und die slavischen Völker, nach dem Südwesten versetzt, würden der eigenen geistigen Nahrung und Stütze, die sie noch so sehr bedürfen, verlustig werden, wie sie für die äußere Weltwirkung noch ganz untüchtig ihrer weiteren Bestimmung verlustig gehen würden. Wie schon das Verrücken der Außenseiten nicht nur allein das bestehende Band der organischen Verkettung lockern, sondern selbst alle innern Lebensfunktionen zerstören würden, so läßt sich die Verrückung oder das Aufheben des Mittelpunkts von Europa, namentlich Deutschlands, gar nicht denken, ohne das vermittelnde Gleichgewicht sogleich aufzuheben und die europäische Kultur in ihrem gesetzlichen Fortgang zu unterbrechen; denn sowohl die innere Ordnung von Europa als Vermittelungsglied zu befestigen und handzuhaben, wie zur Fortbildung der ewigen Gesetze des höheren Vernunftlebens für die allgemeine Kultur des Menschengeschlechts, erscheint der geistigen Anlage und Befähigung nach nur die germanische Völkerfamilie berufen zu seyn; wie aus der tiefen Innerlichkeit des Geistes „die Gesetzgebung für das allgemeine Menschenwohl nur bei der germanischen Völkerfamilie möglich ist, so wird zuletzt wohl auch „die ausübende Macht" ihrem unpartheiischen Willen anheimfallen, wenn einmal alle Stammesglieder dieser Familie zur Einheit des Selbstbewußtseyns und ihrer wahren Stärke gekommen seyn werden.

Dem kundigen Leser bedarf es keiner weiteren Ausführung, „daß ein inneres Gesetz der Wechselwirkung die europäische Geschichte bedingt, und daß die Verschiedenheit der Völker nur einen zusammengehörigen Organismus bildet." Weniger anerkannt ist aber, „daß der germanische Grundcharakter das ganze Staatensystem durchbringt und daß Europa gewissermaßen jetzt schon germanisirt ist oder gleichsam einen großen germanischen Staat bildet," denn — nicht nur allein ist die alte römische Staatsform bei allen südwestlichen Völkern durch das christlich-germanische Princip umgeformt und verjüngt worden, wie die neueren slavischen Völker beinahe ausschließlich durch die Deutschen herangebildet wurden, es sind sogar alle Völkerfamilien mehr oder weniger vom Blute deutscher Stämme, wie vom Geiste deutscher Kultur durchmischt, sowie die meisten Regentenfamilien, wo nicht alle — (den Großtürken und Napoleon ausgenommen) — deutscher Abkunft sind. Für das Horoskop ist diese Bemerkung von keiner geringen Bedeutung, wenn es etwa darauf ankäme, diesem oder jenem die Nativität seiner Zukunft zu stellen.

Am allermeisten durchmischt ist die romanische Völkerfamilie schon aus der ältesten Zeit aus dem Orient und von Griechenland durch fortwährende Einwanderung neuer Völkerstämme von Osten und Norden, bis zu den Germanen der Normänner und Gothen, der Lombarden und Deutschen in Italien, Frankreich und Spanien, wo sie unter den Ureinwohnern ihre bleibenden Wohnsitze aufschlugen und mehr oder weniger gebend oder nehmend die seither typisch gewordenen Formen des Lebens begründeten. Der allgemeine romanische Typus besteht aus keltischer Grundlage die römischer und germanischer Mischung in modificirten Verhältnissen; denn diese typischen Formen spiegeln sich nach der Eigenthümlichkeit der Mischung und des vaterländischen klimatischen Bodens bedingt, verschieden ab: Den Italienern geht ein gemeinsamer Grundcharakter gänzlich ab, die Sprache ausgenommen, weil sie von den ältesten bis zu den

neuesten Völkerstämmen am meisten, selbst während und durch
die Römerherrschaft, aber in den verschiedenen Provinzen sehr
ungleich durchmischt sind, wozu auch noch die bedeutendste Un=
gleichheit der Länder Italiens mächtig mitwirkt. Spanien mit
Portugal, das insbesondere mit arabischem Blute und Geiste
gemischt ist, hat eine größere typische Gleichförmigkeit unter seinen
Bewohnern, aber eine ziemlich lose Verwandtschaft mit den übri=
gen Gliedern der romanischen Familie. Frankreich hat die
größte Gleichförmigkeit des Naturells, wie des vaterländischen
Bodens, unter seinen Einwohnern, aber eine größere Verwandt=
schaft mit dem germanischen Volkscharakter (das natürliche Tem=
perament des Blutes ausgenommen) als mit den vorigen, wie
denn schon der Name des Landes bedeutungsvoll von einem ger=
manischen Volksstamme, den Franken, abgeleitet wurde, sowie
auch mehr das germanische als das romanische Element in der
Regierungs= und Bildungsform vom Anfange der einheitlichen
Geschichte Frankreichs das vorherrschende war; die Franzosen
bilden demnach aus einem tieferen anthropologischen Grunde das
Haupt der romanischen Völkerfamilie, und erscheinen mit ihrem
eigenthümlich von beiden genannten, verschieden gemischten
Charakter als ein Vermittelungsglied von welthistorischer Be=
deutung zunächst zwischen den romanischen und germanischen
Völkerfamilien mit zwar vorherrschend romanischem Typus, aber
stärker mit germanischem Elemente durchmischt. Denn wie bei
den Engländern der „keltisch=germanische" Typus der vor=
herrschende ist, so ist bei den Franzosen „der keltisch=roma=
nische" Typus vorherrschend, dort überwiegt das „deutsche,"
hier das „romanische" Grundelement im Leben und Wirken
nach innen und außen. In dieser Völkerfamilie haben demnach
die Italiener sowohl nach inneren — „geistigen" — als äußeren
— „geographischen" — Ursachen den losesten Zusammenhang,
die Franzosen hingegen den stärksten, die Spanier mit
Portugal halten das Mittel von beiden. Wenn man hiezu
noch „die Ergebnisse der bisherigen Geschichte dieser Völker" ins=
besondere in Erwägung zieht, daß bei den Italienern z. B.
nebst dem Vaterland auch der Geist am zähesten an alt=römischen

Formen festhält, ohne zu einer eigentlichen Wesenheit aufzublühen, die Franzosen hingegen am wenigsten mit höchst eigenthümlichen Formen; so wird es nicht schwer fallen, ihnen mit ziemlicher Sicherheit das Horoskop der Zukunft zu stellen, nachdem auf gleiche Weise die Causalverhältnisse auch der übrigen Völkerfamilien gewürdiget und neben einander abgewogen seyn werden.

Die slavische Völkerfamilie bildet in „geographischer" und „geistiger" Hinsicht den stärksten Gegensatz mit den Romanen; wie sie mit diesen die geringste Blutmischung hat, so hat sie auch von der alt-römischen Bildung den geringsten Antheil. Den Nordosten von Europa einnehmend, wohin sie von den Deutschen zurückgedrängt wurden, denen sie auf dem Fuße aus Asien nachfolgten, sind die Slaven geographisch und geistig mehr mit den asiatisch-tartarischen Völkern als mit den europäischen Nachbarn, und die Russen sogar zum Theil mit der mongolischen Race durchmischt; selbst unter sich haben die Stämme dieser Familie keine starke Durchmischung, nicht einmal unter den nächsten Verwandten, den Russen und Polen. Im Norden sind sie mit den Finnen und Esthen, im Südosten sind sie mit den Ostromanen und Griechen gemischt, so daß sie hier — in der europäischen Türkei — durch Blut und Geist den allgemeinen überwiegend slavischen Charakter der niedrigen bürgerlichen Volksbildung mit vorherrschend physisch barbarischer Herrschaft und mit nur geringem Bewußtseyn des Staats und Privatrechts an sich behalten haben. Mit den Germanen Jahrhunderte im Kampfe und mehr in unmittelbarer Berührung sind sie mehrfach gemischt, und dadurch auf eine höhere Bildungsstufe erhoben worden. In langen Kriegen aus dem Innern Deutschlands zurückgedrängt, wurden sie von den Deutschen in Brandenburg, Pommern und Preußen, in Sachsen, in Schlesien und Kurland ganz, in Böhmen, Steyermark und Mähren, in Esthland und Liefland, sowie von den Schweden in Finnland halb germanisirt, so daß sie mit dem slavischen Charakter den Sklavensinn ganz oder zum Theil abgelegt und dagegen die europäische Kultur angenommen haben, welche ihnen sammt dem Christen-

thume größtentheils von den Germanen überliefert wurde;
denn das, was die Slaven von der byzantinischen Kultur
angenommen haben, ist von geringer Bedeutung, was sie hin=
gegen von der romanischen Bildung an sich haben, besteht
nur in einem oberflächlichen äußeren Firniß der französischen
Schöngeisterei der höheren Stände; hätten die Slaven die Ger=
manen besiegt und sich weiter nach Westen ausgebreitet, so ist
die Frage nicht schwer zu beantworten, „wie es dann mit der
europäischen Kultur stehen würde;" einen Beweis dafür können
die Polen liefern, welche von den Deutschen umgeben und von
diesen fortwährend genährt wurden, aber ungemischt in ihrer
Stammnatur ihre slavische barbarische Haltung behielten und in
dieser untergingen.

Die Glieder der slavischen Familie trennen sich wieder in
drei Hauptklassen, in die Russen, in die Polen und in die
Czechen in Böhmen und Mähren als Erstlinge des sla=
vischen Typus, sodann in die an den deutschen Einfluß gebun=
denen Slaven in Österreich, die Slavonier, Kroaten und
Siebenbürgen, sodann die gemischten Stämme der griechisch=
romanischen Slaven in der Türkei und die Ungarn, als
besondere Glieder dieser Familie; dieses letzte Volk muß füglich
der slavischen Völkerfamilie angereiht werden, indem es mehr
mit den Slaven verwandt und durchmischt weniger ihrem Ein=
fluß als der germanischen Bildung widerstand, und als ursprüng=
licher „tartarischer" Stamm der Magyaren etwa 4 Millionen
an der Zahl weder in quantitativer und geographischer, noch in
qualitativ geistiger Hinsicht eine höhere Bedeutung hat; Ungarn
kann nur als ein Ausfüllungs= und Vermittelungsglied zwischen
größeren Völkerfamilien angesehen werden, es kann als Volk
auch seinen Namen und die Existenz nur erhalten wenn es „ger=
manisirt" und von „Deutschland" gestützt wird, wie denn die
Geschichte offenbar beweiset, daß zu diesem Zwecke die Vorsehung
den Plan angelegt hat, indem Ungarn einer deutschen Krone
zugetheilt wurde, der es nun troß des hartnäckigsten Widerstandes
wunderbar durch das Schicksal so einverleibt ist, daß zwar seine mittel=
alterliche staatliche Einheit, aber damit auch der Widerstand gegen

die höhere Freiheit des Geistes in Recht und Gesittung gebrochen wurde, da es mit den Gliedern eines großen Reiches unpartheiisch zum Fortschritt genöthigt wird. So an Deutschland angelehnt wird Ungarn in Zukunft ein noch weit wichtigeres Vermittelungsglied der Völker werden, als es bisher der Fall war; reich an materiellen Gütern kann es dieselben erst in Zukunft verwerthen; als eine kräftige Vorhut gegen den Slavismus des Nordens, wie des Barbarismus des Ostens, kann es auch zugleich in Handel und Wandel vorzüglich dahin gerichtet seyn, nachdem es schon längst von den Türken und Slaven bekriegt worden ist und ohne deutsche Hilfe gewiß seinen Untergang gefunden haben würde. —

Die germanische Völkerfamilie bildet in „geographischer" und „geistiger" Hinsicht das Vermittelungsglied in den Gegensätzen der Romanen und Slaven zu einer Einheit des europäischen Völker-Organismus; wie die Germanen das altrömische Leben der „Romanen" durch wunderbare Fäden der Verschwisterung bedingten, so beruht wohl auch die compacte Macht der „slavischen Russen" auf den Elementen des germanischen Staatslebens. Alle drei Völkerfamilien haben ihrem inneren Grund und der äußeren Tendenz des Lebens nach eine wesentliche Verschiedenheit; ihrer natürlichen Anlage wie der Sprache nach folgen alle einem verschiedenen Bildungsgang in der Geschichte, in politischer und moralisch-religiöser Hinsicht; aber eine jede Nationalität wird zur Bedingung für die Entwickelung der Andern, „die Germanen" aber greifen beiderseits vermittelnd in das geistige Leben der Nachbarvölker ein.

„Die romanischen Völker" haben sich die altrömisch-griechische Grundbildung und die Sprache in neuer Umgestaltung angeeignet mit eigenthümlichen Formen nach der nationalen Verschiedenheit ihres äußerlich verschieden bedingten Lebens; die Muster der griechisch-römischen Literatur schweben allen romanischen Völkern als formelle Ideale heute noch vor; so sehr sind sie die conservativen Bewahrer des herrkömmlichen Alten aus der Vergangenheit, daß sie zu einer wahren originellen Neubildung völlig unfähig erscheinen; und wie sie in politischer Hinsicht alle Staatsformen durch immer neue Revolutionen durchmachen, ohne je eine dauernde Form eines inneren Rechtszustandes und äußeren Friedens zu gewinnen, so bleiben sie in religiöser Hinsicht an der äußeren Form eines objektiven Mechanismus hängen, ohne in die Tiefe des subjektiven Lebensgrundes einzugehen, um die göttlichen Glaubenselemente mit dem Lichte der Wahrheit zu begeistern. Zur Begründung dieser sehr merkwürdigen Erscheinung und ihrer Bedeutung für das Horoskop der Zukunft will ich den Zusammenhang der Causalverhältnisse dieses Umstandes, der nicht gehörig gewürdigt und daher hier vielleicht gewagt erscheint, sogleich näher angeben.

Als das römische Volk auf der höchsten Stufe seiner politischen Macht und geistigen Bildung stand, hatten sich bei den zahlreichen Völkern unter der Herrschaft des römischen Adlers vorzüglich Italien, Spanien und Frankreich die römische Bildung und Sprache angeeignet. „Die römische Bildung" bestand aber in einem objektiven Inhalt der poetischen und wissenschaftlichen Auffassung des Naturlebens „nach griechischer Ueberlieferung", mehr in schönen Mustern nach der Form, als in subjektiver Tiefe des Geistes. Die Völker dieser Länder nahmen also den Keim der gemeinschaftlichen Bildung in sich auf, der sich aber nach der angedeuteten Natur- und Lebensfähigkeit verschieden entwickelte.

Zu eben jener Zeit der höchsten römischen Blüthe trug sich ein welthistorisches Ereigniß zu, welches in der Bildungsgeschichte von da an maßgebend für alle Zukunft wurde: es fing nämlich an, „die Idee des Christenthums" in Rom sich zu verbreiten, und zu gleicher Zeit traten die Germanen auf dem Schauplatze der Geschichte auf, welche mit frischem lebenskräftigem Geiste, roh, aber höchst bildungsfähig nach und nach in die römischen Provinzen einfielen und mehr oder weniger römische Bildung annahmen, damit aber zugleich ihren unverfälschten Naturgrund in das Christenthum übertrugen. Somit senkte die erste Bildung zugleich mit dem christlichen Bekenntnisse die tiefsten Wurzeln in das empfängliche Gemüth der Germanen; das Christen-

thum hatte bei denselben in der Folge nicht mehr bloß als ob=
jektiver Glaubensgegenstand seine Geltung, sondern das göttliche
Wort der Wahrheit wuchs aus der subjektiven Persönlichkeit zum
blätter= und blüthenreichen Baume empor. Es erscheint daher
das Germanenthum schon bei seinem ersten Auftreten
nach einem höheren Plane berufen, der Horst des
Christenthums zu werden, und überall die Gegensätze in welt=
lichen und geistlichen Dingen zu vermitteln, wie es denn auch
die Geschichte bisher deutlich bewiesen hat; denn wie
zum weiteren Fortschritt in der Entwickelung der Menschheit „ein
neues Bildungsprincip" nothwendig war, was nur durch eine
höhere göttliche Offenbarung möglich wurde, so war zur Fort=
bewegung des neuen Entwickelungsganges „ein neues Bewegungs=
mittel" nothwendig; die Germanen kamen wie dazu gerufen, das
christliche Princip sogleich mit der ersten Bildung in sich auf=
zunehmen und den objektiven Glaubensinhalt in die subjektive
nationale Entwickelung einzutragen. Dadurch nahm die Bildungs=
geschichte der Menschheit einen neuen von dem alten ganz ver=
schiedenen Gang, nicht bloß mit Rücksicht auf die Germanen,
sondern überhaupt bei allen Völkern, mit denen dieselben in Be=
rührung kamen; denn gleicherweise, als sich die christliche Religion
zum Glaubensbekenntniß der Germanen ausbreitete, bildeten diese
sich zu einer politischen weltgebietenden Macht aus, die germa=
nische Nation brachte in ihrem Aufschwung die alte Anschauung
ihres Götterthums zum Opfer, und das Asenthum ging in die
Idee des christlichen Ritterthums über, und als bei dem Siech=
thum des alten Roms die einzelnen Provinzen desselben als
eigenthümliche Glieder sich ablösten und germanische Völkerschaaren
in dieselben einfielen und sich mit jenen vermischten, behielten
Italien, Spanien und Frankreich zwar den gemeinschaft=
lichen Bildungsgrund in der lateinischen Grundsprache der Römer,
aber der Ausgang dieser sonderheitlich gebildeten Staaten wurde
ein ganz neuer in verschiedenen Richtungen; aus der verschiedenen
eigenthümlichen Mischung gingen drei verschiedene Zweige
der romanischen Bildung hervor, man kann sagen, ein jeder
wurde ganz eigenthümlich „germanisirt."

In Italien war auf keltischer Grundlage die Mischung mit den Germanen theils nicht allgemein, theils nicht durchdringend; die lateinische Sprache als gebildete Weltsprache erhielt sich hier sammt dem antiken Ideengang am reinsten, und so kann man den Charakter Italiens überhaupt den antik-modern conservativen bis auf den heutigen Tag nennen in Kunst und Wissenschaft, in Kultus und Rechtspflege; statt der eisernen politischen Weltmacht hielt die Italiener die hierarchische geistliche Macht von Rom aus auf dem ziemlich gleichen Boden der Kultur und des Ideenganges, so daß sie zwar unfähig zu einer weltlichen nationalen Einheit doch den Namen und gewissermaßen den gemeinsamen Schutz einer ideellen Einheit von dem Kirchenoberhaupte, trotz aller Kämpfe und Unterdrückungen von den Germanen, behielten; durch die lateinische Sprache und religiöse Bildung machte sich Rom alle Welt zinsbar, dergestalt, daß die religiöse Anschauung in Form und Sprache bei den katholischen Christen bis heute allgemein beibehalten wurde, sowie denn auch ohnedieß bis in das Mittelalter herauf Italien das Mutterland der europäischen Bildung geblieben ist.

Eine größere Modification erhielt die Sprache und Bildung durch das Germanenthum in Spanien und Frankreich. In Spanien unterwarf sich das alte Römerthum der eindringenden Macht der Gothen viel mehr und kam dann in eine noch innigere Berührung mit dem orientalischen Elemente der Araber; die romanische Sprache erlitt daher eine größere Umgestaltung, und wie die alte Bildung mehr der äußeren Form nach festgehalten wurde, so folgte der innere Geist mehr dem tieferen germanischen Lebensdrange mit dem romantischen Flügelschlage des Orients.

In Frankreich wurde das Erbtheil der römischen Bildung in ideeller und staatlicher Hinsicht noch mehr germanisirt; der sehr bewegliche Charakter des gallischen Elements in der stärkeren Durchmischung mit den Germanen unterscheidet die Franzosen wesentlich von den übrigen Romanen in der Bildung und Sprache; der Zusammenhang mit dem alten Rom ist hier ein noch loserer geworden, und der subjektive regsame Geist der Franzosen hält sogar kaum mehr an den alten objektiven Formen fest, ohne

jedoch den romanischen Boden ganz zu verlassen und aus selbst=
eigener subjektiver Tiefe sich einen neuen Lebensinhalt zu gestalten.

Gleichwie aber ein jeder Lebensinhalt in der
Form der räumlichen Ausgestaltung auf eine vier=
fache Weise sich darstellt, so erstreckte sich die romanische
Bildung auch noch auf einen vierten Volkszweig in England,
wo aber der Ausgang in die völlige Germanisirung des roma=
nischen Elements umschlug, weil ein deutscher Stamm nur das
römische Bildungsgesetz sich aneignete, die Sprache aber mit vor=
waltend germanischer Bildung beibehielt; hier wurde der germa=
nische Grund romanisirt, in das germanische Princip wurde nur
der römische Umlaut aufgenommen, Charakter und Sitte blieb
wesentlich germanisch, jedoch mit romanischer Färbung und steter
Hinneigung zu den alten romanischen Formen. Denn auf eine
merkwürdigere Weise kann sich das Sprichwort: „les extremes
se touchent“ nicht bewähren, als in den Gegensätzen der
vierfachen Gliederung der romanischen Völkerfamilie.

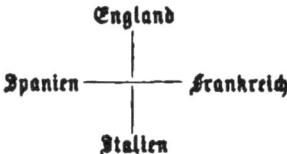

England ist der höchste Gegensatz von Italien, aber nicht
frei vom romanischen Urelemente. Spanien und Frankreich
als Gegensätze unter sich sind von beiden verschieden und doch
mit beiden verwandt, Spanien mehr mit Italien, Frankreich
mehr mit England. Italien und England bilden die beiden
Pole der centralen festen Achse, um welche sie sich nach der Natur
ihres Wesens in ziemlich gleichförmigem Takte bewegen; Spa=
nien und Frankreich bilden die Aequatoriallinie des periphe=
rischen Umschwungs, auf welcher sie miteinander verwandter mehr
die centrifugale Bewegung darstellen. Schon in der „geographi=
schen“ Natur liegt die Bedingung, daß die Nord= und Süd=
pole von England und Italien mehr den conservativen Charakter
festhalten, mit der eigenthümlichen Geistesmobification jedoch, daß
das insolare England geschlossener in positiver, thatkräftiger,

hinausgreifender Herrschaft auftritt, im Gegensatze des negativ kraftlos der Fremdherrschaft unterliegenden in sich versunkenen peninsolaren Italiens. Die Ost= und Westlinie hingegen bildet an Spanien und Frankreich den unsteten zum freien Liberalismus geneigten Charakter, beharrlicher bei den mehr von den Pyrenäen ab nach Süd=Westen gewiesenen Spaniern, flüchtiger bei den mehr nach Nord=Osten gewiesenen Franzosen, von einem firen Standpunkt aus vermag sich nur das mit dem germanischen cosmopolitischen Geiste begabte England frei nach aller Welt zu bewegen, während alle anderen romanischen Völker mit angeerbter egoistischer Herrschsucht von der Natur unbegünstigter der Mittel zu einem festen Anhalt und zur Weltbeherrschung entbehren.

Wie die Germanen gegen Westen tief in das innere Leben der Romanen eingriffen, daß dasselbe gleichsam unscheidbar miteinander verwachsen ist, und wie jene fortwährend als geistig positive Vermittler diesen gegenüberstehen, so bildeten die Germanen auch gegen Osten eine mächtige Vormauer gegen den barbarisch=asiatischen Andrang der Slaven und Ungarn, mit denen sie in fortwährendem Kampfe mehr um den materiellen Boden der Heimath zu kämpfen hatten, als daß sie dieselben in den Kreis einer nachhaltigen Geistesbildung hereinzuziehen vermochten. Die unmittelbare Berührung und Wechselwirkung ist mit den Slaven bei weitem geringer geblieben, als mit den Romanen, wo sie nicht bei ihrem Vordringen bis nach Franken und durch Kärnthen sogar bis nach Tirol überwunden und gänzlich „germanisirt" worden sind. In Sachsen und Preußen, in Schlesien und Steyermark ist die „Germanisirung" ebenfalls vollständig, dagegen ist sie in Böhmen, Kroatien ꝛc. „durch Oesterreich," in Finnland, Esthland und Liefland „durch die Schweden und Preußen" nur halb; in Polen und Ungarn, ungeachtet der vorwaltend „deutschen" Erziehung und der fortdauernden näheren Berührung in materieller und geistiger Beziehung gar nicht gelungen. Endlich wurden auch die Russen seit Rurik, den ersten normanischen Slavenführer im neunten Jahrhundert und in neuerer Zeit seit Peter den Großen in dem

geistigen Verkehr mit den Germanen gebracht, indem ihre Heer=
führer, Beamte und Fürsten größtentheils Deutsche waren und
die russische Staatseinrichtung auch germanische Normen annahm.
Allein sie blieben in Blut und Sinn unveränderte Slaven mit
ihrem asiatischen Typus und zwar wesentlich verschieden auch von
den byzantinischen slavisirten Romanen und Griechen. Es bilden
also in Nordosten von Europa die Slaven ihre ursprüng=
liche Stammnationalität in der rohen physischen Kraft mit einem
sehr geringen Trieb zur höheren Geistesbildung, ohne daß ihnen
dazu die Fähigkeit abgeht, wie es namhafte persönliche Aus=
nahmen bei den Russen und noch mehr bei den Polen gibt, so=
wie auch die slavische Sprache in ihrer Grundanlage offenbar
eine hohe Befähigung verräth. Gegen den Westen und nament=
lich „gegen die Deutschen" bilden alle Slaven eine angeborne
unvertilgbare Opposition; jugendlich in der Befähigung und alt
in der Gewohnheit haben alle Slaven einen seltsamen Contrast
von unterwürfigen Sklavensinn mit kriegerischer Herzhaftigkeit,
von geduldiger Schmiegsamkeit mit eroberungssüchtiger Usurpation,
von feiner politischer Rechenkunst mit absichtlicher Vernachläßi=
gung, ja beinahe Feindseligkeit gegen alle höhere Geistesbildung.
Diese natürliche Opposition steckt allen Slaven wie den
Ungarn so fest in Fleisch und Blut, daß die Polen wie die
Ungarn ebenso hartnäckig sich gegen die germanische Nationalität
sträuben, wie die Stockrussen, obgleich jene besonders „von Deutsch=
land aus" mit der christlichen Bildung auch ihre Staatseinricht=
ungen und Gesetze erhalten haben, so daß eine innigere Mischung
mit den Germanen sicher nie zu erwarten ist. Die Slaven
bewahren also nach einem tieferen unumstößlichen Gesetz ihren
östlichen Stammtypus in Natur und Sinn mehr mit ihren
verwandten Brüdern in Asien, als mit dem romantischen
Abendlande, wodurch ihre wesentliche Bestimmung her=
vorleuchtet, „einstens den innigeren Verkehr zwischen Europa
und Asien herzustellen und zu vermitteln."

Die Germanen und Slaven bleiben sich schon ihrer
inneren Natur nach stärkere Gegensätze als die Germanen
und Romanen, welche in den ersteren Jahrhunderten unserer

Zeitrechnung in einem viel innigeren Geistesverkehr traten, weil die Germanen bildsamer und willig römische Sitte und Erziehung annahmen, während sie gegen die Slaven fortwährend um Seyn und Leben in mörderischem Kampfe zu fechten hatten, ohne je recht in eine geistige Verschwisterung eingehen zu können. Denn als „die Germanisirung sogar der Russen durch die Normanen unter Rurik" ihrer Vollendung entgegen zu gehen schien, fielen die Mongolen in Europa ein und zerstörten das begonnene Werk, was durch die Bemühungen Peter des Großen und später selbst durch deutsche Fürsten nicht mehr gedeihen wollte, weil eine eigene Politik und das byzantinisch religiöse Princip dem lateinischen Abendlande und dem zerrissenen Deutschland insbesondere mit einer einheitlichen Energie consequent entgegentrat und in der Höherbildung der Volksmassen zu innerer Geistesfreiheit mehr das Schreckbild und ein Mittel der Revolutionen zu Umsturz der weltlichen Hoheit und Stabilität erblickte. Gleichwie also schon von jeher die Auffassung und Mittheilung der höheren sittlichen Bildung und selbst der praktischen bürgerlichen Gesellschaftseinrichtungen von Seite der Slaven eine sehr spärliche blieb, so stellt „der Slavismus" noch heut zu Tage unter russischer Oberherrschaft in geschlossener Einheit „dem gesammten Abendlande gegenüber das in der alten Tradition verharrende Morgenland" dar; byzantinische Religion und orientalischer Despotismus blieben die Unterlage des bestehenden und noch lange nicht ausgefochtenen Principienkampfes gegen die demokratischen Bestrebungen und confessionellen Wirren der Romanen und Germanen.

Wie in Hinsicht der geographischen entgegengesetzten Territorien des Nordostens und Südwestens in Germanien die natürliche Vermittelung schon die Strömungen der Gewässer andeutet, so ist der germanische Geist und Bildungsstand das Vermittelungsglied zwischen dem excentrischen, wandelbaren, demokratischen Liberalismus der Romanen, und dem despotisch-orientalischen Absolutismus der Slaven; er ist das Vermittelungsglied zwischen der ideellen und flüchtigen Unbestimmtheit und der materiellen rohen Gewaltthat. „Eine Harmonie in dem

europäischen Völkerorganismus herbeizuführen, ist nur Deutsch=
land nach den Natur= und Geistesanlagen befähigt." Dieser
Schluß ergibt sich nicht nur aus den (erwähnten) ob=
und subjektiven Gründen, es führt die weitere Betracht=
ung der nationalen Entwickelung und des tiefer liegenden Grundes
der Bildungskräfte (wie sich dieselben bisher in der all=
gemeinen Ueberschau der Geschichte bei den verschie=
denen Völkern kundgeben) zu demselben Resulate;
denn — nicht etwa eine oberflächliche vorgefaßte Meinung stellt un=
begründete Behauptungen auf, — wir fragen nach dem tieferen
Grunde und dem höheren Ziel der nationalen Völkergeschichte,
wie sich dieselbe allseitig aus der Vergangenheit aufbaut, was
weiter klar gemacht werden soll.

Die Gliederung der germanischen Völkerfamilie
insbesondere folgt wie bei den Romanen und Slaven einem
Gesetze „der Dreitheilung": im Herzen von Europa bildet Deutsch=
land nicht nur den Mittelpunkt des europäischen Organis=
mus, sondern auch der germanischen Nationen, die gewisser=
maßen als Ausläufer in die übrigen Völkerschaften hinübergreifen,
so die Schweizer nach Italien, die Niederländer —
Belgien und Holland — nach Frankreich und England, die
Skandinavier und Preußen nach Rußland. Das centrale
Deutschland selbst geht in 4 eigenthümliche provinzielle Gegensätze
auseinander, in die vier deutschen Grundstämme, in den schwä=
bischen Stamm mit dem schweizerischen südlichen Auslauf, der
fränkische Stamm mit dem westlichen niederländischen Auslauf,
der sächsische Stamm mit dem nördlich skandinavischen Aus=
lauf und der bayerische Stamm mit dem östlichen österreichisch=
illyrischen Auslauf. „Daß hiebei überall die verbindende Ver=
mittelung der Germanen unter sich, sowie zugleich der europäische
Föderalismus im Großen angedeutet ist", braucht nur er=
wähnt zu werden, um so in der Folge „den welthistori=
schen Beruf und die sicher zu erwartende staatenverbindende Wirk=
amkeit des geistig vereinten Germanens klar einzusehen!"
Die Deutschen sind die ersten Träger des „germanischen"
Typus, wie die Germanen mit ihrer unvermischten Mutter=

ſprache und mit ihren nationalen Anlagen die Erſtlinge der „kaufaſiſchen" Race ſind. Die kaufaſiſche Race der Japhetiden iſt aber nach göttlicher Anordnung der urſprüngliche Träger des Weltgeiſtes in der Ausbreituug über das Erdenruud, wie es die Geſchichte bisher unwiderleglich darthut und was in der ferneren Zukunft unzweifelhaft aus der vorhandenen Anlage der Gegenwart zu erwarten iſt, wenn man nicht eine chaotiſche zwecloſe Auflöſung ſtatt der vernünftigen allſeitigen Durchbildung einer göttlichen ewigen Weltordnuug annimmt.

Dieſe ſkizzirte Geneſis der europäiſchen Völkerſchaften ſoll uns zur Vor- und Grundlage dienen, zu einer ſpeciellen horoſkopiſchen Umſchau auf die gegenwärtigen Zuſtände der einzelnen Staaten und ihre wahrſcheinliche Zukunft, die wir zur beſſeren Verdeutlichung des Geſagten und zu einer (weiteren) nachdenklichen Beherzigung verſuchen wollen!

Die Türken

gehören nicht zum europäiſchen Völkerorganismus, ſie ſind eine fremde in Europa eingedruugeue Erſcheinung. Schon von Haus aus in „Natur" und „Geiſtesbeſchaffenheit" verſchieden haben ſie weder durch Blutmiſchung, noch durch Kulturaneignung mit den genannten Völkern eine Verwandtſchaft. Halb ſemitiſcher, halb japhetiſcher Abkunft haben ſie als Kaufaſier theilweiſe eine urſprüngliche Miſchung mit der mongoliſchen Race aus ihrer aſiatiſchen Heimath in Khoraſan. Der höhere Lebensſtrahl des „chriſtlichen" Princips vermochte in der langen Bekanntſchaft mit den Europäern die barbariſche Rohheit nie zu mildern, ſie blieben in der Hitze eines fanatiſchen Glaubens von der Gunſt des Schickſals getragen mit dem gezückten Schwert in der Hand, ſtets der Erbfeind der geſammten Chriſtenheit. Das türkiſche Reich der Osmanen, durch Gewaltthat gegründet, (Osman heißt Beinbrecher) und durch Eroberung vermehrt, hatte nie eine innere zuſammenſtimmende organiſche Gliederung der Provinzen, welche ſich verſchiedenartig emancipirten und ſich von dem altersſchwachen Hauptförper bereits ſchon großentheils abgelöst haben, mit dem sie kaum mehr eine andere Gemeinschaft haben, als den barbarischen Stolz ihrer Väter und die despotische Verachtung aller („ungläubigen") Nationen. Eine Annäherung, ein Uebergang zu den europäischen Völkerfamilien hat niemals stattgefunden, die Berührung bewirkte immer und überall nur eine heftige Abstoßung, welche bei der Unmöglichkeit einer Geistesgemeinschaft auch allgemein zu Stande kommen muß. So haben die Romanen schon seit lange die Saracenen aus Spanien vertrieben, die Franzosen haben sie seit Kurzem siegreich in Afrika verdrängt und die Germanen haben im Osten die andringende Gewalt der Türken schon unter Eugen an der Donau geknickt, den Slaven bleibt es übrig, ihnen endlich auf dem osteuropäischen Boden vollends den Garaus zu machen; „der große Achilles wird noch einmal kommen, Troja zu zerstören." Denn da weder eine Gestaltung in republikanischer Form, noch eine monarchische durchgreifende Autorität zum Schutz der Freiheit Aller je da gewesen ist, sowie auch alle Reform zu einer compacten Nationalität und zu der Befriedigung allgemeiner socialer Interessen ganz unmöglich ist, was die Erfahrung bei der versuchten Einimpfung der europäischen Civilisation hinlänglich bewiesen hat, so kann die alte Glut des türkischen Fanatismus wohl einmal zu Raub und Anarchie wieder auflodern, aber eine feste Nachhaltigkeit ist unmöglich und eine Schirmung und Stütze von den europäischen Patronen ist auf die Länge vergebene Mühe. „Der alte Geist der Ahnen" ist lange dahin, und das, was allein Dauer und Sicherheit verspricht, „der Geist der Wahrheit und Menschenliebe, der Sinn zu sittlicher Schönheit und geselliger Ordnung in der Gerechtigkeitspflege", ist nie da gewesen. Die Türken sind geduldet, aber selbstständig nicht mehr lebensfähig; der Halbmond als Wappenschild des türkischen Reichs ist ein treffliches Symbol des türkischen Wesens: im geborgten Scheine eines fremden Lichts steht derselbe bereits im letzten Viertel seines Untergangs, nachdem er es im Laufe seiner Phase nicht einmal im Aufsteigen zum vollen Schein der Erleuchtung gebracht hat. „Nein, nicht Kunst, nicht mit erotischem Saft getränkte Pflanzen,

sagt Fallmereyer, ein aus der Bodentiefe urkräftig herauf-
brechender Riesenstamm ist nöthig, um die byzantinischen Räume
auszufüllen."

Fragt man, „wie lange etwa die Curatel der europäischen
Eifersucht noch dauern wird, bis der sieche Körper vollends als
Leichnam zerfällt," — denn chronische seit lange schon offene Geschwüre heilen Quacksalber nicht — fragt man, „ob das ineluctabile
Fatum, das unausweichbare Verhängniß, einen zweiten Solimau
oder Bayesid unmöglich mache, der mit gewaltiger Kraft das welke
Herz des Türkenstammes zu neuer Gluth und frischem Leben
entflamme, die getrennten Glieder wieder zu vereinigen"; fragt
man endlich, „wie es gekommen, daß eine so rohe Masse, ein
solcher Wettersturm, als wie der alles Geistige zerstörende Türken-
Fanatismus, so lange ihr Wesen treiben und der Vorsehung
gleichsam zum Trotze in den Gang der europäischen Geschichte
einen Riegel einschieben konnte, und was denn überhaupt das
türkische Reich für eine Bestimmung haben müsse", so soll
darüber Folgendes zur aufklärenden Antwort dienen:

Im großen Ganzen des Lebens der Menschheit wird nicht
nach Jahren gezählt, Reiche entstehen und vergehen nach dem
Schwunge und dem Versiegen männlicher Thatkraft der Nationen
und der Energie ihrer Führer; der höhere Vernunftgeist aber
allein ist es, der über die Dauer des Seyns und Nichtseyns der
Staaten entscheidet, wie (oben) gezeigt wurde! Die rohe physische
Kraft der Türken entflammte der religiöse Geist des Propheten
und sie übernahmen die Rolle der edleren Araber mit nerviger
Faust, was ihnen nach dem Verfall der nach Osten reichenden
Römerherrschaft des Abendlandes, bei dem Siechenlager der
Byzantiner und bei den noch zu weit entfernten unreifen slavi-
schen Sarmaten um so leichter wurde, als sie eine glänzende
Reihe energischer Kriegsfürsten und überlegener Staatsmänner
aufzuweisen hatten, und das Reich in allen seinen Gliedern mit
handfestem Zügel zusammengehalten wurde; aber Eins fehlte den
Türken von Haus aus: die Anlage eines allgemeinen Vervoll-
kommnungstriebes, das Streben nach einem höheren nachhaltigen
Vernunftleben in Kunst und Wissenschaft, in der Pflege socialer

Menschenliebe und völkerrechtlicher Sitten. Hierin liegt der tiefe Grund des unheilbaren Uebels; dazu kommt dann der gänzliche Mangel eines Bürgerthums und des Familienlebens, die einzige Grundlage einer organischen Gesellschaft und jeglichen sittlichen Vereins, Sklaverei des Weibes und die in den Harems ver= weichlichte Natur der abgeschwächten Padischas sammt dem aus allen Theilen des Reichs entflohenen Begriffe eines Nationallebens, welches durchwegs in seiner Trennung begriffen ist und weder durch ein inneres Krampfzucken des Fieberzorns, noch durch den Anreiz eines künstlichen Galvanismus sich erhalten oder wieder= herstellen läßt. Wäre die Türkei nicht äußerlich ringsum von sechs eifersüchtigen Mächten umgeben, die einander auflauernd die Beute mißgönnen, so wäre der Verfall schon lange vollbracht und die Türkenherrschaft wenigstens in Europa zu Ende; nach= dem nun aber der innere Gestaltungsproceß des Islams völlig erloschen ist und die Anarchie äußerlich überall zunimmt, da ferner die Principienfrage über die religiöse Duldung und die Gleichberechtigung der Christen mit den Muselmännern auf die Spitze gestellt ist, so ist auf eine lange Dauer des türkischen Regiments in Europa nicht mehr zu denken, auch abgesehen davon, daß Europa selbst einer neuen Gestaltungsepoche entgegen geht, bei welcher namentlich die peripherischen Gränzen in Ruhe gebracht seyn müssen, um das innere Familienleben der Völker zu friedlicher Eintracht ausgleichen zu können; daß hiezu der türkische wilde Holzapfel, der Hauptgegenstand des europäischen Diplomatenzankes beseitigt werden muß, liegt an der Hand; aber ist dazu bei dem heutigen Parteispiel der stets zum Angriff be= reiten Slaven und der zur abwehrenden Vertheidigung des arm= seligen Clienten gerüsteten Romanen, zwischen welchen die lang= samen und wankelmüthigen Germanen den endlichen Entscheid nur verzögern, eine nahe Aussicht? Könnte nicht noch einmal eine fanatische Glut das türkische Volk entzünden und ein Held unter ihnen auferstehen, der der ewigen Neckereien müde die fremde Curatel überflüssig macht und seinem Volke Marsch ge= bietet nach dem Nordwesten der ungläubigen Christenhunde, und ist die innere Lage der Türkei wirklich so trostlos, daß an eine solche

Erhebung und an eine mögliche Lebensverlängerung gar nicht zu denken wäre?

An solchen Eventualitäten mag kein Verständiger zweifeln, und es scheint die Gegenwart sich dazu in die beste Bereitschaft zu stellen. Große Reiche sterben nicht plötzlich und große einmal in das Rad der Weltgeschichte gebrachte Kräfte wirken lange nach! An List und physischer Kraft, an Charakterfestigkeit und zähen Muth fehlt es den Türken auch heute noch ebensowenig, als an Appetit nach fremdem Gut, an Verachten abendländischer Sitten und Uneinigkeit, an Christenhaß und an europäischem Gezänke um ideelle Güter der Phantaste, sowie der ihnen vorgehaltenen Recepte zur Verlängerung des Lebens; dazu kommt auch noch das unterjochte Leben der zwar nach Befreiung seufzenden, aber an Selbstvertheidigung ohnmächtigen waffenlosen und ohne centralen geistigen Lebenskern politisch todten Christen, die obgleich an Zahl in der europäischen Türkei weit überlegen — (12 Millionen gegen 3 Millionen Türken) — beten und dulden, die Hilfe aber vom Himmel erwarten.

Unter solchen Umständen ist es nicht vorauszusetzen, daß die Türken so leichten Kaufs ohne großen Widerstand aus Europa abziehen werden, und es könnte das feste seit vier Jahrhunderten dauernde Bauwerk wohl noch eine Reihe von Jahren, wenn auch morsch und durch fremde Stützen gefristet, ausdauern. Die Geschicke der Völker vollenden sich in der Fülle der Zeiten nach einem gesetzlichen Maße: wie die Türken nicht bloß durch die rohe Tapferkeit der Faust, sondern auch durch menschliche Tugenden, was freilich mehr von den früheren Arabern gilt, durch Nachsicht und Dulbung, durch Schutz und Erhaltung bestehender nützlicher Einrichtungen, durch Regierungs- und Verwaltungstalente, durch bürgerliche Einheit und gewerbliche Künste groß gewachsen sind, sowie sie in derselben Progression an Kraft zu-, als die Byzantiner abnahmen, bis sie endlich ganz ihre Stellen einnahmen; so wird auch das Ende nicht plötzlich über Nacht, sondern nach einem gesetzlichen Verlaufe zu Stande kommen. Nach aller Wahrscheinlichkeit kann aber das Ende der Türkenherrschaft in Europa nicht mehr sehr ferne seyn; denn die alte Einheit,

Thatkraft und die Tugenden sind in Haupt und Gliedern erlahmt, und da dieselben vorzüglich von den Fürsten des osmanischen Hauses ausgingen, durch welche der türkische Staat gegründet und erhalten wurde, so liegt die Unrettbarkeit desselben
auch vorzüglich in der Versunkenheit und geistlosen Ohnmacht
der türkischen Herrscher, die seit lange her weder das alte Schwert
zu führen, noch die neue abendländische Civilisation sich anzueignen
verstanden, um eine allgemeine Reform organisch durchzuführen.
Hier wird so recht das alte Sprichwort bewährt: „regis ad
exemplum totus componitur orbis, qualis rex, talis grex —
wie das Haupt, so die Glieder, wie der Hirt, so die Heerde."

Die gänzliche Verwahrlosung der inneren Industrie, der
bürgerlichen Ordnung und Verwaltung bei dem völligen Stillstande aller Geistesbildung und sittlichen Veredlung; der allgemeine
Druck, die Ungebundenheit und die Erpressungen der Vorgesetzten
vom Pascha bis zum niedrigsten Diener herab, die allgemeine
Bestechlichkeit und Raubsucht der Behörden bei der völligen Rechts-
losigkeit und Ohnmacht der christlichen Unterthanen; der ange-
stammte türkische Egoismus, die Herzlosigkeit und der im Islam
begründete Hochmuth und die thierische Sinnlichkeit bei der Armuth und der vollständigen Vernichtung aller Individualität; der
Mangel eines nationalen Patriotismus und die Zusammenhangs-
losigkeit der in drei Welttheilen getrennten Provinzen bei den
leeren Taschen einer unverbesserlichen Finanznoth, sind doch wohl
Ursachen genug, die den baldigen unvermeidlichen Verfall des
Türkenthums um so gewisser voraussehen lassen, als bei dem
völligen Mangel der inneren Moral, wie der äußeren Politik,
auch von Freund und Feind derselbe unabwendbar herbeigeführt
wird; denn von den Freunden werden doch nur eigennützige
Rathschläge, die offenen Geschwüre äußerlich zu verdecken, dargeboten, statt sie von der Wurzel des Grundes heraus zu heilen
und von den Feinden wird durch das unaufhörliche Necken und
immerwährende Reizen eine stärkende Erholung und wahre Ruhe
absichtlich verhindert. Noch etwas, was jetzt als ein unumgäng-
liches europäisches Bedingniß für die weitere Existenz des türkischen Reiches hervortritt, ist die schon gestellte Forderung der

Gleichberechtigung der Christen und ihres Schutzes von Seite
der europäischen Mächte. Werden die Türken denselben neben
der nominellen Zusage bei der aller Autorität spottenden fanatischen Populace auch faktisch durchzuführen im Stande seyn? werden die christlichen Mächte noch länger mit Worten statt mit der
That sich hinhalten lassen? Hierin allein schon liegt jetzt das
Unvermeidliche, nämlich: der endliche Untergang des souverainen
Halbmonds zunächst durch den Einspruch und sodann durch den
sichern Eingriff der Fremden in die Autorität und weltgebietende
Majestät des Sultans.

„Der letzte Grund alles menschlichen Lebens und dauernden
Bestehens der Individuen im Kleinen und Großen ist immer der
Vernunftgeist der Humanität selbst und ganz vorzüglich die Mo-
ral“, wie das Horoskop (früher) gezeigt hat! Bei den
Türken ist in dieser Hinsicht alles faul, oder zweifelt Jemand
an der Wahrheit des dargestellten schwarzen Gemäldes?

Es mag nicht überflüssig seyn, das Urtheil an-
erkannter Autoritäten und Beschreibungen der türkischen
Zustände in der Gegenwart von unparteiischen Bericht-
erstattern hier in Kürze anzuführen:

Nach einem neueren Werke über das türkische
Reich, „einige Worte über die orientalische Frage“, werden (in
der allgemeinen Zeitung vom 7. Aug. 1853) die Türken treffend
also charakterisirt: „Es sind die Türken eine barbarische Horde,
die aus dem Innern Asiens kam, um das Werk der Araber in
andern Ländern fortzusetzen, aber ohne eine einzige der edlen
Eigenschaften zu besitzen, welche die arabische Nationalität auszeichnete. Sie konnten sich auf den Trümmern des byzantinischen
Reiches nur deßhalb so viele Jahrhunderte erhalten, weil sie von
den alten und trefflichen Municipaleinrichtungen so viel bestehen
ließen, daß ihnen eine leichte und regelmäßige Erhebung der Ab-
gaben von den unterworfenen Völkern gesichert war; aber selbst
geschaffen haben sie nichts, nur zerstört oder zerfallen lassen; sie
haben allein unter allen Völkern der Erde während einer so
langen Existenz die Humanität und die Wissenschaft auch nicht
um einen Schritt gefördert, sie haben nichts hervorgebracht, was

man eine Literatur nennen könnte. Wenn sie einst verschwinden, so werden sie in der Geschichte keine andere Erinnerung hinterlassen, als einige Blutlachen. Es ist ein irriger Wahn, daß sie je civilisirt werden könnten, weil einige Individuen und Freidenker einen Firniß europäischer Kultur angenommen haben; die Massen sind unwissend, fanatisch, und werden es bleiben, das ist ihre Tradition, ihr Glaubensgesetz: Koran und Civilisation sind unverträglich; sie sind freilich Jahrhunderte lang tapfere undisciplinirte Krieger gewesen; was man aber jetzt das regelmäßige Heer des Sultans und seine Flotte nennt, ist nur ein Schein; eine Handelsmarine haben sie nicht, ihre Industrie ist fast null, der Handel wird von den Christen getrieben. Eine solche Nation läßt sich nicht galvanisiren."

Ueber das Auftreten der Osmanen schreibt G. Kohl in seinem Rückblick auf die Geschichte der Donau unter anderm also: „Die Türkengränze zog sich Jahrhunderte lang in einer Linie von anderthalb hundert Meilen mitten durch das Donaugebiet hin, und da an dieser Gränze ein ewiger Kriegszustand unterhalten wurde, so war dieß fast einer Zerstörung des länderverbindenden Fadens gleich. Wenn man von den Deutschen sagen kann, daß, wohin sie im Donaugebiet kamen, sie wohlthuende Spuren hinterließen und mannigfaltige Quellen des Lebens eröffneten, so kann man dagegen von den Türken behaupten, daß sie, wohin sie ihren Fuß setzten, alle Keime des Lebens zertraten. Um ihre Städte, in deren Ruinen ihre Pascha's wohnten, schufen sie eine Wüste; die Bevölkerung des Landes, das sie besetzten, wurde im Kriege oft völlig ausgerottet und ihre Anzahl hob sich nicht im Frieden; der Ackerbau und alle auf Produktenerzeugung hinzielenden Gewerbe lagen unter ihrer Herrschaft darnieder; für den Verkehr und seine Beförderung geschah wenig oder gar nichts; die Straßen, welche sie etwa in eroberten Ländern vorfanden, ließen sie verfallen, die Flüsse versumpfen und verwildern, und daher war überall, so weit ihre Herrschaft reichte, fast nur der alte unbequeme Name und unbehilfliche Transport durch Karawanen mit Hilfe von Saumthieren möglich; ihre national-ökonomische Gesetzgebung war dem

Handel nicht nur nicht förberlich, sondern vernichtete ihn vielfach gerabezu; die Regierung war nur barauf bebacht, wie sie ihre Haupt= städte und ihre Janitscharen satt machen könne; in demselben Sinne verschlossen sie das schwarze Meer, die Flotten der Genueser vernichteten sie gänzlich, zerstörten ihre Städte und Häfen am Pontus und verboten ihnen das Wiederkommen. Das schwarze Meer verfiel nun wieder in dieselbe bunkle Nacht und Barbarei, die hier vor den Zügen der Argonauten bestanden hatte. Solche traurige Zeiten, solche Finsterniß, solche Stockungen aller Beweg= ung führten also seit dem vierzehnten Jahrhundert die Osmanen allmählig in die unteren Donauländer und ihren benachbarten Landstriche und Meere herbei."

Ein burch wiederholten und längeren Aufenthalt im Orient am grünblichsten unterrichteter Kenner der Türkei, Dr. Fall= mereyer, sagt in seinen „Fragmenten aus dem Orient": „Das eintönige, freudelose Leben der türkischen Städte, das mühevolle Ringen ihrer Bewohner von früh bis spät um ihr kärgliches Brob, das armselige Leben unter Schmuß, Lumpen und Unge= ziefer, erregt bei Leuten des Occidents ein schwer zu beschreiben= des, langweiliges, peinliches Gefühl, man wird traurig und glaubt zusehends und schnell selbst zu verwilbern; da ist kein Buch, kein Studium, keine Rede, kein geistiger Genuß, keine politische Neu= gierbe, Niemand schreibt, druckt und liest; dem Thiere gleich trachtet der Mensch nur, wie er den Hunger stille, sich und seine Brut vor den Griffen der überall lauernden Gewalt sicher stelle. Wie erhaben und burchlauchtig erscheint uns da Germanien in der Ferne mit seiner Literatur, seinem Wissen, seinem Dürsten und Ringen nach geistigen Gütern, nach Wahrheit, Erkenntniß und Entbeckung; Deutschland ist wahrhaft eine Schule der Weis= heit, der Sitz des Lebens und des einzigen vernünftiger Geschöpfe würdigen Ruhmes. Die Herrschaft öffentlicher Tugenden un= eigennüßiger Vaterlandsliebe und politische Gerechtigkeit einzu= führen und in Flor zu bringen, versuche nach solchen Proben Niemand unter diesem Volke. Ob aber Staatsgebäude ohne diesem Cement zusammenhalten und dem Wellenschlag politischer Stürme widerstehen können, mag jeder selbst berechnen."

Das Zeugniß eines der ersten öffentlichen Blätter, die englische Times vom September 1853 lautet also: „Man
wird wohl einräumen, daß unsere Dazwischenkunft sich nicht auf
irgend eine Vorliebe für die Türken oder auf Verpflichtungen
gegen sie gründet, — sie ist durch höhere Rücksichten (?!) wie
das Gleichgewicht Europas motivirt. Es zeigt mehr als gewöhn-
liche Frechheit, wenn Volksagitatoren auffordern, in den Krieg
zu ziehen, um den Muhamedanismus in Europa zu vertheidigen,
um den rohen militärischen Despotismus von 3 Millionen Muselmännern über 12 Millionen Christen aufrecht zu erhalten und
einen Staat zu schützen, der eines der schönsten Reiche der Erde
mißregiert hat, daß er jetzt größtentheils von dem Rath aus-
wärtiger Gesandten abhängt, daß er sich durch fremde Flotten
vertheidigen und seine Truppen durch fremde Renegaten kom-
mandiren lassen muß. Eine falsche Religion, eine barbarische
Regierung, ein schwaches Reich ist eines der größten Uebelstände,
an denen Europa leidet. Soll die Christenheit durch einen zwischen den Vorposten einer Invasionsarmee und der Hauptstadt
aufgestellten Gesandtenkordon eine täglich mehr anschwellende Masse
inneren Elends verewigen, damit das diplomatische Gleichgewicht
nicht Gefahr laufe, außer Ordnung zu kommen? Die Idee, daß
die europäischen Staaten ein solches Verhör auf ewig verneinen
sollen, ist eine so prächtige Quelle endloser Conferenzen und
Feldzüge, eine gewissenlose Aufmunterung zur Mißregierung, als
der Genius der Diplomatie nur ersinnen konnte.“

In einem andern Blatte heißt es: „Das türkische
System ist Treulosigkeit, offener und heimlicher Verfolg, Quälerei
aller Art der religiösen rechtlosen Christen, Beschimpfung ihres
Kultus; kein Christ darf klagen gegen einen Muselmann, ob er
ein Dieb, Verfolger oder Mörder ist, sein Zeugniß und Eid gilt
nichts vor dem Richter; der Christ darf nicht einmal einen Besitz
haben unter den Türken; Mißhandlungen sind an der Tages-
ordnung, darüber gibt es keinen Zeugen und keinen Richter;
kein Vertrag wird gehalten, kein Mensch ist sicher; in Gegenwart eines Rechtgläubigen darf kein Christ rauchen, eine nie
ruhende Verhöhnung verfolgt ihn, kein Natur- und Vernunft-

geſetz wird heilig gehalten; und wenn nach der heute ausgeſpro=
chenen Gleichberechtigung des Sultans eine Aenderung vermuthet
wird, ſo irrt man ſich, es bleibt in den Provinzen und beim Muſel=
mann überhaupt beim Alten. Ja ſogar, wenn der Chriſt einen
türkiſchen Räuber tödtet, ſo wird er verfolgt und in den Kerker
geworfen, wo er ohne Entſcheid ſchmachtet, bis ihn der Zufall
oder der Tod befreit."

Endlich wollen wir noch den Bericht eines ſpani=
ſchen Generals und Türkenfreundes, Prim aus Adria=
nopel, vom 2. September 1853 vernehmen, um das Ge=
mälde von allen Seiten auszufüllen; derſelbe lautet alſo: „Das
Land ſelbſt und ſeine Natur hat ſehr gefallen, aber die Boden=
loſigkeit der öffentlichen Straßen, der ſchauderhafte Zuſtand der
Wohnungen und Herbergen an denſelben, der Anblick der un=
geheuren Ebenen, die brach liegen, die Zerſtörung der alten Ka=
rawanſeraien, der gänzliche Mangel aller nützlichen öffentlichen
Anſtalten, das traurige ſchmutzige Ausſehen der elenden Dörfer,
und was man alles über die Räuberbanden hören mußte, welche
das Land verheeren, mußten einen ſehr ungünſtigen Eindruck
machen in dieſem Theil der Türkei; die albaneſiſchen Soldaten,
die von Schumla kamen, begehen ſo viele Plünderungen und
Exceſſe, daß alle Buden und Bazare geſchloſſen ſind und Nie=
mand ſein Haus zu verlaſſen wagt; Ermordungen reiſender
Chriſten folgen, daß man nicht mehr ſich auf die Felder getraut,
die Unthätigkeit der Haunaken bei dergleichen häufigen Anläſſen iſt
empörend" ꝛc. ꝛc. Es gibt keine Provinz, kein Dorf im türkiſchen
Reiche, wo nicht ähnliche ſchauderhafte Dinge vorkommen und
von allen Seiten her berichtet werden. Dieß mag indeſſen
hinreichen, um zu zeigen: daß weder an eine lange Dauer,
noch viel weniger an eine Wiederauferſtehung des ſiukenden Halb=
mondes zu denken iſt!

Die Türken haben ihre mongoliſch=arabiſche Natur und
ihren barbariſchen Sinn in der großen Zeitlänge nicht abgelegt,
ſie ſind in Europa eine fremde Erſcheinung und ein unverbeſſer=
liches Geſchlecht geblieben. Dazu kommt, daß das „muhameda=
niſche" Religionsprincip wohl als ein Vorbereitungsmittel für

ganz rohe heidnische Völker paßt, aber nicht die Unterlage einer ewigen Dauer besitzt, weil es des Göttlichen ermangelt, welches den ganzen Menschen in Geist und That zur Vollkommenheit erzieht. Das europäische Völkerleben bildet sich zu einem „christlichen" Gemeinwesen heran, das im Aufbau eines männlichen Bewußtseyns begriffen ist: darin allein liegt der Grund, daß jede frembartige Natur assimilirt oder ausgestoßen werden muß. Die Türken widerstehen dem sich immer weiter ausbreitenden „christlichen" Andrange nicht, ihre barbarischen Vorurtheile helfen selber das morsche Gebäude untergraben, das weder aus eigener Kraft, noch durch fremde Hilfe gestützt den baldigen Zusammensturz vermeiden wird. Da nun der Verfall des Türkenreichs in Asien und Afrika faktisch größtentheils schon vollbracht ist, so versteht es sich, daß dasselbe sein Ende zuletzt auch dort nehmen wird, wo es seine Vollkraft und den vollendeten Ausbau erhalten hat, in Europa nämlich, wo dem entseelten Körper seit der Ablösung Griechenlands alle reformatorischen Versuche auch der noch übrigen Hälfte von der Donau bis zum Taurus kein neues Leben anzufachen vermochten.

„Die orientalische Frage" naht ihrer Entscheidung, die Stunde der Türkenherrschaft geht in Europa zu Ende, ihre Rolle ist ausgespielt. Die Vorsehung wird ein Ereigniß bringen, daß jene herrlichen südöstlichen Länder — die Ursitze der Civilisation und des Christenthums — der zu lange verfallenen Barbarei entrissen und der Kultur wieder gegeben werden, wenn die westlichen Mächte fortfahren sollten, die lang versäumte Pflicht nicht zu erfüllen und die große Mehrzahl der christlichen Bevölkerung nicht von der schändlichen Knechtschaft der Muselmänner zu befreien; die Idee des Staatsrechts und der nationalen Freiheit wird Europa drängen, auf der Grundlage der christlichen Gesittung den Forderungen der Humanität Recht zu verschaffen und das asiatische Barbarenthum zu zerstören, wenn es nicht Gefahr laufen soll, selbst zu verwildern, um statt den organischen Ausbau zu vollenden, rückwärts zu schreiten in die Irrsale der babylonischen Sprachenverwirrung und der chaotischen Völkertrennung. „Daß aller Diplomatenkunst zum Trotz die

Vorſehung die Geſchicke zum Beſſern leiten wird," davon gibt uns
die Geſchichte ſelbſt das ſicherſte Zeugniß.

Die geiſtige Lebenskraft der Menſchheit concentrirt ſich in
dem europäiſchen Organismus der drei Völkerfamilien wie in
dem Haupte des Menſchen; wenn nun Alles den Sinn und die
freie innere Bewegung ſtörende Frembartige ausgeſchieden ſeyn
wird, dann erſt ſteht Europa auf der Höhe ſeines
„phyſiſchen" Wachsthums, und das heranreifende
Mannesalter kann ſich vollenden zum höheren Ver=
nunftbewußtſeyn und zu den freieren Friedensthaten
„des Geiſtes!"

Eine weitere Unterſuchung „über die Art der Aus=
treibung — des künftigen Schickſals der Türken" wäre hier ein
müſſiges Geſchäft; wir werden darauf in der Folge
noch zurückkommen; es genügt zu bemerken: daß mit
dem Verſchwinden des Islams und der hohen Pforte zu Stam=
bul die Ohnmacht und der gebeugte Stolz von ſelbſt die Ver=
miſchung erleichtern und der dürre Aſt eines ſonſt mit guten
Eigenſchaften begabten Stammes durch Einimpfung der chriſt=
lichen Geſittung zum Grünen gebracht werden wird. „Die orien=
taliſche Natur" mag deßhalb die alte bleiben, „nur der Geiſt"
muß lebendig gemacht und in das Gemeinweſen der Civiliſation
gebracht werden, ob die Türkei auf europäiſchem Boden bleibt
oder in Aſien ein neues ſelbſtſtändiges Staatsleben aufbaut.
Das europäiſche Weſen und Wirken wird aber jedenfalls
weiter reichen und auch die Länder jenſeits des Helleſponts neu
beleben und in den Kreis des geſelligen Verkehrs ziehen.

Haben die Türken durch Verachtung alles Humanen und
induſtriellen Verkehrs, durch Hintanſetzung aller Vernunftgebote,
in Wiſſenſchaft und Kunſt den Grundpfeilern aller hiſtoriſchen
Entwickelung, ihre Anſäſſigmachung in Europa verwirkt und eine
lange Dauer ihres Bleibens daſelbſt unmöglich gemacht, ſo
könnte man ſich vielleicht wundern, „wie ein ſo frembd=
artiges Element ſo lange dauern und dem europäiſchen Leben gleich=
ſam als ein Hemmſchuh eingeſchoben werden konnte." In dieſer

Hinsicht haben wir einen „naturgemäßen" und einen „provi=
dentiellen" Grund wie in aller Geschichte zu erwägen, welche
nach einem größeren Zeitmaße als das beschränkte individuelle
Leben abläuft. In erster Hinsicht stammen die Türken aus
der Mitte Asiens, und sie waren geeigenschaftet, ursprünglich
zwischen den Mongolen und Arabern, zwischen den Tartaren und
den südwestlichen Semiten eine Mischung und sodann einen
innigeren Verkehr zwischen dem Orient und den Völkern des
byzantinischen Reichs herzustellen, wodurch der unmittelbare Ver=
band Asiens mit Europa unterhalten und für eine künftige Welt=
epoche die Vorbereitung getroffen werden sollte; dazu war die
physische Kraft der Türken ein ausgesuchtes Werkzeug, welches
in providentieller Hinsicht offenbar dazu diente, das dahin=
sinkende Ostrom und das sieche verweichlichte Leben der byzan=
tinischen Völker durch ihre Invasion von einer völligen Fäulniß
zu bewahren und durch neue Aufregung ihrem Blute Feuer,
ihren Nerven frische Kraft zu ertheilen oder gar an ihre Stelle
zu treten, wie es denn endlich auch geschah. Talentvolle und
energische Fürsten traten auf dem Mittelpunkt der Erde, in Kon=
stantinopel, auf, und wie immerdar Geist und Thatkraft die Welt
regiert, so erstreckte sich die Türkenherrschaft bald über die drei
bekannten Erdtheile und nicht nur allein das byzantinische Ostrom
ließ sich willig und leicht ausgesöhnt die neue thatkräftige Dynastie
gefallen, auch das ganze Abendland hatte schmerzlich und lange
genug den heftigen Andrang empfunden; die muhamedanischen
Chalifen hatten das geistliche und weltliche Regiment in den
Händen. Ist es ein Wunder, daß so gewaltige Kräfte lange
fortklingen, und daß auch bei der nun abgespielten Rolle der
Türken auf dem europäischen Schauplatz ihr Verschwinden nicht
so unmittelbar den gebrochenen Triebfedern nachfolgt? In großen
Tragödien dehnt sich das Leben qualvoll aus und die Agonien
dauern lange! Die Nachkömmlinge und Erben der alten Türken
zehren schon lange an dem Vorrathe, den der europäische Schlum=
mer bisher ungestört ließ, und den der Neid der Schirmvögte
nur nicht zu theilen versteht; denn das Diplomatengeschlecht ist
nicht zu großen Entschlüssen gemacht, auf welche große Ereignisse

folgen, zu diesem hat die Vorsehung nur einzelne auserwählte Helden oder unverhoffte Zufälle in Bereitschaft.

„Der Muhamedanismus und das osmanische Reich" hat nicht bloß für Europa, sondern insbesondere auch in welthistorischer Hinsicht eine sehr tiefe Bedeutung. Das „muhamedanische" Staatensystem erstreckt sich viel weiter und über viel mehr Nationalitäten in drei Welttheilen, als das „christliche" Staatensystem; die Verbreitung „des Islams" in das Innere von Asien und Afrika an die Stelle des „heidnischen" Pantheismus und des Natur-Götzendienstes brachte in die geistige Finsterniß der halben Welt wenigstens eine matte Erleuchtung durch die Idee des subjektiven Bewußtseyns im Monotheismus von einem einigen, die Welt regierenden Gott; das blinde ganz in die objektive Welt und thierische Rohheit versunkene Heidenthum wurde dadurch auf eine Zukunft vorbereitet, in welcher eine höhere Erleuchtung über die Bestimmung des Menschen und sein Verhältniß zu Gott durch das christliche Princip möglich und erleichtert wird. Ist nun aber im Muhamedanismus die Grundlage nicht enthalten, den Völkern das wahre Licht zu bringen und sie zu einer höheren Vollkommenheit zu führen, so liegt in demselben doch ein Provisorium von unschätzbarem Werthe, das, wie es scheint, wohl noch lange in Asien und Afrika fortdauern wird, nur aber in Europa zu Ende geht, weil hier offenbar durch eine höhere Fügung und Oberleitung ein Völkerorganismus nach christlichen Principien wenigstens in der Anlage begriffen und so weit fortgeschritten ist, daß ein abgestorbenes Glied, wie die zur unbehilflichen Schwäche herabgesunkenen und roh gebliebenen Türken, entfernt werden muß.

Gleichwie die sehr verschiedenen Völker des muhamedanischen Reichs nie eine Stammeinheit eines Volksthums, sondern immer nur ein Aggregat von provisorischen Hilfsvölkern bildeten; so war auch der in Europa eingeschobene Keil der Türkenherrschaft zwar ein welthistorisches, aber nur provisorisches Ereigniß. Denn als im Westen aus den Meereswogen eine ganz neue Welt emporstieg, bildete dieser vorgeschobene Keil gleichsam den Riegel im Osten von Europa, um dem erlahmten Geiste und matten Verkehr die Straße nach dem Orient völlig zu verschließen und demselben dafür vielmehr im Westen über alle bekannten Gränzen hinauszuleiten. Ein Hauptvolk zur Weltherrschaft waren die Türken niemals und sie konnten in Europa um so weniger eines werden, weil ihre eiserne Kraft allein mit dem Schwerte in der Hand der Vernunftentwickelung den Hemmschuh und der Kultur des Bodens die Erstarrung brachte.

Die Türken hatten einen der schönsten Ländertheile von Europa nun lange genug durch vier Jahrhunderte zur Pacht, ihre Rolle ist hier bereits ausgespielt; und wie immerdar die kleineren Kreise in dem Wellenschlage der größeren untergehen, so müssen die Osmanlis sich wieder zurückziehen auf einem engeren Raum ihrer asiatischen Heimath. „Es war eine materielle Restauration, sagt Fallmerey er, und Wiederbelebung verfallener Weltökonomie, schirmendes Provisorium, Instrument der Vorsehung, um die Fugen eines Bauwerkes an einander zu klammern, bis die Zeiten voll und die natürlichen Erben zur Reife der Jahre und zur Fülle der Kraft gekommen wären. Offenbar waren, um die menschlichen Dinge im Gleichgewichte zu erhalten, in der Hand der Vorsehung die talentvollen und energischen Fürsten aus dem Hause Osmans tauglichere Werkzeuge als die christlichen Vorgänger mit ihren Hofhomilien und ihren kaiserlichen Fastenpredigten im Kreise weibischer Magnaten von Byzanz."

Hiemit ist wohl auch „die Bestimmung und die weltgeschichtliche Bedeutung der Türkei" angedeutet und wer hierüber eine ausführlichere Belehrung wünscht, den verweise ich auf die klassische Abhandlung von Fallmerey er in seinen „Fragmenten aus dem Orient" über die weltgeschichtliche Bedeutung der byzantinischen Monarchie im Allgemeinen und der Stadt Konstantinopel insbesondere.

Es heißt dort unter anderem: „Das christliche Byzanz war verfault und durch die in genialer Frische aufkeimende Türkenherrschaft nach dem Gesetze des natürlichen Pflanzentriebes überwuchert und verdeckt. Solche Eroberungen, wie der Türken, sind nicht wie die vorüberrauschenden Weltstürme eines Timur

und Napoleon, es sind Verwandlungen der Gattung, die kein
Zauber lösen kann. Die Türken sind in natürlicher Progression
nach demselben Gesetze an die Stelle der Byzantiner getreten,
wie die Russen den Platz der gänzlich verwitterten Tartaren
eingenommen haben, und kein Verständiger wird an die Mög=
lichkeit einer politischen Auferstehung des Chans der goldenen
Horde glauben. Ebenso thöricht wäre es, von einer Wieder=
geburt der Commenen und der Paläologen zu träumen." An
einer andern Stelle heißt es: „Man hat schon früher ent=
deckt, daß etwa nicht bloß einige Pratiken der türkischen Staats=
verwaltung byzantinisches Gepräge tragen, das ganze Gezimmer
der osmanischen Monarchie, die Eintheilung der Provinzen, die
Hierarchie des öffentlichen Dienstes, die obersten Justiztribunale
in Ost und West von Hellespont, in Europa und Anatolien,
Namen der Aemter, Form der Polizei= und Municipalverwaltung,
Lug und Trug und öffentlicher Diebstahl der Obrigkeiten, Er=
barmungslosigkeit und permanente Verschwörung des kaiserlichen
Fiskus gegen Gut und Eigenthum der Unterthanen sind bis auf
die Stunde, nur mit türkischer Benennung, byzantinisch geblieben.
Die hohe Pforte von Ikonium und die Kaiserhöfe der christlichen
Sultane von Byzantium und Trapezos haben sich in Blut und
Leben gegenseitig durchdrungen und es ist heute nicht mehr ge=
stattet, türkisches und byzantinisches Nationalleben als zwei wider=
sprechende feindlich gegenüberstehende Elemente auszuscheiden. Der
Einzug der Sultane von Prusa in die Paläste von Blacherna
und Bukoleon war nur ein Wechsel der Personen, nicht der
Dinge, es war eine materielle Restauration." Fallmerayer
will dann zeigen, wie die Russen naturgemäß den türkisch=
byzantinischen Boden nach providentiellen, politischen und reli=
giösen Streben einzunehmen bestimmt sind, indem sie ohne Rast,
langsam, aber bedachtsam, mit List und lebendiger Kraft den
Boden unter der Sohle wegnagen — und fährt dann fort:
„Wie könntet ihr ohne Kraft und ohne Beistand eines vom
Volksherzen herausflammenden Zorns der Prüfung widerstehen?
Oder meinet ihr vielleicht, wie einst im christlichen Byzanz,
die öffentliche Gewalt könne Kraft und Nervengeist der Völker

nach Belieben ersticken und im Augenblick der Noth durch ein
Zauberwort wieder ins Leben rufen? Einheit der Gewalt und
religiöser Glaube sind die Baumeister aller menschlichen Ordnung!
Der Versuch ohne Beistand der religiösen Idee Herrschaft aus-
zuüben und ein bloß irdisches Regiment über die Völker aufzustellen (wie bei den Türken) ohne alle Schonung für Seelen-
und Gewissensruhe, ohne Rücksicht für das Höhere und Ewige
im Menschen, Taschen und Kunstfleiß der Nationen mechanisch
auszubeuten, hat überall ein gleich klägliches Ende gefunden."

Wenn uns nun das Horoskop „das baldige Ende der
Türkenherrschaft in Europa und statt der 400 Jahre dauernden
Finsterniß der Halbmondbeleuchtung über die schönsten Länder
Ostromaniens uns das Licht der Sonne, das wieder über Stambul leuchten und somit aufs neue den Weltverkehr zwischen Europa
und dem Orient herstellen soll," verheißt, so entsteht die
überaus wichtige Frage: „wer wird an die Stelle der
Türken treten, wer soll die Brücke bauen, die von Europa nach
Asien führt, oder welch eine Herrschaft wird die Residenz in der
neuen Weltstadt Konstantinopel aufschlagen, welches unzweifelhaft
den Mittelpunkt dreier Welttheile bildet? Wer sind die nächsten
Erben, die auch von der Vorsehung dazu auserwählt sind, auf
den Gräbern der Osmanen die verlorenen Bahnen des Völkerverkehrs wieder herzustellen und zu vollenden, was das Mittelalter gewollt hat? Sind es die Russen oder die Griechen, oder
beide vereint mit den Slavoromanen in der Wallachei und Serbien, in der Bulgarei, Bosnien, Albanien und Macedonien?
Wird mit dem Tausch der Völker auch sogleich Licht und Ordnung einkehren, das Recht und gesellige Sitte in den neuen
Kreislauf des erweiterten Lebens zu bringen? Wären hiezu
die genannten Völker auch geeigenschaftet und gehörig vorbereitet,
oder ist nicht vielmehr diese große Aufgabe von dem geschlossenen
organisirten Europa zu erwarten, welches vorerst Ostromanien
gleichsam zu erziehen und so ein neues Reich im Orient, ein
neues Weltcentrum in Konstantinopel zu bilden hat?"

Alle diese Fragen zu beantworten, ist schwer und
es ist deßhalb hier noch nicht der Ort, dieselben sogleich zu

erledigen; wir werden uns dazu besser vorbereiten, wenn wir vorerst „die zur europäischen Völkerfamilie gehörigen Slaven und Slavoromanen" näher mit einem unparteiischen Auge betrachten!

Die Slaven

sind nicht nur die nächsten Nachbarn der Türken in Europa und Asien, sie sind sogar mit türkischen Völkerschaften vielfach durchmischt, bilden aber dessen ungeachtet den schroffesten Gegensatz mit den Moslems. Beide Völkerfamilien traten ziemlich gleichzeitig auf dem Schauplatz der Geschichte im Osten von Europa auf dem byzantinischen Boden auf, die Türken mit überwiegender aktiver Thatkraft von Süden, schwächer und noch jugendlich unbekannter die Slaven von Norden her. Beide Völkerschaften verloren sich seitdem nie mehr aus den Augen, stießen häufig und wiederholt heftig an einander, ohne sich jedoch gegenseitig von ihren Plätzen zu verdrängen, bis die Schale im Süden des Hellesponts zu sinken, hingegen jene im Norden an den Quellen der Wolga zu steigen begann. Während nämlich der Geist der Türken unter dem matten Schein des „muhamedanischen" Halbmonds immer mehr verdumpfte und die physische Kraft verkümmerte, erstarkte die rührige Zähigkeit der Slaven unter der aufgehenden Sonne „des Christenthums," bis nun endlich die Türken geistesarm und erschöpft ihre letzten Tage zählen, nachdem sie weder von dem europäischen Geiste der Kultur etwas gelernt, noch die Früchte des strotzenden Bodens zu nützen verstanden, und nur ihre barbarische Rohheit erhalten haben, während die Slaven an der europäischen Civilisation, wenn auch nur oberflächlich theilnehmend in- und extensiv Kraft und Macht gewannen und um immer schwerer und unwiderstehlicher nach dem Centrum der allseitigen Sehnsucht, nach dem strahlenden Byzanz am Bosporus drücken.

Auf gewissen „geographischen" Punkten der Erde waltet ein tiefes und wie in den „Momenten" der Zeit ebenso wichtiges bisher noch unenthülltes, ja — kaum geahntes Geheimniß, wovon das eigenthümliche Leben der Völker wie der Individuen bedingt

wird! Das prophestische Nativitätstellen der Alten er=
scheint gar nicht so ungereimt, welches nach dem Stand und
dem Auf= oder Niedersteigen der Gestirne über den Ort und die
Zeit der Neugeburt das künftige Schicksal derselben verkündigte,
wobei sie nur umgekehrt den Reflex von den Gestirnen ableiteten,
den wir von der Erde ausgehen lassen.

Blicken wir wie die Nativitätssteller von den Gestirnen auf
die Erde herab, oder gehen wir von einem ideellen höheren
Gesichtspunkt aus: so erscheint uns die Gegend von Kon=
stantinopel als ein hellstrahlender Punkt erster Größe von
den Gewässern des Hellesponts entgegen, wie wir keinen an=
dern wieder finden in der alten und neuen Welt. So
lange die Geschichte von Helden= und Wunderthaten erzählt,
ist diese Gegend schon vor anderen berühmt und besungen: die
Expedition der Argonauten nach dem goldenen Bließ am Pontus
deutet schon ebenso die Südnordlinie der Wasserstraße an, wie
die Heereszüge der Perser die Landbrücke des Weltverkehrs in
der Ostwestlinie zwischen Asien und Europa, auf welcher die
Bewegung der Völker des Orients und Occidents, des Südens
und Nordens, um so allgemeiner und weiter greifen wird, als
sich die Menschen in bleibenden Wohnsitzen die geselligen Bande
bereiten werden, so daß es einst überall Licht wird, in der cime=
rischen Finsterniß hinter den alten Gränzen des Hämus und
Pontus, wie jenseits Jerusalems und Roms.

„Drei verhängnißvolle Städte gibt es auf der Erde, sagt
Fallmereyer, drei Weltringe, an die sich die Schicksalsfäden
des menschlichen Geschlechts hängen: Jerusalem, Rom und Kon=
stantinopel, das eine die Wiege, das andere der Sah, das dritte
der Gegensah' des universellen, weltbeseligenden Christenthums."

Eine trefflichere Bezeichnung von der Bedeutung irdischer
Ortsverhältnisse in den Beziehungen zu dem allgemeinen Geiste
der Menschheit anzugeben, ist unmöglich! Soll das göttliche Wort
der Wahrheit Fleisch werden und unter den Menschen wohnen — so
war auf der ganzen Erde gerade zu der Zeit der allgemeinen
Geistesfinsterniß kein anderer Ort so geeignet, die Wiege des
göttlichen Menschenkindes zu werden, das da bestimmt war, das

Licht der Wahrheit auszubreiten über alles Fleisch vom Aufgang
bis zum Niedergang, als Jerusalem in Syrien, in der
Mitte der drei sich berührenden Welttheile, am mittelländischen
Meere im Angesicht unzähliger Inseln und Halbinseln Griechen=
lands und Italiens, über welche der Geist der Kultur allein
ausgebreitet und zum endlichen Gemeingut der allgemeinen Welt=
erleuchtung gebracht werden konnte. Festigkeit und Bestand konnte
ferner das Christenthum nur in Rom, dem Centrum der da=
maligen Weltherrschaft erhalten, da mußte der Satz und das
Glaubensdogma eine bestimmte Form gewinnen, um auf festen
Wurzeln ruhend zu einem beweglichen Lebensproceß heran=
zuwachsen und in immer größeren Kreisen den Samen auszu=
streuen. Dem allgemeinen Naturgesetze entsprechend, „daß eine
jede Einheit zunächst in eine Zweiheit, in zwei entsprechende
Pole auseinander geht,“ theilte sich die römische Weltherrschaft
örtlich zwischen Rom und Byzanz und damit bildete sich aus
dem Satze der Gegensatz, der aber bald in dem dogmatischen
Formstreit erstarrte, der endlichen Lösung aber noch gewärtig ist.
Denn die Zweiheit des Satzes und Gegensatzes von Rom und
Byzanz, welche die objektiven Glaubensformen des Christenthums
nach allen Seiten festzustellen trachteten, bildet erst die natür=
liche Basis, aus welcher eine weitere Bewegung zur Belebung
der menschlichen Kräfte und zur Umformung des subjektiven
Geistes hervorgehen muß, um zur wahren übernatürlichen Ein=
heit mit dem Geiste Gottes zu gelangen, was der endliche Zweck
des Christenthums und der wahren Humanität ist. Die sub=
jektive Geistesfreiheit muß sich also aus dem objektiven Satze
und Gegensatz zur lebensvollen Blüthe und dann erst zur Frucht
entwickeln; dazu müssen aber die Fesseln des Dogmas von
Rom und Byzanz noch erst gelöst werden, welche daher noth=
wendig auch des einseitig getragenen Grundes sich bewußt wer=
den und zur Ausgleichung ihrer objektiven Formen sich einander
nähern müssen, denn — das Dogma bildet bloß die Unterlage, den
Stamm des Glaubens, auf dem die Blätter sich ausbreiten und
die Blüthen hervorgehen und aus diesen endlich dann erst die
Früchte sich entwickeln sollen.“

„Soll die Frucht im Laube prangen,
Muß die Blüthe seyn vergangen.“

Bis dahin ist aber offenbar noch ein sehr weiter Weg, der weder einseitig von Rom, noch von Byzanz aus, sondern vom **Inneren Europas,** und namentlich **durch das germa-nische Element** geebnet werden kann. Es frägt sich nun **hier,** „von welchem der drei genannten Glanzpunkte der Erde indessen die weitere Bewegung des künftigen Völkerlebens aus-gehen und was etwa ein jeder derselben ferner beizutragen be-stimmt ist?“

Wie die Wiege nur für das Kind und nicht für den Jüng-ling und nicht für das höhere Alter ihre Bestimmung hat, so kann **Jerusalem** seiner geographischen Lage nach keine weitere Bedeutung für den großen künftigen Völkerverkehr mehr haben, die es denn auch sogleich verloren hat, nachdem das Christen-thum nicht mehr bloß für das Heil der Juden, sondern für das Heil der Welt herangewachsen und befestiget war. Der Name aber in der geistigen Bedeutung wird ewig bleiben als Friedens-burg, „das Jerusalem, das droben ist, das ist unser aller Mutter, die Stadt meines Gottes und vieler tausend Engel, der neue Tempel, das himmlische Jerusalem.“ (Galat. 4, 26. Offen-barung 3, 12 u. 21, 2. 10.)

Rom, „die starke, erhabene, die Beherrscherin vieler Völker, konnte als das Haupt der alten Welt angesehen werden,“ so lange das eiserne Scepter der Gewalt in der Jugendzeit der Fehden herrschte, wodurch wohl auch zum Theil die Wege für das Evangelium gebahnt wurden, und so lange die Opfer für die Heilsgüter von den Gläubigen allseitig willig dahin gebracht wurden; als die Welt aber in größeren Kreisen sich erweiterte, und der Geist des reiferen Mannesalters über den Zwang des Glaubens sich zu einer gewissen Freiheit des Denkens erhob, da konnte Rom nicht mehr allein die Welt beherrschen — aus dem Satze bildete sich der Gegensatz gleichsam von selbst, und als das Regiment sich in West- und Ostrom theilte, sprang schon der positive Pol auf Byzanz über und die hohe Bedeutung Roms schwand wie die kleinere Tiber gegen die rauschenden Wogen des Länder und Völker verbindenden Bosporus. Rom's geographische Lage ist nicht von der Art, daß in Zukunft das Weltregiment je mehr von da ausgehen und über die verschiedenen Erdtheile sich erstrecken könnte; Rom ist einst nur so groß geworden, in der alten Welt über viele Völker und Staaten ausgedehnt, daß es bei der eigenen Lasterhaftigkeit und Sittenlosigkeit einen allgemeinen Regenerationsproceß vorbereite, der während der mühsamen Zersetzung endlich durch barbarische Völker vollendet und den Händen der jugendlich strebenden Germanen übergeben wurde. Was aber den „Geist des universalen Christenthums" betrifft, so kann derselbe ohnehin nicht von einem bestimmten Orte abhängen, denn — „der Geist der Wahrheit" ist nicht hie und nicht da, sondern er muß Wohnung nehmen in den Herzen der Menschen! Dagegen ist die Lage von Konstantinopel eine so außerordentliche, daß sie nicht nur ihre vorzügliche Bedeutung für die Entwickelung der nächsten Zukunft in den orientalischen Angelegenheiten hat, sondern daß auch in noch ferneren Zeiten die Ausgleichung und Feststellung der großen Völkerverhältnisse dort wird stattfinden müssen. Wenn Europa und Asien in Kultur und Industrieverkehr einander die Hand reichen werden, was nicht ausbleiben kann; wenn auch die Gegensätze der höheren Geistesbestrebungen sich immer mehr ausgleichen werden, dann wird die prophetische Entstehung und der mystisch „unaustilgbare ureinsässige Reichsgenius von Byzanz" erst in vorragender Bedeutung seine Rechtfertigung finden; denn Konstantin der Große hat nach dem Cod. Theodos. von Gott in einer besonderen Erscheinung den Befehl erhalten: Konstantinopel zu bauen und von da aus das göttliche Wort des Glaubens zu verbreiten! Auch das Schicksal wählt seine Zeit und seinen Ort — uns ist nur der treibende Grund desselben gewöhnlich verborgen! wenn das strahlende Licht von Byzanz in dem Weltregiment und Kirchenthum verdunkelte und in schmachtende Dienstbarkeit der Türken verfiel, die Anlage und die Idee, ja sogar das alte Gepräge ist unter der langen Fremdherrschaft, — wie wir (oben) gesehen — nur mit verändertem Namen geblieben in Ost und West vom Hellespont.

Zur Anlage einer ewigen Stadt kann auf der ganzen Erde kein besserer Ort gewählt werden; die Idee aber des göttlichen Wortes, wenn sie auch lange schlummert im Samenkeim, wird nicht vergehen, wenn alle Dinge vergehen. Schon schimmert das anbrechende Morgenroth zu einem neuen Tage aus der finstern langen Nacht am östlichen Horizonte, und wer zweifelt daran, daß das Samenkorn einst aufgehen und zum hohen blätterreichen Baum aufwachsen wird, unter dessen Schatten die müden Erdenwanderer Erquickung und endlich Ruhe finden werden!

Solche Zeiten des Glücks und des Friedens sind noch in weiter Ferne; nach unserem Horoskop mag wohl noch zweimal die Zeit der bisherigen 6000 Jahre alten Geschichte der Menschheit ablaufen, bis sie sich dem höheren Greisenalter nähert! Welch einen Weg machte die Kultur von Zion bis Byzanz; welche Schicksale trafen Jerusalem, Rom und Konstantinopel, die Ursitze und Namenträger „des Christenthums;" welche Strafgerichte wird der Engel des Herrn aus den noch übrigen vollen Schalen über sie ausschütten für ihre Sünden, bis sie über den Namen auch die Sache ergreifen?

Wenn Jerusalem, Alexandrien, Carthago, Athen und Rom mit ihren kolossalen Anlagen ihre allgemeine Weltbedeutung verloren haben, weil sie nur eine örtliche Zeitbestimmung hatten, so wird Konstantinopel an Dauer alle überragen, weil hier ein unaufhörliches Auf- und Abfluthen, ein Kreuz- und Querverkehr der Völkerschaften dreier Erdtheile stattfinden muß, wo sicher einst auch ein „geistiges" Centrum sich bilden wird zu einer allgemeinen Vereinigung der höheren Güter der Menschheit. Konstantinopel ist geeignet, wie kein anderer Platz in der Welt, der große Weltmarkt zu werden, indem für alle Zustände des nahen und fernen Völkerlebens die Verkehrsverhältnisse von der Natur, wie anderswo nirgends, gegeben sind. Was der Erfindungsgeist der Neuzeit geschaffen hat für die Industrieanstalten durch die Vervielfältigung der Waaren und Naturprodukte für die Beschleunigung des Verkehrs, durch die Schöpfungen der Künste und Wissenschaften für das praktische und geistige höhere Leben, das muß aus der engen Oertlichkeit und Abgeschlossenheit in die allgemeine Oeffentlichkeit erhoben werden! Kein Land, keinen Ort der Welt gibt es, wo für Stra= ßen und Dampfschifffahrt, für Eisenbahnen und Telegraphen, eine so freie und offene Allseitigkeit stattfindet, wie in Konstan= tinopel in der paradiesischen Gegend des allergünstigsten Lebens= bodens zwischen dem Aequator und dem Polarkreis mitten auf der Linie der Frühlings= und Sommerzone. (Eine allgemeine geographische, von der gewöhnlichen abweichende Eintheilung und Begründung derselben findet der Leser in meinem Werke „der Geist des Menschen in der Natur" ꝛc. 1849.)

Wenn wir nun bei der weiteren Betrachtung der europäischen Völkerfamilie zuerst „die Slaven" näher ins Auge fassen und damit auch zugleich „den fraglichen türkischen Länder=Complex des östlichen Europas" in Verbindung bringen, so wird sich das Urtheil nicht schwer rechtfertigen lassen: daß dieselben, wenn sie nicht osmanisch bleiben können, gesetzlich den Nach= kommen der Byzantino=Romanen und Griechen, besser aber den Slavobyzantinern zunächst anheimfallen werden. Unter „Slavo= byzantiner" verstehe ich aber „die neuen Slaven — vor= züglich die Russen — sammt den alten Landesbewohnern von Byzanz, welche — Griechen und Romanen — bereits seit Jahr= hunderten slavisirt, sowie sie auch mit den türkischen Völkern vielfach durchmischt sind." Den Russen allein wird das stark betheiligte übrige Europa die Herrschaft nicht überlassen und die ostromanischen und griechischen Volksreste er= mangeln aller organischen Selbstständigkeit und können nur als vorhandenes und nothwendiges Material der künftigen Ord= nung zu einer neuen Geschichte aufgenommen werden! Das Wort „zunächst" muß unterstrichen werden — denn weder die Romanen noch die Germanen sind gegenwärtig nach politischen und geographischen Rücksichten in der Verfassung, den Russen das Terrain abzugewinnen, welche nicht nur ihrer natürlichen Nachbarschaft wegen, sondern mehr noch aus geistiger Verwandtschaft und historischer Anwartschaft die erste Berechtigung dazu haben; nicht aber werden die Ruffen die byzantinischen Länder, gleich Polen, ihrer absoluten Monarchie einzuverleiben vermögen, noch wird zunächst ein einheitliches illyrisches Reich unter Ruffenschutz aufzurichten seyn, weil zu diefer neu beginnen= den Geschichtsperiode noch erft die rudimentären Elemente gelegt werden, zu denen dann wohl auch noch ein romanischer Kitt und später höchft wahrscheinlich eine germanische Bau= und Leitungsdirektion hinzukommen wird, was in der Folge dem Lefer beffer einleuchten wird!

Wenn nun, wie bei einem jeden Erbe, alle Parteien mit= theilen und alle Zungen mitsprechen wollen, so ift es hienach einleuchtend: daß das Slaventhum das nächftbetheiligte ift bei dem seit 800 Jahren begonnenen und jetzt neu entbrannten Streite mit den Türken. Die Ruffen sind nach Bluts= und Glaubensverwandtschaft die natürlichen Vertreter des Slaven= thums, ihre Landesverhältniffe und ihre Macht an der öftlichen Gränze Europas sind gewichtiger, als die diplomatischen Conferenzen und Protokolle des Occidents, und sie werden früher oder später die schwebende Frage sicher mit dem Schwerte entscheiden; dazu haben sie das größte Recht und die befte Macht, der türkischen Usurpation und Herrschaft ein Ende zu machen, und damit wohl am Ende auch das Verdienft der künftigen Entwickelung von Europa die sperrenden Hemmniffe aus dem Wege zu räumen; denn wenn die Slaven keine andere Miffion hätten als „den Halbmond der Türken in Europa aus= zulöschen," so wäre diefes allein schon eine segenreiche unberechen= bare Wohlthat für das ganze Geschlecht.

Was man immer gegen das Barbarenthum und die niedrige Stufe der Geiftesentwickelung der Slaven und namentlich der Ruffen sagen mag, so haben sie, wenn auch jünger, die volle berechtigte Anfäffigkeit und die ganze Ebenbürtigkeit der Völker Europas in politischer und religiöser Hinsicht erlangt, jedenfalls sind sie in ihrer Anschauungsweise und Tradition con= sequent geblieben, „die Türken als Feinde der Chriften zu halten und sie als unversöhnliche und unverbefferliche Räuber zu be= kämpfen," völlig im Gegenfatze der abendländischen

Christendiplomaten, welche die Türken jetzt zu ihren guten
Freunden zählen, gegen welche sie einst mit dem Kreuze in der
Hand heißblütig in den Kampf zogen, um den Himmel zu ge-
winnen, was ihnen jetzt als ein orientalisches Mährchen erscheint;
keine der europäischen Mächte hat gegen das Mord- und
Räuberwesen der Türkenherrschaft zu Gunsten der großen Anzahl
der „christlichen" Raias ein Veto oder auch nur ein gewichtiges
Wort in die Wagschale gelegt, wie es Rußland fortwährend
gethan hat, was offenbar mehr Menschlichkeit und ein besseres
Gefühl der Theilnahme und wohl auch der Erkenntniß der wahren Bedürfnisse an den Tag legt, als daß man lediglich die
Eroberungssucht anschuldigen kann. Ist es daher zu verwundern,
daß „der Moskoviter," abgesehen von den nationalen und religiösen Sympathien, von der byzantinischen Bevölkerung
als ihr Erlöser und rechtmäßiger Heiland angesehen und erwartet
wird? Die Nationaleitelkeit der Russen nach dem ihnen ver-
meintlich zustehenden Erbe von Konstantinopel ist daher keine
Verblendung und mir kein verdammliches Aergerniß, sondern
erscheint vielmehr als ein hoffnungsreicher Sporn, daß die erste
und größte Aufgabe zu der künftigen Gestaltung der geselligen
Ordnung Europas und ihrer Consolidirung in Bälde wirklich
ausgeführt werden wird; die Zeiten der Vollendung im Kirchen-
und Staatswesen zu wahrer Menschenliebe und Christenpflicht
werden schon durch eine anderweitige Fügung kommen und dann
ersetzen, was jetzt mit den damit verbundenen Tugenden des
hilfreichen Trostes, der Barmherzigkeit und Hingebung für das
Unglück und die Noth der Mitmenschen in jenen Ländern völlig
außer Brauch gekommen und wohl auch im Abendlande nicht im
Ueberfluß vorhanden ist!

Dieses ist es aber nicht allein, was wir zu Gunsten der Slaven geltend machen: sind dieselben in der
Kultur auch nur sehr wenig fortgeschritten, so stehen sie an physischer Kraft, Heldenmuth, Genie und Seelenstärke dem Abendlande ebenbürtig gegenüber und haben vor demselben den großen Vortheil, daß sie von dem Luxus und der sittlichen Fäulniß
eines täglich zunehmenden Proletariats und ihrer unheilbaren

Krankheit, des Pauperismus, noch nicht angesteckt sind, sowie der mitleidvolle Communismus und die Gleichberechtigung mit der Metaphysik der Staatswissenschaft und der Weltbeglückung auch noch unbekannt geblieben sind. Von der Anlage der höheren Geistesfähigkeiten und der Bildsamkeit der Slaven haben wir im Allgemeinen schon gesprochen; mit der Macht und Nachhaltigkeit des Triebes verbinden die Slaven Schärfe des Sinnes und einen sehr klugen Verstand mit einer Festigkeit des Willens in der Ausdauer zum vorgesetzten Ziel, mit Dulden und Leiden in Resignation und Hoffnung, daß sie damit die Romanen und Germanen beschämen; zudem zeichnet eine feine Berechnung und Ueberlegung der Zeitumstände, Rittersinn, Energie, Charakterfestigkeit und Patriotismus alle ihre Fürsten, namentlich der Russen von Rurik an bis auf Kaiser Nikolaus aus. „In Swätoslaw, dem noch heidnischen Großfürsten und ersten Eroberer Bulgariens, spiegelte sich Natur und Schicksal des russischen Staates urvorbildlich für alle Zeiten schon im Laufe des zehnten Jahrhunderts ab, sagt Fallmereyer. Kaum gegründet durch die Skandinavierfamilie Rurik (862) erkannte dieses große Slavenreich seine Weltbestimmung und sein Geschick, und wälzte, wie vom wilden Instinkt getrieben mit hartnäckiger Beharrlichkeit die Wellen seiner Kraft nach Byzanz herab; diese frühzeitige Standhaftigkeit der Russen ist um so mehr zu bewundern, da die ganze Nordküste des schwarzen Meeres mit den Landschaften, die man heute Ukraine, Bessarabien und Moldowlachia nennt, damals in der Gewalt des nomadischen Reitervolks der Petschenegen standen, die den abentheuerlichen Russen den Weg verlegten und allen unmittelbaren Verkehr zwischen Konstantinopel und Kiew unmöglich machten. Schon unter Schwatoslaws unmittelbaren Vorfahren (879, 944) sind die Russen dreimal in großer Macht vor Byzanz erschienen und sich das vierte mal nur durch Bitten, Gold und Tribut des verzagten Imperators besänftigen ließen. Swätoslaw war aber nicht der Mann, der sich hinter der Donaumündung glücklich fühlte, er drang gegen den Don, Kaukasus und Pontus bald mit gleicher Heftigkeit vor, bis ihn die Thorheit des griechischen Hofes durch

Ueberfendung von 15 Centner Goldes zu einem Angriffskrieg
wider das verhaßte Bulgarienreich auf die Gipfel des Hämus
rief; der Großfürst erschien mit 60,000 Mann Fußvolk, schlug
die Bulgaren und nahm mit der Festung Dristra (Silistria) zu=
gleich das ganze Reich in Besitz (967.)" Diese bald vor tau=
send Jahren begonnene Politik, nicht bloß das Bulgarenreich,
sondern „das ganze byzantinische Reich in Europa sammt Böh=
men und Ungarn zu erobern," wie es der tapfere weit schauende
Schwatoslaw aussprach, ist den Russen Gesetz bis auf den heu=
tigen Tag geblieben, und es ist schwer zu glauben, daß jetzt die
Diplomatennoten und Türkensäbel leichter die Russen von Bul=
garien und Byzanz zurückhalten, als damals die 15 Centner
Goldes, wenigstens hat Kaiser Nikolaus kein Beispiel von Rück=
zug und Wankelmuth gegeben.

Scythischer Uebermuth und sarmatische Kraft, womit die
Russen schon den ersten Türkenhorden auf byzantinischem
Boden begegneten, ist übrigens nicht allein, was sie vor diesen
auszeichnete, und worin sie sich bis heute gleich geblieben sind;
die Slavorussen hatten wohl auch andere Vorbedingungen zu
einer großen Zukunft und zu einer weltgebietenden Macht: außer
dem Genius, der ihre Fürsten nie verließ, und außer der Beute=
lust, Tyrannenlaune und dem scharfen Geschmack nach Gold und
Gut, die sie auch nicht verlernt haben, zeichnete die Russen eine
ursprüngliche höhere Geistesrichtung in den Friedensgütern der
Bürgersitten, Kunstfertigkeit in Betrieb= und Gewerbsamkeit so=
gar vor den alten Germanen aus. „Nicht bloß der Edel=
mann war frei wie bei uns im Occident, bei den Russen gab
es damals — im zehnten Jahrhundert — schon einen freien
Bürgerstand in den Städten und sogar freie Ackersleute, während
im Westen alles Knecht und hörig war; Leben, Freiheit oder
Gold sühnten die Missethat, aber schlagen durfte Niemand einen
freien russischen Mann. Nicht bloß in persönlicher Würde, auch
in Kunst und Sitte, in Gewerbsamkeit standen die Bewohner
von Kiew und Nowgorod höher als das germanische Abendland.
Mit Vernunftgründen, nicht mit Peitschenhieben, regierte man
die Russen des zehnten Säculums. Die Großfürsten redeten

öffentlich vor dem Volke über das Gemeinewesen; aus freiem
Antriebe, mit Einsicht und Sachkenntniß sollte das Volk die Be=
fehle des Herrschers vollziehen." Fallmereyer.

Wenn die Russen in den geselligen Bürgertugenden, in der
Literatur und Religion bisher keinen Fortschritt gemacht und die
alte sklavische Leibeigenschaft noch nicht abgelegt haben, so findet
doch eine geregelte Ordnung der Stände, Gesetz und Gehorsam
überall statt und der Staat bildet eine Einheit des Mechanismus,
das Volk eine Lenksamkeit und Kraftfülle in der Hand welt=
kundiger Monarchen, daß man in der alten und neuen
Welt kein ähnliches Beispiel findet; die kräftige Natur
eines Volksstammes, ein gemeinsamer Sinn für das Vaterland,
eine gleiche „rechtgläubige" Religion der Gottesverehrung und der
Fürstenfurcht, zeichnet die Russen vor allen Völkern der
Erde aus. Ein solches Reich, denke ich, ist wohl etwas mehr
als ein Koloß auf thönernen Füßen, das jeden Augenblick in
Gefahr steht, in sich zusammenzustürzen, wie man es von ge=
schwätzigen Hohlköpfen so oft tituliren hört. Ein
Volk, das einem kräftigen Fürsten und einem unbestrittenen
Dogma gehorcht, ist unüberwindlich und hat unfehlbar eine Zu=
kunft. Beweis dafür ist: daß keine Noth und Drangsal, keine
Schmach und Niederlage die russische Standhaftigkeit bisher er=
schüttern konnte; ja — das Russenthum wäre im Gegentheil
wohl eher geeignet, eine Weltmonarchie zu werden, als es dem
macedonischen Alexander, den Triumphatoren Roms, dem
französischen Bonaparte möglich gewesen wäre, alle fremd=
artigen Elemente zu vernichten und alles Widerstrebende in dem
gemeinsamen Schooße einer Nationalidee zu verkörpern, wie es
in der russischen theokratischen Herrschaft liegt, wo der Staat
und die Kirche unter einem Oberhaupte eine geschlossene Einheit
bildet, wo Religion, Bildungs= und Industrieanstalten nur die
Hebel der Macht sind, — welche durch den militärischen Mechanis=
mus jene wunderbare Macht bildet, ebenso geeignet zum Bauen,
wie zu zerstören. Wie anders als durch eine solche maschinen=
mäßige Disciplin wäre es möglich gewesen, den Vagabunden=
geist der nomadischen Steppenvölker, der mongolischen Kalmuken,

Baſſiren, Kirgiſen, der Tartaren und Koſaken zu bändigen und einem Willen des großen Reichs dienſtbar zu machen, in feſten Wohnplätzen gezähmt friedſame Gewohnheiten anzunehmen, auf das Commandowort zu exerciren und ohne Murren willig in den Tod zu gehen? Eine ſolche Erſcheinung verdient wohl als das Ergebniß einer höheren Fügung angeſehen zu werden! „Von der Newa bis zum Araxes, ſagt der reiſende Moriz Wagner, von der Weichſel bis zum Eisſtrand Kamtſchatkas, eine ungeheure Rekrutenſchule, ein koloſſaler Heerbann mit maſſenhafter Schwere den Gegner erdrückend, an Größe ohne Beiſpiel. „Ob ein ge= waltiger Zweck auch die furchtbarſten Mittel heilige," darüber haben die Geſchichtsphiloſophen das Urtheil noch nicht gefällt; ein wenig ſchauerlich iſt die Methode immerhin, aber großartige Reſultate ſind unbeſtreitbar hervorgegangen: Länder, welche aller polizeilichen Verwaltung unzugänglich ſchienen, wurden organiſirt; Völker, die für immer der Kultur verloren ſchienen, wurden ihrer alten Lebensweiſe entwöhnt und genöthigt, Wege, Dörfer und Städte, nicht nur Kartoffeln und Mais zu bauen, ja Häfen zu einer Marine anzulegen; von den Wäldern der Polaken bis zu den Steppen der Tunguſen wurden Ordnung und Sicherheit geſchaffen; der Erfolg iſt ein hiſtoriſcher, beiſpielloſer, und der ruſſiſche Staat hat mit ſeinem Syſtem ein Fundament gebaut, wie kein Weltreich vor ihm."

Nun damit ſind wir eben auf dem Punkte ange= kommen, wo die Kehrſeite anfängt, die, wie bekannt, alle Dinge, und ſo auch Rußland, haben.

Durch dieſe Zeichnung will ich nur der Wahr= heit Zeugniß geben: daß der Slavismus ein volles Wort iſt und eine höhere Bedeutung hat, als man anzuerkennen ge= wohnt iſt; „das gemeinſame ſlaviſche Bewußtſeyn und die Stärke des Nationalgefühls" kann allen Völkern der Erde und namentlich den Germanen zum Beiſpiel dienen. — Was die Ruſſen insbeſondere betrifft, welche die eigentliche Idee oder den Kopf des Slaventhums repräſentiren, ſo ſtellen ſie uns ein Volk im wahren Sinne des Wortes dar; die Ruſſen ſind ein in Sprache, Denkart, Religion und Charakter ganz

eigenthümlich beseeltes Weltindividuum, voll Kraft und noch un=
entwickelter Geistesanlage, vor dem jede Nation ohne Ausnahme
Respekt haben soll.

Allein die Geschichte des Slavismus und des
Russenthums insbesondere zeigt uns auf der Kehr=
seite andere Eigenthümlichkeiten, welche uns von der
Ueberschätzung zurückhalten und ebenso die Furcht
benehmen, „als müßte die Welt zuletzt ein Panslavismus
werden;" das sei ferne — dafür ist überall gesorgt, daß die
Bäume nicht in den Himmel wachsen! Wie es keinen Panromanis=
mus und keinen Pangermanismus gibt, so wird es auch bei den
Slaven selbst keinen Panslavismus geben; es wird sich im Laufe der
Entwickelung hauptsächlich eine Dreigliederung der slavischen
Völkerfamilie bilden, und nicht ein allgemeines Russenthum, welches
wie die Franzosen unter den Romanen, wie die Deutschen
unter den Germanen den Kern, aber nicht eine absolute alle
übrigen Glieder in sich aufnehmende Einheit ausmachen wird.
Dagegen gibt es unüberwindliche „geographische" wie „historisch
geistige" Hindernisse: denn wie das Hämusgebirge und die
Donau den Südosten von Europa von den gleichförmigeren
Nordländern trennt, so sind die geistigen Elemente der Halb=
Slaven im Süden von der Art, daß ein völliges Aufgehen der=
selben in das echte Russenthum unmöglich bleiben wird; ebenso
wenig werden die westlichen Slaven, wie die Czechen in Böhmen,
die Kroaten, die Bosnier und Serben sich unter das Joch der
russischen Herrschaft beugen, wenn es dieser wirklich Ernst seyn
sollte, ein einiges Panslavenreich zu bilden; Polen insbesondere,
wenn auch in geographischer und geistiger Hinsicht mit den
Russen am meisten verwandt und durch das Schicksal diesen
bereits großentheils einverleibt, ist noch keineswegs auch ein=
vergeistigt, — Polen hat eine eigene Volksgeschichte, die nicht
vergessen ist und sicher ihre Nachwirkung haben wird — es dürfte
leicht eine Zeit kommen, wo die Erinnerung der Nationalität
die schlummernden und zerstreuten Glieder des todten Löwen
wieder lebendig macht, welche ohnehin dem großen Körper nur
angeflickt, nicht aber in Fleisch und Blut verwandelt ist; die

Eroberung und Zerstückelung Polens und die Einverleibung desselben in fremde Nationalitäten ist nicht keine naturgemäße gene-
tische Entwickelung, die sich von selbst ergab, und sie hat noch
überall mehr als ein beschwerendes Bleigewicht an den Ferſen
der fremden Mächte gehangen, weßhalb der absolute Abschluß
über Polens Zukunft keineswegs schon entschieden ist! Ein solcher
Abschluß ist von den am meisten dabei betheiligten
Ruſſen nicht zu erwarten, und ebenso wenig von den Romanen, er ist, wenn er zu einer allgemeinen Harmonie gedeihen
soll, einzig und allein von den Germanen einſt möglich: „daß
Polen einſt wieder ein eigenes Nationalreich unter den Slaven,
wie die Spanier und Italiener unter den Romanen bilden
werden,“ ist sogar wahrscheinlich, und es dürften dazu die Süd-
slaven der Türkei das dritte Glied der Slavengruppe im
Osten, wie bei den Romanen im Westen und bei den Germanen im Centro von Europa zu bilden bestimmt seyn. „Die Idee
des Panslavismus oder die mögliche Vereinigung aller Slaven-
stämme unter russischem Scepter“ ist ein Phantasiestück, worauf
slaviſche Enthuſiaſten ihre glorreiche Zukunft bauen, kurz-
ſichtige Deutſche am eigenen Heil verzweifelnd ihre Hoffnungen stützen und furchtſame Romanen den Untergang der
Civilisation erblicken.

Gleichwie die Natur in allen Dingen mit der Triebkraft
der Ausdehnung ins Unendliche unmittelbar zugleich auch die
Reaction enthält, so ist dieses Urgesetz auch in der Geschichte
der Völker überall sichtbar, und so namentlich auch in der Entwickelung der „slaviſchen“ Völker. Kein Volk kann mehr und
nicht weiter, als was in seiner ursprünglichen Anlage enthalten
ist; dadurch ist vorgesorgt, daß keines vor seiner Zeit untergeht,
keines aber auch seine Schranken überschreitet, innerhalb welchen
es seinen Beruf zu erfüllen hat. So wurde ein großer Theil
der slaviſchen Völker theils germaniſirt, theils namentlich Oeſterreich und Preußen einverleibt, da traten die Russen unter Peter
dem Großen mit dem reinſten slaviſchen Typus als Retter an
die Spitze des Slaventhums, nachdem derselbe in die asiatiſche
Rohheit das germanische Element eingepflanzt hatte. Nicht ohne

Grund werfen die Russen jetzt sehnsüchtige Blicke auf die
slavischen Länder im Süden, wie diese häufig ein Pan=
slaventhum unter russischer Herrschaft von Norden erwarten;
allein die Russen wie die Slaven überhaupt sind eben selbst erst
im Begriffe, sich auf eine höhere Stufe der Kulturentwickelung
zu erheben, und es kann wohl noch Jahrhunderte dauern, bis
sie auf gleicher Höhe des westlichen Europas stehen. Allein,
wenn es auch der ringenden Kraft ungestört gelingt, die tarta=
rische Barbarei gänzlich abzulegen und in ein mehr constitutio=
nelles Volkswesen zu verwandeln, so muß berücksichtiget werden,
daß die westlichen Völker der Romanen und Germa=
nen indessen nicht stille stehen, auch sie werden in der Kultur
ihrer Berufssphäre zum Ideal der Humanität fortschreiten, und
so wird der ursprünglich individuelle Naturantagonismus des
Nordosten und Südwesten nie ganz erlöschen, welcher so tief
im Fleische begründet ist, daß „sogar zwei verschiedene Arten von
Bandwürmern in ihren Eingeweiden" hausen. „Das germa=
nische Princip" wird „der slavischen Stärke" im großen
Weltkampfe immer wie von je den positiven Gegenpart halten,
weil zuletzt immer der Geist der Intelligenz den endlichen Sieg
davonträgt; denn die Zerrissenheit der germanischen Völker
ist im Begriffe, ihre verschiedenen Tendenzen auszugleichen und
eine einheitliche Kraft zu gewinnen, welche nicht auf Eroberung
von Ländern, sondern auf Vermittelung der Extreme und der
wahren Nationalinteressen ausgeht. Die slavischen Stämme
selbst, erzogen und herangebildet unter den Germanen, wie die
Böhmen, die Kroaten und die Polen sammt den Ungarn, werden
es in der Folge immer mehr einsehen, daß ihre Nationalität,
die kein Volk freiwillig aufgibt, sicherer auf der Seite der Ger=
manen als der Russen steht; die Grenzen, welche die Natur und
Geschichte befestiget hat, lassen sich von der Emphase einer pan=
slavischen Idee nicht so leicht verwischen, — in den Gliedern
der slavischen Völker sind die Zustände ungleich und von der
Art, daß sie mehr zu einem Organismus von sich gegenseitig
bedingenden Theilen, als zu einem bloßen Sammelgemisch aus=
zuwachsen geeignet erscheinen, in welchem die Nationalgeister zu=

sammenfließen und die individuellen Kräfte untergehen würden, was in dem slavischen Charakter ebenso wenig begründet ist, wie in dem romanischen und germanischen; darin liegt auch das sicherste Mittel gegen die Einheit und Uebermacht des russischen Panslavismus, die Polen, die Böhmen, die Kroaten, die Walachen und Serben werden nach Sinn und Herz nie wahrhaft russisch werden, wenn sie auch unterjocht werden können, weil sie nur das Slavische, aber nicht das Stockrussische lieben. Dazu erscheint ferner noch der eingeschobene Keil der Ungarn als ein unüberwindliches Hinderniß, welche zwischen den Slavenstämmen offenbar mehr als ein Vermittelungsglied und zwar zuletzt sicher mehr auf der Seite der Deutschen als der Russen hinstehen werden, mit denen ihre historischen Wurzeln gar keinen Zusammenhang haben und wohl auch sonst kein Grund der Sympathie vorhanden ist.

Wenn schon diese „äußeren" Umstände geeignet sind, unsere Furcht vor der Uebermacht des Panslavismus zu mäßigen, so leidet Rußland überdem auch an „innerer" Schwäche, daß es wohl schwer halten wird, sich sobald davon zu befreien; so lange dieß aber nicht der Fall ist, so lange ist an keine wirkliche russische Hegemonie und am allerwenigsten über die Deutschen zu denken. „Daß Rußland große Hoffnung auf süße Früchte hegt," wer will es ihm verargen? allein auf das Blühen reicher Ernten hat in der Regel nur Anspruch, wer auch zu säen sich bemühte! In der Kultur der höheren Lebensgüter hat sich aber Rußland noch keinen Ruhm erworben.

Die extensive Größe Rußlands über so ausgebreitete Länder-strecken, die nicht einmal einen concentrischen Zusammenhang dar-bieten, und wo auch kein großes offenes, sondern nur Binnen-meere vorhanden sind, deren Ausgänge fremde Nationen bewachen, bietet schon von Haus aus keinen Stützpunkt dar zu einer un-überwindlichen Großmacht, ja — es liegt darin vielmehr die große unbekannte Schwäche Rußlands, welches, wenn es auf einer höheren Stufe der Kultur stünde, den gerüsteten Germanen und dem übrigen Europa gegenüber nie furchtbar werden kann. Die schon ursprünglich angelegten weiten Grenzen der großen

Steppen und einförmigen nur mit niedrigen Hügelreihen sich
hinziehenden Länder zwischen dem Eismeer, der Ostsee und dem
schwarzen Meere sind so eigenthümlich — russisch, — daß das
Uebergreifen von allen Seiten die centrale Einheit gefährdet und
nur zu unorganischen Ansätzen frembartiger Elemente führt, die
keine innere Verwachsung gestatten, sondern bei jedem zeitlichen
Anstoß wieder abspringen; andererseits ist Rußland innerhalb
seiner natürlichen Grenzen so übermächtig, daß äußere Eingriffe
niemals ungestraft wieder umkehren werden, sowie es seine Hände
leicht nach allen Seiten ausstrecken kann, hier zu necken, dort zu
drohen oder auch wohl etwas anzupacken, was andere gern un-
berührt wissen möchten. Diese Eigenthümlichkeit der Landesverhältnisse stimmt so genau mit der Geschichte von Rußland und seiner Verfassung, daß der Entwickelungsgang zwar
nur langsam, aber dauerhaft fortschreiten, dabei auch nicht leicht
weder von außen noch innen durch Revolutionen gestört werden
kann; wohl aber selbst gefährden kann sich Rußland, wenn es
außer seinen Grenzen die Stützpunkte seiner Macht begründen
und in äußeren Zweigen seine Kraft vergeuden will, die nur in
seinem Kerne sitzt.

Rußlands gewaltige Stärke besteht in dem theokratischen
Regimente, in welchem die chaotischen Kräfte des weiten Reichs
dem Impulse eines denkenden Willens unbedingt folgen — darin
liegt aber auch die gefährliche Schwäche, wenn das maschinen-
mäßig geleitete Volksbewußtseyn erwacht! Rußland wird es nicht
immer gelingen, alle frembartigen Elemente zu vernichten, noch
weniger durch Erweiterung seines Gebietes ein Weltreich zu
gründen, in welchem alle Gegensätze antirussischer Nationalitäten
ihre Selbstständigkeit aufgeben, um sich entwürdigend in das
dunkle Gebrau eines dämmernden Bewußtseyns zu versenken;
durch ein feckes Vorgehen, um fremde Ernten einzusammeln,
wird Rußland des eigenen Stützpunktes verlustig, womit es einer
Reorganisation nur um so schneller entgegengeht, die ohnehin
nicht ausbleiben kann, weil alles Leben ein fortschreitender Entwickelungsproceß ist, und weil das geschichtliche Leben eines Volkes
nicht gegen, sondern durch den Wechsel bestehen muß! „Den

inneren Widerspruch der Geister der jetzigen Weltepoche¯ in den
politischen und religiösen Streitigkeiten zu versöhnen," ist Ruß=
land aber auf der heutigen Stufe der Kultur am allerwenigsten
geeignet. Es wird also von außen wie von innen gezwungen
werden, den stationären Zustand zu verändern; denn die bereits
begonnene Industrie des Landes, der nicht abzuschließende aus=
wärtige Verkehr des Welthandels und die damit zusammen=
hängenden politischen Verknüpfungen erweitern die Interessen
nicht bloß des zeitlichen Besitzes, sondern auch des individuellen
Selbstwerths und des freien —. cosmopolitischen und religiösen
Gedankengebrauchs. Rußlands monarchische Despotie war auf
der bisherigen Kulturstufe eine Wohlthat und eine nothwen=
dige Einrichtung, um die Massen zusammenzuhalten und einen
Staat auf festen Grundlagen heranzubilden, auf welchen ein
großes Volk einer Zukunft einer weiteren Entwickelung und der
Erfüllung seines höheren Berufes entgegengehen kann.

Rußlands gewaltige Stärke nach außen besteht in der Or=
ganisation des Militärwesens und in dem ungehinderten Gebrauch
aller beweglichen Güter des Landes wie der Massen des Volkes;
das russische Regiment besteht in der Willführherrschaft über die
gesammte Oekonomie des Landes; die Güter und das Leben hat
keinen andern Zweck, als die Verherrlichung, die Ehre und den
Reichthum des Absolutismus, zunächst des Autokraten und seiner
Umgebung, des Adels bis herab in die untersten Zweige des
Beamtennetzes — darin liegt aber auch Rußlands gefährliche
Schwäche; denn — das wahre Interesse der Staaten besteht nicht
in der politischen Existenz und Unabhängigkeit einzelner bevor=
zugter Glieder, sondern in dem Wohl des ganzen Volkes, das
für die Dauer auf die Stützen der Moral und des Rechts, und
nicht auf die Bajonette der Söldner und der Polizeiwache ge=
stellt werden muß. Die im Westen von dem sogenannten „großen"
Ludwig XIV. erfundene dynastische Kabinetspolitik und Militär=
einrichtung hat im Osten Europas ihren Glanzpunkt der Raffinerie
und der mechanischen Vollendung erreicht. „Wie es aber mit
der Moral und dem Rechte in Militärstaaten hergeht," erzählt

uns die Geschichte aller Jahrhunderte, und in Rußland
insbesondere ist die Bestechung und Käuflichkeit von den höchsten
bis zu den niedersten Stellen der Verwaltung herab niemals ein
Geheimniß gewesen; das kann aber nicht so bleiben, wenn die
Geschichte Rußlands eine Zukunft hat, und eine solche hat sie
(nach dem Vorhergehenden) — denn die Geschichte eines Volkes ist
nicht ein mechanisches Geschichtetes, sondern (wie ich oben gezeigt)
eine Bewegung im Wechsel des Lebens und die Geschichte eines
Hauptvolkes ist ein geistiges Zunehmen und ein organisches Wachsthum der Festigkeit; wahren, dauernden Bestand hat aber ein Staat
wie alles Menschliche nur dann, wenn das Gewordene nicht
nur das ist, was es werden konnte, sondern auch, was es werden
soll.   Denn das Soll führt das auf der Basis des Könnens
Gewordene zur Spitze des Endziels! Nun steht aber der russische
Staat offenbar noch auf einer sehr niedrigen Kulturstufe seines
Werdens, denn das russische Reich ist noch sehr weit von der
Bestimmung des Seynsollens, welches in der Veredlung der
höheren Fähigkeiten des Geistes zur wahren Humanität besteht;
auf diesem Wege wird also auch das russische Reich noch großen
Veränderungen in seinen politischen, moralischen und ökonomischen
Einrichtungen entgegengehen: die Besitzlosigkeit und Leibeigenschaft der Massen, der Mangel aller höheren Industrie, sowie
eines selbstständigen Bauern- und Bürgerthums, das Fehlen einer
allgemeinen Rechtspflege und aller elementaren Volksbildung,
die Vernachlässigung und Geringschätzung der höheren Bildungs-
anstalten für Literatur und Kunst, für Moral und Religion,
also das sehr schwache Bewußtseyn der Humanität ist eine allen
Slaven, die nicht germanisirt sind, anhängende Eigenthümlichkeit;
darin eben liegt der klare Beweis der annoch sehr niedrigen
Kulturstufe, zugleich aber auch der inneren Schwäche, denn —
die wahre nachhaltige Kraft besteht nicht in der physischen Stärke
und nicht in der Vollendung eines mechanischen Organismus,
sondern in der Harmonie der organisirten Geisteskräfte, worin
die romanischen und germanischen Völker bei weitem höher
stehen; der russische Militärorganismus mag für den
Krieg zu einer hohen Vollendung gebracht seyn, allein nicht das

Heerwesen ist der letzte Zweck der Staatsinteressen, sondern nur das Mittel der politischen Existenz. Kein Militärstaat kann in die Länge bestehen, der nur in den Eroberungen nach außen und in der physischen Gewalt im Innern seinen Beruf erkennt, — nicht Krieg, sondern der Frieden ist das wahre Interesse und der Zweck der Staaten, innerhalb welchen die Moral und der Rechtszustand des ganzen Volkes das Hauptaugenmerk jeder Regierung seyn muß; Kriege werden mit der steigenden Kultur immer seltener und kürzer, ja — sie werden unmöglich werden, sobald die Völkerfamilien ihre gegenseitige Existenz geordnet und ihre individuelle Oekonomie unter den Schutz eines allgemeinen öffentlichen Rechtszustands gestellt haben werden; Kulturstaaten bedürfen dann auch der stehenden Heere nicht mehr, welche nur das Mark des Landes verzehren, obgleich sie nichtsdestoweniger die Wehrkraft des ganzen Volkes, aber nicht mehr bloße Söldner organisiren werden, denn — die wahre Stärke und Sicherheit eines Staates beruht auf der Uebereinstimmung der Volksgesinnung in Noth und Tod. Der bewaffnete Friede ist ein heimlicher Krebsschaden der Länder: Regierungen mit bloßen Söldnern vor sich haben gewöhnlich die Revolution hinter sich; sie müssen den ganzen Volkswillen für sich haben, wenn sie auf Sicherheit und Dauer rechnen wollen — die wahren Prätorianer bildet das ganze Volk, welches gesittet Recht und Ehre kennt, von dem Gemeinde-Bewußtseyn und nicht mehr bloß von der Laune eines unbekannten Einzelnwillens geleitet wird.

Ueber Rußland insbesondere kann also das Urtheil mit ziemlicher Bestimmtheit so gestellt werden: daß es in geographischer und nationaler Hinsicht die Basis zu einem großen und mächtigen Volksthum bereits festgestellt, wenn gleich seine Grenzen noch nicht abgeschlossen hat; daß es seine wahre centrale Kraft der Sicherheit nur innerhalb dieser Grenzen als unbezwingliche Macht behalten wird; daß Rußland, wenn schon mit einem einheitlichen Volksbewußtseyn eines gemeinschaftlichen Daseyns und als der Hauptträger der Idee des Slaventhums, doch nie einen Panslavismus, eine Vereinigung aller Slavenstände unter ein gemeinschaftliches Oberhaupt zu Stande

bringen wird und noch viel weniger eine Zukunft einer Welt=
herrschaft wie Nordamerika in sich trägt; daß es aber an der
Spitze der slavischen Völkerfamilie ebenbürtig bereits das euro=
päische Bürgerrecht besitzt und dasselbe vertreten wird, wenn es
gleich noch auf der niedrigsten Kulturstufe der europäischen Völker
steht, ist ebenso klar, denn nicht nur besteht das russische Reich
aus noch ganz rohen zum Theil heidnischen Völkerschaften, son=
dern auch die Massen haben noch kaum die ersten Elemente der
Bildung empfangen, weßhalb Rußland den übrigen Völkerfamilien
auch nie gefährlich werden kann.

Rußlands Selbstständigkeit wird indessen Niemand in Zweifel
ziehen, sowie auch das Streben zu den höheren Gütern des Lebens
und des sittlichen Daseyns wenigstens wach geworden ist. Mag
man den Russen Barbarenthum und Despotismus, herrschsüchtigen
Egoismus und Ländergier vorwerfen, so mag daran viel Wahres
seyn; dazu hat aber jede Nation ein gewisses Recht, und die
Russen als das jüngste der europäischen Völker thun, was alle
andern auch gethan haben, denn — ohne Egoismus gibt es
keine Volkskraft, kein nationales Streben, also auch keine Basis
zu einer höheren Entwickelung. Zu einer höheren Entwickelung
ist Rußland aber theils durch die vorhandene innere Anlage der
nationalen Bestrebungen befähigt, theils durch die Umgebungen
der äußeren Weltverhältnisse eben im Uebergange begriffen; bis=
her ist dasselbe geworden, was es seyn kann, es ist in der
Ausbildung seiner Grenzen und seines Leibes langsam, aber
sicher fortgeschritten; in Zukunft wird seine Entwickelung und
der Fortschritt mehr in dem bestehen müssen, was es seyn soll,
sein Streben wird in der Entfaltung der höheren sittlichen und
geistigen Anlagen des Volkes aus der bisherigen Lethargie zu
individueller Freiheit und dem persönlichen Menschenbewußtseyn
geweckt werden müssen — auf dem künftigen Wege „des Seyn=
sollens" wird „das Seynkönnen" auch nur um so sicherer inner=
halb der richtigen Grenzen abgemessen werden, weil man mit
dem Höhersteigen auf die Kulturstufen „des Sollens" immer
weniger unternimmt, „was nicht seyn kann"! Es ist übrigens
vorauszusehen: daß Rußland „innere Krisen" auch nicht

fehlen werden — weil alle organisirenden Vorgänge durch einen
inneren Kampf der Naturkräfte und jede freie Kraft durch neue
Pulsschläge entschieden werden; aber „die Selbsterhaltung" des
individuellen Russenthums wird auch bei allen stürmischen
Vorgängen den Sieg davontragen, denn die äußere „physische"
und innere „geistige" Kraft ist in der vorhandenen Anlage schon
auf der Grenze des Natur= und Kulturstandes so fest gegründet,
daß schädliche Einflüsse und Zufälle sie nicht mehr zu erschüttern
vermögen, so wenig als die reactionären Bemühungen einzelner
Parteien die Bewegung aufzuhalten im Stande seyn werden.

„Wie viel die übrigen Slaven hiezu beitragen und damit
treibend, beengend, störend seyn werden," ist nicht vorauszu=
sagen: Rußland wird aber ohne oder mit mehr Slaven bestehen,
ob diese in besonderen Theilen fortbestehen oder ein Gesammt=
reich stiften werden; eine compacte organisirte Masse, um Ruß=
land zu gefährden, werden sie niemals ausmachen, noch viel
weniger aber wird der Stämme Unterschied aufgehoben werden,
um sich in einen gemeinschaftlichen Familiengeist des Panslavis=
mus zu verschmelzen.

Wie und wo immer ein Widerstand sich finden wird, er
wird nur anregen, aber dadurch der inneren Kraft vielmehr
Nahrung zu der individuellen Verstärkung des sich ausbildenden
Organismus bringen; das Bewußtseyn von der Einheit des
Volkes wird sich im Fortgange durch Hindernisse nur klären,
stärken, concentriren und ausscheiden, was der Krystallisation und
Homogenisation fremdartig widersteht! Rußland wird also in
seinen durch Sprache, Wohnort und Bildung höchst ungleichen
Völkerschaften eine volksthümlichere Einheit erlangen und sich
mehr und mehr dem übrigen Europa gleichstellen; bedarf es hiezu
gleichwohl noch einer langen Zeit und großer geistiger Fortschritte,
so stellt uns das Horoskop das Gelingen desselben
in sichere Aussicht. Freilich der Weg hiezu ist weit und der
Gang wird nach der „geistigen" Anlage und der „geographischen"
Länderbedingung ein nur langsamer seyn und viele Jahrhunderte,
vielleicht ein paar Jahrtausende dauern; allein nach der Anlage und
inneren Organisationsfähigkeit, nach der Verschiedenheit der äußeren

Naturbedingungen und dem Fortgang auf den Kulturstufen zur Humanität ist kein Volk dem andern gleich; aus dieser Ungleichheit läßt sich aber gerade die Bedeutung und Würde, die Stellung und der Beruf eines jeden insbesondere abschätzen, in wie fern es in der Gesammtgeschichte der Menschheit eine vorragende Haupt- oder Nebenrolle zu spielen bestimmt ist! Beiläufig hier zu bemerken, bilden die Slaven in dieser Hinsicht den geraden Gegensatz der Germanen, denn außer den genannten Eigenschaften, welche darthun, daß dieselben das Salz, die Staaten vor der Fäulniß zu bewahren, nicht besitzen, fehlt allen Slavenstämmen wie den Romanen eine kultivirende cosmopolitische Colonisationsfähigkeit, sowie der Sinn, das christliche Religionsprincip weiter auszubilden, und die gehörige seemännische Anlage zur Beherrschung der Meere; daraus geht allein schon hervor: daß sie den Germanen bei weitem nachstehen, und daher eine universelle Rolle zu spielen unfähig und also auch nicht dazu berufen sind. Daß die Slaven und die Russen insbesondere die Deutschen einzuholen oder ihre Stelle in der Bildungsgeschichte einzunehmen nie im Stande sind, geht schon aus dem überall langsamen Fortschritt und dem schwachen Trieb zu der höheren idealen Bildung hervor: sie sind im Wesentlichen nicht weiter als zur Zeit der Mongolen-Einfälle, denn größtentheils sind sie noch Hirtenvölker und Hörige; ferner kommt noch ein Haupthinderniß zu der knechtischen Natur der Slaven, das der weltlichen Regierung nämlich unterworfene religiöse Princip der völlig stille stehenden orientalischen Kirche im Cäsaropapismus, die eine servile Magd des Staates geworden, und nicht eine für die göttliche Wahrheit streitende, die Nomaden zähmende und die Sitten reinigende unabhängige Menschenbildnerin ist; ferner ist die barbarische Behandlung der Universitäten, indem man die Wissenschaften nach dem militärischen Zuschnitt einzwängen will, der schlagendste Beweis, daß Rußland von dem rechten Wege zur Humanität noch weit absteht; eine tiefere Würdigung dieser Umstände ist allein hinreichend, den langsamen Gang der Russen auf dem künftigen Kulturwege vorauszusagen, worauf es noch viele ernſte innere Kämpfe abſetzen wird, denn in dieſem Zuſtande, in welchem die Literatur und die griechiſche Kirche ſich heute be= findet, hat ſie keine Zukunft.

Die inneren Kriſen, von welchen die Ruſſen bisher nur ſpärlich heimgeſucht wurden, wenn man die rohen Militär= revolutionen der Demetrius und der Strelitzen ausnimmt, ſind bei dem künftigen Fortſchritt der Kulturbewegung wohl auch in politiſcher Hinſicht vorauszuſehen; denn die Scheidewände der kaſtenartigen Volkseintheilung dürften ſich ſchwerlich ſo ganz gemach von ſelbſt auflöſen; ein ſehr langes Fortbeſtehen derſelben in der gewohnten Weiſe würde aber der erwarteten Kultur= bewegung des Geiſtes widerſprechen und einen Zuſtand herbei= führen, welcher jenem von China eines völligen Stillſtandes gleichkommen würde, welches wohl am früheſten aus dem Natur= zuſtande ſich auf eine gewiſſe Stufe der Civiliſation erhoben hatte, aber wegen der Iſolirung mit der Außenwelt ſich aus der elementaren Grundlage · nicht erheben konnte, weder in Hin= ſicht der politiſchen Freiheit des Volkes, deſſen ſonſt fähiger und beweglicher Sinn in einem ſtarren Mechanismus verdumpfte, noch in Hinſicht der höheren ideellen Richtung auf dem Wege zur Humanität durch Religion, durch Künſte und Wiſſenſchaften.

Soll Rußland ebenbürtig Gleichberechtigung mit den übri= gen Völkerfamilien Europas genießen, wozu wir es ſammt den übrigen Slaven für befähigt erklärten, ſo muß der Gegenſatz, der allerdings zwiſchen dieſen Völkern noch etwas ſchroff ſtattfindet, ſich immer mehr ausgleichen, und eine engere Verbindung zu einem gemeinſamen Geſammtorganismus näher vermittelt werden. Die drei Völkerfamilien, von denen eine jede egoiſtiſch noch mehr bloß das eigene Intereſſe vor Augen hat, müſſen als die vorausgehenden Kulturvölker der Erde in der Folge ein allgemeines Streben in einer höheren Einheit inne= halten, welche das rein Menſchliche bezweckt. Rußland wird alſo ſchon deßhalb auf halbem Wege nicht zurückbleiben können; es wird zu einer weiteren Bewegung des Fortſchritts von „außen" wie von „innen" genöthiget werden; daß aber dieſes unausbleib= lich ſeyn wird, geht aus Folgendem hervor: erſtens „von innen" gehört Rußland wenigstens jetzt schon zur Klasse der Kulturvölker, es hat das höhere menschliche Princip bereits in sich aufgenommen, das Volk ist nicht mehr so ganz eine passive Masse, es hat wenigstens das Bewußtseyn einer volksthümlichen Existenz, das nicht lediglich in der Erhaltung des physischen Lebens, sondern auch der höheren Ideen des Menschlichen besteht; Rußlands elementare Kulturanstalten, die Industrie und Landwirthschaft beginnt in alle Zweige einzugreifen und eine Menge neuer Ideen, Kenntnisse und Bedürfnisse sind Zeugen eines neu begonnenen Entwickelungsganges, der schon so einschneidend ist, daß von einem Rückgang oder Stillstand gar nicht mehr die Rede seyn kann; es wird also die Tendenz des Staatsregiments „alles Krumme gerade zu machen, alles in eine politische Uniform unter militärisches Commando zu stellen, alle persönliche Freiheit und individuellen Willen zu binden" nicht gelingen, denn — das Leben ist im Großen wie im Kleinen ein Schaffen und ein un= aufhaltsamer Gang durch verschiedene Phasen des Daseyns! In seiner Grundanlage steht aber Rußland bereits so fest, und in seiner gegenwärtigen Individualität kräftiger da als alle an= dern Staaten, denn es beruht auf drei mächtigen Stützen: auf der Autorität des Selbstherrschers, auf dem Bewußtseyn der Ratio= nalität und auf der unbestrittenen Gleichheit der Orthodoxie; — zweitens „nach außen" steht Rußland dem Einflusse theils höher gebildeter Völker unabweisbar hingegeben und theils ist es von roheren Völkern umgeben, welche in der Strömung neuen Lebensbegriffen nothwendig Rußland mit in die Bewegung und in einen unaussetzbaren Verkehr ziehen müssen, so daß es, um in seiner positiven Selbstständigkeit zu verharren, zu allen Mitteln wird greifen müssen, welche die höhere Kultur darbietet; Handel und Verkehr sind aber schon allein die Mittel zur Völkerverbind= ung nicht nur, sondern auch zur Verbreitung der Civilisation, denn mit civilisirten Völkern in Verbindung gebracht, hört das rohere Volk auf, ein passiver Zuschauer zu seyn, neue Ideen von außen stecken die inneren an und leiten auf neue Bahnen, das bisherige Leben, wenn auch nicht zu verlassen, doch wenigstens umzugestalten. — Der Mensch strebt zu sinnen und zu begreifen,

was ihn umgibt und was er thut nach Grund und Zweck und
bleibt nicht mehr so gleichgiltig in Freud und Leid! Es ist leicht
einzusehen, daß die aufstrebenden Völker in diesem Gestaltungs=
processe das Gleiche anziehen und das Ungleichartige, Unbildsame
ausstoßen, daß sie also die individuelle organische Abgrenzung
des Reichs erst in einem reiferen Alter zu Stande bringen.
In dieser allgemeinen Physiologie des Russen=
thums ist demnach keineswegs gesagt: daß die äußeren Grenzen
unveränderlich schon festgestellt sind; Veränderungen im Innern
wie nach außen werden künftige Krisen nothwendig mit sich
bringen, und es mag auch an Gefahren und unerwarteten Grenz=
und Länderveränderungen nicht fehlen, wenn Leidenschaften und
falsche Politik an die Stelle der bisherigen politischen Klugheit
und feinen Berechnung der russischen Staatsregierung treten
sollten; aber eine gänzliche Gefährdung der russischen Natio=
nalität ist so wenig zu erwarten, als wie sie bei den Fran=
zosen unter den Romanen, und bei den Deutschen unter den
Germanen nicht zu erwarten ist.
Will man dagegen einwenden, „daß Rußland, um
sich in seinem gegenwärtigen Zustande zu erhalten, leichter als
irgend eine Nation sich abschließen kann und daß sein innerer
Staatsmechanismus in dem Volkscharakter so fest gegründet sei,
daß eine Umgestaltung nicht zum Fortschritt, sondern eher zur Auf=
lösung führen würde," so ist darauf zu erwidern: daß erstens
Rußland ohne Nachtheil sich nie mehr ganz absperren kann, weil
dadurch seine eigene Bewegung gehemmt und die Kräfte gelähmt
würden, und ferner kann der Kreis gar nicht so abgeschlossen
werden, weil Rußland das selbsteigene Heraustreten nothwendig
hat; zweitens wird der mechanische Fortbestand durch die schon
begonnene und sicher weiter fortschreitende Emancipation in der
Folge sich selber lösen und dadurch wird auch das begonnene
und einst nothwendige Aufhören der Leibeigenschaft sich von selbst
ergeben, damit führt das zunehmende Recht, Besitz und Eigen=
thum zu erwerben, wodurch der Mensch nicht mehr bloß für die
Gegenwart, sondern auch für die Zukunft sorgt, nothwendig zur
individuellen Persönlichkeit, und diese hebt den Unterschied zuerst

im Kleinen, nach und nach aber auch die Vorrechte und das Kastenwesen auf; daß daraus dann erst der weitere (angedeutete) höhere Kulturfortschritt zu Privatrechte und Privattugenden und zu den höheren Stufen des rein Menschlichen in der mitwirkenden Pflege des Religionsprincips, der Künste und Wissenschaften führen wird, versteht sich von selbst.

Wollten wir dem Minutenzeiger unseres Horoskops weiter folgen, so ließen sich wohl noch mehr ins Besondere gehende Prophezeiungen zwischen den Grundzahlen herauslesen; unsere Absicht ist jedoch nur, in großen allgemeinen Zügen den künftigen Entwickelungsgang zu zeichnen, wie er mit der größten Wahrscheinlichkeit „die russische Geschichte" erfüllen wird. Näher an geht uns aber „die nächste Zukunft und der vorzügliche Beruf des Slaventhums und der Russen insbesondere," worüber man sich nach dem Vorhergehenden nun wohl zu einer bestimmteren Beantwortung einlassen darf.

Die große Frage ist hier folgende: „wohin liegt der Schwerpunkt des Slaventhums in geographischer, geschichtlicher und volksthümlicher Hinsicht? Die Antwort lautet ohne Widerrede: nach Südosten. Daraus folgt der vorgezeichnete Gang, den zunächst Rußland allein mit Sicherheit einzuschlagen und auch in der Folge für seine Berufserfüllung zu folgen haben wird!

In „geographischer" Hinsicht dehnen sich die Schranken Rußlands von Lappland bis in die Krimm und den Kaukasus, von der Weichsel bis Kamtschatka zu einem ungeheuren Umfang aus, wie es noch niemals ein Reich gegeben hat. Diesen Raum nimmt ein natürlich verwandter Volksgeist von unzähligen halb civilisirten, halb wilden Stämmen, „geschichtlich" zwar nur dünne besetzt, ein, den man aber füglich das russische Vaterland nennen kann, über welches hinaus der Russe mehr auf Abenteuer und Irrgang sinnet, als daß er die Größe und Sicherheit der Heimath befestiget, sowie gegentheils dieselbe von fremden Einfällen schwerlich viel zu fürchten hat. Es dürften zwar in ferner

Zukunft Sibirien und die Mongolenvölker im Osten sich
emancipiren und von Rußland ablösen, sowie im Westen die
germanischen Ostseeprovinzen und Polen leicht einen andern Herrn
suchen könnten, von woher Rußland hauptsächlich seine Civilisation
empfangen hat, und in der Folge zu einer inneren Durchbildung
auch vorzüglich wird erhalten müssen; allein dadurch würde Rußlands wesentliche Kraft nichts verlieren, sein Vermittelungsberuf
nach dem Osten Asiens würde deßhalb nicht aufgehoben werden,
wie das wieder hergestellte Polen und ein vereinigtes Germanien auf dem Wege friedlicher Berührung Rußlands höhere
Kultur nur befördern und mit dem Abendlande in Kirchen- und
Staatsangelegenheiten näher ausgleichen würde.

Allein „liegt Rußlands Schwerpunkt nicht vielmehr nach
Westen, gegen die politisch unfähigen und ohne einen gemeinsamen Führer, einer zerstreuten Heerde gleichenden, in Religion
und Nationalität unselbstständigen Deutschen? Wird Rußland
nicht seine natürlichen Grenzen an den Thoren des Ostsee-Sundes
wie an jenen des Hellesponts suchen? Ist sein Beruf nicht vielmehr, das Slaventhum an die Spitze der Weltherrschaft zu erheben, und an der Stelle der servilen altersschwachen Germanen,
wie diese einst beim Verfall des Römerthums, die Kulturvermittel-
ung der Völker zu übernehmen?" Hierauf wird der geneigte
Leser ohne Zweifel die Antwort von selbst aus dem
Vorhergehenden fertig haben; es mag jedoch hier
vorläufig, bis in der Folge das Horoskop von Deutschland ein Weiteres bringen wird, Folgendes von
einer solchen Unmöglichkeit zur kurzen Erläuterung
dienen!

„Daß der Zug der Slaven von Anbeginn nach Westen
gerichtet war," ist aus der Geschichte bekannt; „daß die Russen
ihren Appetit in derselben Richtung fortwährend mit neu
einverleibten Ländergebieten zu stillen pflegen," ist männiglich
bekannt; „daß dieselben im Herzen stille Rechnung machen, über
die unruhigen, speculativen und uneinigen Deutschen einstens
wenigstens die Oberherrschaft zu führen oder dieselben gar
als unentfliehbare Beute unter den moskowitischen Pelzmantel

zu stecken," soll keineswegs in Abrede gestellt werden. Ebenso wenig ist uns unbekannt, „daß fromme gemüthliche Deutsche in dem sündhaften Zustande ihres Vaterlands nur den unrettbaren Verfall erkennen und die ihren Weltschmerz, den Trost und die Hoffnung einzig und allein auf das conservative jugendlich kräftige Rußland setzen." Wer wollte da einerseits den Lebenstrieb und das sehnsüchtige Streben zum Fortschritt und von der andern Seite die Trauernden an den in alle Weltrichtungen auseinander fließenden Wassern Germaniens tadeln oder gar sie beneiden, wenn sie unter dem grauen Himmel der russischen Steppen in den einsamen Hütten und in den mit Ruß gefirnißten Kibitken der Kalmuken eine friedliche Anachoretenheimath suchen, oder wenn sie gar in den weiten mit Wolfsheerden belebten Wäldern mit der Peitsche des Tabuntschick in der Hand Buße thun?

Gegen die Beglückung, den Schutz und Schirm der Russenherrschaft protestirt fürs erste die laute Simme der gesammten germanischen Volksstämme und nicht nur der Deutschen allein, welche wie von jeher wohl auch in aller Zukunft die geringste Lust haben werden, bei den Slaven in die Schule zu gehen. Sollte aber dessen ohngeachtet „der russische Koloß" sich nach Westen wälzen und in Deutschland festen Grund für seinen Schwerpunkt suchen — was ich der viel zu klugen Rechenkunst der Russen nicht einmal zutraue — so müßte vor allem das baltische Meer eine unbestrittene russische See werden. Dagegen werden die Schweden und Dänen nicht allein Einsprache erheben, welche schwerlich gutwillig sich dem russischen Scepter unterwerfen, sondern es werden außer den angrenzenden Deutschen auch noch insbesondere die fernsten germanischen Stammglieder, die Engländer, mit ihren schwimmenden Festungen in den Weg treten und einen unübersteigbaren Damm bilden. Ohne die offenen Thore „beliebig in die Nordsee und in das mittelländische Meer aus- und einzugehen," kann Rußland seine Grenzen weder über Deutschland, noch über die byzantinisch-illyrischen Länder definitiv erweitern, und da dieß weder hier, noch dort möglich seyn wird, so wird auch die Karte von Rußland nach dieser Richtung wesentlich dieselbe bleiben.

Sollten a b e r deſſenohngeachtet die tapferen, todverachtenden und in keiner Mühe verdroſſenen Ruſſen ihren angebornen Nationaltrieb, „immer vorwärts zu rücken und auf dem Markte der Völker zuerſt pflichtgemäß die Türken im Süden zu verſpeiſen, ſodann der Reihe nach an Ungarn zu gehen und endlich im Weſten Deutſchland zu beſetzen," Luſt haben, ſo werden unzweifel= haft die für impotent gehaltenen Deutſchen, mit welchen unfehlbar und vielleicht gar nicht über lang auch die übrigen germaniſchen Stämme ſympathiſiren werden, wie durch einen heranbrohenden Gewitterſturm aufgeſchreckt ſich als ein einiger Mann erheben, ſobald die Ruſſen über die Weichſel vor= rücken und ihnen eine Streitmacht von wenigſtens einer Million Bajonette und 100,000 Reitern mit 1000 Kanonen entgegen= ſtellen, mit denen die Slaven ſchwerlich h e u t e glücklicher fertig werden, als in den früheren Jahrhunderten, als beide Theile an Kriegsmaterial und äußeren Hilfsmitteln der Kultur noch vielmehr einander das Gleichgewicht hielten; denn jetzt iſt Deutſchland in dieſer Hinſicht unvergleichlich im großen Vortheil, weil die Heereseinrichtung des deutſchen Staatenbundes ſo orga= niſirt iſt, daß nicht allein jene Zahl in kurzer Zeit mobil gemacht, ſondern auch die Reſerven und Ergänzung mit Leichtigkeit mittels der electriſchen Geſchwindigkeit des Telegraphennetzes und der ſich überall kreuzenden deutſchen Eiſenbahnen an ihre Beſtimmung gebracht werden können; an talentvollen und kriegsgeübten Füh= rern wird es den Deutſchen ebenſo wenig fehlen, als an der Kampfluſt und Nachhaltigkeit der geharniſchten Vaterlands= vertheidiger, die außerdem den Ruſſen auch noch der Zahl nach überlegen ſind, denn Deutſchland und Oeſterreich zählt 70 bis 80 Millionen Einwohner, welche bei einem ſolchen Kampfe für das gleiche Intereſſe ſicher auch mit gleicher Stimmung Hand in Hand gehen würden. Ein ſolcher äußerer Angriff einer Welt= macht, er komme übrigens woher er wolle, würde ſicher ſtatt der Unterjochung Deutſchlands vielmehr deſſen Einigkeit und vielleicht gar deſſen Einheit herbeiführen.

Hat Rußland vielleicht ſeine natürlichen Grenzen im Oſten über ſeine Binnenmeere hinaus noch nicht erreicht? wird es etwa

durch den Amur nach China gewiesen? oder hat es südöstlich
jenseits des Kaukasus von den Tartaren, Chiwaern, Tscherkessen
bis nach Persien und Kabul noch unerworbene Reiche in Empfang
zu nehmen und sich von den feindseligen Thorwarten zu befreien?
Werden die Russen nicht etwa sogar Indien gegen die Engländer
bedrohen?

Die Russen behaupten zwar, „daß sie die Schlüssel zu ihrem
eigenen Hause noch von keiner Seite besitzen, das Eismeer im
Norden ausgenommen, wo der 9 Monate dauernde Winter, ihr
treuester Alliirter, die unangefochtene Sicherheit bewahret; seine
natürliche Größe müsse sich bis an die Mündungen der Flüsse
und bis an die freien Pforten ins offene Weltmeer hinaus er=
strecken, Rußland müsse wachsen, um seiner gewaltigen Naturkraft
die angemessene Größe zu bereiten und somit das endliche Ziel
seiner Bestimmung zu erreichen.“

Nun wissen wir aber: daß das Wachsthum und die Größe
keines Lebendigen von dem Willen abhängt, daß überdem ferner
die geistigen Anlagen der Slaven und der Russen insbesondere
zu einem so weit aussehenden Ziel in gar keinem Verhältnisse
steht, und endlich daß die äußeren geographischen und Welt=
verhältnisse einer solchen überschwenglichen Anmassung als jeder
menschlichen Macht völlig unübersteigliche Hindernisse im Wege
stehen.

Allerdings bildet der Amur eine der wichtigsten Lebens= und
Pulsadern des asiatischen Rußlands, allein wie es im Westen
den Sund nicht von den germanischen Wegelagerern befreien
wird, so wird es den ungehinderten Durchgang in jene fernen
Länder noch viel weniger gewinnen, welcher überall von barbari=
schen besitzlosen Horden umschwärmt wird, sowie jene volkreichen
Länder in einer so weiten Entfernung weder erobert noch durch
Besatzungen erhalten werden könnten, weil die unerträgliche Kälte
im Winter und die Hitze im Sommer, in vielen hundert Meilen
weit unfruchtbaren Steppen und Sandwüsten durch unvermeid=
lichen Hunger und Durst jede geregelte Communication unmög=
lich machen; es kann als ein Axiom gelten: daß durch eine große
Wüste getrennte Länder niemals in eine nahe Verbindung ge=

bracht werden können! Abgesehen übrigens davon, daß die überall auf der Wache stehenden Engländer durch ihre Schifffahrt ungehindert in den bereits occupirten Ländern wohl gerüstet zur Abwehr bereit stehen, so wird eine slavische Herrschaft des Besitzes noch viel weniger in der Folge von Dauer seyn, als die germanische der Vorbereitung zu der unfehlbar in Indien wie in China vielleicht gar nicht mehr lange ausbleibenden Emancipation.

Die Macht und Größe eines jeden Reiches und also auch Rußlands besteht nicht in seiner Ausdehnung und in der Herrschaft über viele Völker, sondern in der einer Nation angemessenen Abrundung eines zusammenhängenden Territoriums und des harmonischen Zusammenhangs mit der volksthümlichen und staatlichen Gesetzmäßigkeit! Rußland kann also nicht durch Eroberungen jene Pforten nach fremden Ländern und auf das große Weltmeer gewinnen, sondern es kann nur durch friedliche und internationale Vereinbarung den freien Handel und durch Civilisation die seiner Anlage angemessene Stärke und Bestimmung erreichen. Rußland hat, wie mir scheint, für seine gebundene Freiheit des leiblichen Lebens die Schranken seiner äußersten Reichsgrenzen bereits erlangt, was darüber im Westen wie im Osten und im Süden hinausliegt, gehört nicht mehr zum centralen moskowitischen Lebenskern, und es wird deßhalb ein jeder Versuch einer weiteren Besitzergreifung für die Dauer höchst wahrscheinlich von allen Seiten mißlingen und mehr Verlegenheiten als Nutzen bringen.

„Nun endlich — das Reich von Byzanz, das Illyrisch-Eine, fällt es, wie es Fallmerayer glaubt, wenn es nicht mehr ein türkisches zu seyn vermag, nicht nothwendig als gerechtes Erbtheil in die Hände der systematisch und eingreifend auf dieses Ziel losgehenden Russen? Ist die gewaltige russische Suprematie im Osten von Europa nicht offenbar bestimmt, zunächst die zerstreuten und geknechteten glaubens- und blutsverwandten Glieder zu einer allgemein zusammenhängenden Einheit mit sich zu verbinden und dann erst vorzüglich vom Hellespont aus die Civilisation nach Asien zu vermitteln?"

Die Antwort hierüber ist bereits im Vorhergehenden wie in dem eben Gesagten enthalten, wir
wollen jedoch zur näheren Erläuterung und festeren
Begründung unseres Horoskops: „daß die europäische
Türkei zunächst den Slavobyzantinern anheimfallen und dieses
durch ihre natürlichen Verwandten und Nachbarn, die Russen,
geschehen werde, ohne daß jedoch dieselben das Illyrisch-Eine unter
ihre absolute Herrschaft einverleiben werden," noch Folgendes
hinzusetzen:
Es bringt zwar schon die geographische Lage der nach-
barlich aneinander grenzenden Länder, sowie die durch Ueberlieferung ererbte geistige Anwartschaft der Russen auf den Besitz
von Konstantinopel mit sich, daß sie es als ihre Mission ansehen,
das Barbarenthum des türkischen Halbmonds von dem europäischen Boden zu vertreiben und die schönen südlichen Länder der
glaubensverwandten Brüder in Besitz zu nehmen. Die Donau
und das schwarze Meer erscheinen ihnen ferner noch zu nahe
Schranken und der freie Besitz des Hellesponts ist ein zu lockender
Gegenstand, das mittelländische Meer durch die offene Pforte zu
erreichen, um nicht alle Adern anzuspannen, alle Hebel in Bewegung zu setzen, was ihnen um so leichter erscheint, weil es
die nahen freundlich gesinnten Großmächte des von jeher an den
orientalischen Angelegenheiten nur gering geschätzten Interesses
halber kaum in Rechnung bringen; die fernen westlichen feindlich
gesinnten hingegen gar nicht so zu fürchten haben, daß sie ihnen
ein wirkliches Hinderniß in den Weg legen können. „Die europäischen Völkerschaften des alten Byzanz haben in sich selbst
keinen Lebenskern, ein organisch politisches Gebilde zu entwickeln,
sie sind nur das Material der künftigen Ordnung der alten
Welt" sagt Fallmerayer; diese werden in der langen Erwartung auf ihre Erlöser von der Schmach und dem schäublichen
Drucke die Russen mit offenen Armen empfangen; allein der
Weg nach Konstantinopel, so nahe er scheint, ist durch breite
Ströme mit festen und beweglichen Schlössern gesperrt, durch
hohe Gebirge von schwer zu übersteigenden Hindernissen unendlich
erschwert, nicht nur die Türken allein stellen sich mit der alten

Wuth wohl gerüstet dem moskowitischen Erbfeind entgegen, auch England und Frankreich gebieten ein Halt, den herkömmlichen Rechten der lieben Türken ja kein Jota zu rauben, keine Spanne Landes zu nehmen. Es frägt sich unter diesen Umständen überhaupt: ob die Türkei nicht doch noch lebensfähig sei oder wenigstens bis auf eine etwa auch den Freunden gelegenere Zeit zur gemeinschaftlichen Theilung aufgeschoben werden könne? So sehr die Sache gegenwärtig im Flusse nach irgend einer Entscheidung zu laufen scheint, so ist dadurch offenbar so viel gewiß: daß die letzte Stunde noch nicht gekommen ist, aber eine dauernde Reform, eine wirkliche Emancipation der Türken ist eine Unmöglichkeit, weil der Islam in sich selbst faul den nothwendigen Verfall in sich trägt, da er auf Menschenhaß und Lüge beruht, und das Aufgeben des Systems Mahomeds ein sich selbst Aufgeben und also auch der Herrschaft und der Christenverfolgung ist, denn diese würden dann nicht nur als Gleichberechtigte, sondern als maßgebend an die Stellen ihrer bisherigen Tyrannen treten und die Türken wären keine Türken mehr, was undenkbar ist; freiwillig werden sie weder ihre Religion, noch ihre Länder aufgeben. Uebrigens haben es die Türkenfreunde selbst und gründlicher ausgesprochen: „daß die Erhaltung der Türkei ein Unding sei"; eine türkische sogenannte Reform existirt nicht, sie steckt nicht einmal in den Kleidern, und die Concessionsfermane des Sultans für die Christenfrömmler sind gerade so viel als die Bemühungen der auswärtigen Freunde, die Experimente der Türkencivilisation werden immer fehlschlagen, denn an Rohheit, Fanatismus, Rachesucht und Unsauberkeit gleicht kein Volk dem türkischen: die Fläterei und Lasterhaftigkeit in geschlechtlichen Dingen, wovon man im Occident gar keine Ahnung hat; die eingeführte allgemeine Betrügerei der Staatsbeamten vom Vesier bis zum niedrigsten Diener herab, wo Fürstenthümer dem Meistbietenden feilgeboten werden und ein Dränger und Blutsauger den andern überbietet; die Zwingherrschaft der Eroberer gegen die rechtslosen christlichen Rajahs, die 400 Jahre lang nichts besitzen, nichts vertheidigen, kein Wort des Zeugnisses abgeben dürfen, bloß weil sie sich zum christlichen Glauben bekennen und die Fähigkeit des

Familienlebens haben; die Verachtung, ja der Abscheu vor aller höheren menschlichen Bildung und namentlich gegen alle Völker des Abendlandes, scheinen doch wohl Ursachen genug zu seyn, daß die Türkengunst und Hilfe der Engländer und Franzosen unmöglich aus der Ueberzeugung und Nächstenliebe stammt, und daß dieselbe weder fruchtbringend, noch nachhaltig seyn kann. Wenn nun die Russen eben auch keine besseren Christen sind, so haben sie doch den christlichen Trieb, der ihren Türkenhaß veredelt und Nahrung gibt, wenigstens als Mittel zu dienen, das Haupthinderniß der Civilisation, die asiatische Barbarei im Osten Europas zu zerstören, und dieses allein ist schon ein unschätzbares Verdienst, wenn sie auch sonst gar keinen weiteren Beruf hätten.

Die schönsten östlichen Länder Europas sind seit 400 Jahren ein türkischer Blutfleck, durch Neid und niedrigen Krämergeist der Engländer ein gegenwärtiger Schandfleck, der von der Vorsehung offenbar den Russen zum Abwaschen aufbewahrt ist.

Eine Gemeinschaft der Gesinnung, ein Band der Eintracht der Gemüther zwischen Türken und Christen herzustellen, ist aller menschlichen Bemühung unmöglich — die einen oder die andern müssen Sieger bleiben über die unterworfene Race. Wenn nun die Christen seit 400 Jahren durch ein schweres Schicksal unter der Faust einer Gewalttyrannei ihrem Glauben treu geblieben sind, werden dieselben nun ihrem Glauben entsagen oder in der Zahl von 12 Millionen an physischer und geistiger Kraft überlegen, das Joch der verkommenen Muhamedaner noch lange ertragen, zu einer Zeit, wo der stammes- und glaubensverwandte Held an ihren Grenzen mit der Fahne des Kreuzes steht? Schmählicher Wahn, verblendete Kurzsichtigkeit!

Verschoben mag die Katastrophe werden, aber statt sie aufzuheben wird man die Arbeit und die Lösung den Russen nur um so sicherer in die Hände spielen. „Diese desorganisirte Masse — genannt: Türkei — mit ihren Außenprovinzen, von denen Niemand sagen kann: wem sie gehören, diese Gliederpuppe fremder Gesandten, die seine Bewegungen dirigiren, während sie von seiner Unabhängigkeit schwatzen, ist gerade die Sorte von Nachbarn, wie sie Rußland braucht, um seine Erbpolitik durchzuführen." Oder wie sonst und wodurch anders als durch die Russen kann, die Brücke über den Hellespont nach Asien eröffnet und der Osten von Europa mit dem Westen verbunden werden? Oder erwartet Jemand im Ernste, daß ein morsches Staatsgebäude, welches unter allen Umständen über Nacht zusammenzubrechen droht, das sogenannte europäische Gleichgewicht aufrecht halten werde? Oder, wenn das Glück der Völker wirklich auf einer solchen Wagschale beruht, auf welcher im Osten das türkische Reich, im Westen die allerchristlichsten Mächte das Gewicht aus= machen, werden sämmtliche Christenstaaten mit den Deutschen voran die unerhörtesten Opfer, die erbärmlichsten Demüthigungen der Pforte geduldig von neuem wieder darbringen? Nicht rück= wärts, vorwärts lauft das Rad der Geschichte und die unvermeid= liche Zukunft drückt schon mit unabwendbarer Gewalt an das Thor der Gegenwart! Je länger man das Türkenende aufzu= schieben sich bemüht und die Entwickelung der christlichen Be= völkerung verhindert, desto größere Verlegenheiten wird das Drama im Orient den westlichen Völkern bereiten; eine Revolution der christlichen Völker der Türkei wird nicht mehr sehr lange aus= bleiben — könnte eine solche nicht die in Europa überall lobernde Glut zur hellen Flamme entzünden? Und was soll mit jenen sich losreißenden Ländern, die an Rußland jedenfalls immer eine Stütze finden werden, geschehen? Wir wollen die vielen Mög= lichkeiten, aber die wenigen Wahrscheinlichkeiten, z. B. von einer eigenen illyrischen Macht, von Statthalterschaften, von beschützten oder getheilten Provinzen, gar nicht weiter besprechen, denn — die Sache wird sich unverhofft und unerwartet früher oder später von selbst machen, und einstens sicher in das rechte Geleis kom= men. „Eine unabhängige Selbstständigkeit aller christlichen Völker des byzantinischen Reiches von sämmtlichen Mächten garantirt," würde allerdings das Beste seyn und würde auch dem Wahne „des sogenannten Gleichgewichts" am besten entsprechen; es wird aber ebenso schwer die freiwillige Zustimmung erhalten, als eine friedliche Theilung unter den verschiedenen Ansprüchen der nahen und fernen Nachbarn zu erwarten ist.

Die Türkei ist in mehr als einer Hinsicht ein Objekt für die Schätzung des Civilisationsgrades des gesammten Europas! Das barbarische Regiment in Stambul war bisher ein bloßer Gegenstand des äußeren Sinnes der Täuschung und nicht des inneren Geistes der Wahrheit. Denn wie man früher sich mit Furcht und Schrecken von dem brüllenden Löwen fern hielt, so rauft man jetzt unter sich um die Beute des halbtodten Cadavers; den inneren wahren Gehalt des Türkenthums hat man ebenso wenig erkannt, als man gegenwärtig noch das höhere Bedürfniß des Friedens und den Werth einer harmonischen Ausgleichung fühlt. Wo aber der äußere Sinn noch mehr die Menschen regiert, als der innere Geist, da herrscht der Irrthum und der bellum omnium contra omnes, denn — ohne Geist sehen ist nichts im Zusammenhange der Wahrheit sehen, und das sogenannte Gleichgewicht wird durch den geistlosen Kampf der Sinne natürlich auch nur auf dem Gravitationssystem des Irrthums erhalten, welcher der Vater und Fortpflanzer des Mißtrauens, der Furcht, der Feindschaft, des Kampfes und des Todes ist; das Gleichgewicht der Staaten beruht einzig und allein auf Wahrheit und internationaler Gerechtigkeit!

Wie lange also immerhin das türkische Scheinleben fortbestehen mag, die Schwierigkeiten bei der endlichen Auflösung des Reiches werden dieselben bleiben; daraus geht hervor: daß sich noch gar nicht bestimmen läßt, wie fürs erste eine neue Organisation entstehen wird. „Daß Rußland niemals der unangefochtene Herr des Bosporus auf die Dauer werden könne," geht zugleich daraus eben so deutlich hervor; denn abgesehen davon, daß außer Frankreich und England, insbesondere auch Oesterreich und Deutschland den freien Besitz der illyrischen Länder den Russen nicht gestatten können, so würde die russische Herrschaft in den byzantinischen Ländern schwerlich in die Länge gutwillig hingenommen werden, denn die Serben, die Wallachen, die Bulgaren und Rumänen haben mehr altrömisches als neuslavisches Blut in ihren Adern und einen mehr auf das germanische als russische Element hingeneigten Sinn. Das Streben nach einer gewissen individuellen Freiheit und einer nationalen selbstständigen Entwickelung wird nicht lange ausbleiben. Der günstigste mögliche Fall der Russenherrschaft auf dem eroberten Boden von Byzanz wäre vielleicht, wenn Oesterreich die europäischen Länder in Besitz nehmen und das türkische Asien den Russen überlassen würde — schon die natürliche und geschichtliche Anziehungskraft weiset die Illyrier mehr an die österreichischen Stammverwandten, wie Serbien, Bosnien; allein weder für Oesterreich, noch für Rußland würde dadurch ein Segen entstehen, weil die Ungleichheit der Nationalelemente und die höheren allgemeinen Völkerinteressen damit ebenso wenig versöhnt werden.

Die Configuration der Landesverhältnisse, auf welchen der alte byzantinische Geist nur schlummert, aber nicht abgestorben ist, hat eine solche welthistorische Bedeutung für eine freie Vermittelung der Industrie und des einstigen Kulturlebens zwischen Asien und Europa, daß ein unabhängiges byzantinisches Reich unzweifelhaft früher oder später, wenn nicht durch Uebereinstimmung der Mächte, sicher durch die Fügung der Vorsehung entstehen wird, denn — die ursprüngliche Anlage einer Volksvereinigung auf einem bestimmten Ländergebiete ist für alle Zukunft von einer so nachhaltigen Bedeutung, daß der wahre Endzweck der zukünftigen Entwickelung mit der Vergangenheit so zusammenhängt, wie die Blüthe mit dem Samenkeim, wenn auch durch eine lange Zwischenzeit eine Art Scheintod von Schlummerleben stattfindet!

„Wie immer indessen die nächste Zukunft sich gestalten mag," eine bleibende Herrschaft des russischen Cäsaropapismus jenseits der Donaumündungen und an den Gestaden des Hellesponts verträgt sich mit den europäischen Interessen weder in „politischer," noch in „religiöser" Hinsicht auf keinen Fall; in Zukunft wird nicht einmal mehr die Nachbarschaft der Russenherrschaft auf dem schwarzen Meere und der Sulinamündungen für die Schifffahrt viele Hindernisse verursachen, denn der Bau einer Eisenbahn von Belgrad nach Salonika wird nicht ausbleiben und bietet weniger Schwierigkeiten als von Wien nach Triest, da dadurch der Handel und die Industrie ohnehin nach den türkischen Ländern und direkt nach dem aegäischen Meere sich wenden wird, was keinem Zweifel unterworfen ist; somit wird Oesterreich mit Ungarn das rechte Ostreich in welt-historischer Bedeutung werden, sowie dann die höhere germa-nische Mission erst nach dem Orient beginnen wird, um dann vielleicht nicht mehr direkt gegen, sondern mit Rußland friedlich den Segen der moralischen und materiellen Wohlfahrt nach Asien zu tragen; ja — ich möchte sogar behaupten: daß Oesterreich mit Deutschland schon jetzt (bei dem gegenwärtigen Kampfe Rußlands mit den Westmächten) den endlichen Ausschlag geben wird; für die weitere welthistorische Bedeutung Oester-reichs im genannten Sinne sind die Grundanlagen der Eisenbahn nach Osten und Süden, über den Sömering nach Triest die Vorboten, denen das Netz in Ungarn folgen wird, denn — wie im Mittelalter die Flüsse, im 16. Jahrhundert die Meere, so werden in Zukunft der Dampf und die Eisenbahnen den Völkerverkehr vermitteln! Ein Netz von Eisenbahnen in Un-garn und neue Schiffscommunicationen mit den türkischen Pro-vinzen wie mit dem abriatischen Meere von der Donau durch die Sava und Kulpa nach Fiume ꝛc. zeigt deutlich die Wege und Mittel, worauf mit der größten Leichtigkeit der germanische Fleiß und die geistige Bildung ohne Sulinamündung und schwarzen Meer sich Bahn nach dem Orient brechen wird und auf dem mittelländischen Meere einst eine Herrschaft von ungleich größerer Wichtigkeit erlangen dürfte, als sie Genua und Venedig im Mittelalter gleichsam als prophetisches Vorspiel besessen hat, zumal der große indisch europäische Waaren- und Personenzug über Suez bereits gegenwärtig definitiv in das Mittelmeer geleitet wird; das Mittelmeer wird daher vielleicht schon bald statt der Veröbung seit der in Schwung gekommenen atlantischen Schifffahrt aufs neue mit frischen Wimpeln übersät in die rüh-rigste Bewegung kommen.

Nach allen diesen angeführten Eventualitäten ist es klar: daß der alte russisch türkische Conflict nicht sofort durch den Krieg, nicht durch die Finessen der Diplomatie und nicht durch einzelne Personen oder Reiche entschieden werden wird —

das endliche Gericht fällt der Weltgeschichte anheim! Wenn der
Herrschaft der Osmanli unter der Aegide der heutigen Mächte
noch eine Frist gesetzt wird, so ist doch kein verständiger Mensch
in Europa und selbst der entschiedenste Vertheidiger der Integrität
der Türkei in England nicht, welcher an einen solchen politischen
Glauben mit Ueberzeugung festhält; im Gegentheil — alle
Welt erkennt die dringende Nothwendigkeit, wenigstens den euro=
päischen Theil derselben auf neue organische Grundlagen zu stellen;
das „Wie" aber ist das Räthsel, das Niemand zu lösen im
Stande ist. Ein selbstständiges neues byzantinisches Reich her=
zustellen, würde wohl von allen Seiten den entschiedensten Wider=
stand finden; eine Trennung in einzelne Vasallenstaaten der ver=
schiedenen Volksstämme würde die Furcht vor dem nordischen
Nachbar nicht aufheben; eine Vergrößerung des heutigen Griechen=
lands wäre, wenn auch das Einverständniß der Mächte möglich
wäre, weniger als ein halbes Werk; und endlich eine Theilung
der vielen Inseln und Länder würde der verschiedenartigsten In=
teressen halber unter den Mitbewerbern eher zu neuen Zerwürf=
nissen als zum Frieden führen — die Hauptforderung des Löwen=
antheils zwischen Rußland und England bliebe dabei dieselbe,
um die es sich überhaupt gegenwärtig handelt. Denn eben Ruß=
land und England sind die beiden Antipoden nicht nur wegen
des Regiments am Bosporus, sondern wegen der Herrschaft zur
See und der asiatischen Welt überhaupt; der Haß und die Freund=
schaft gegen die Türken ist es weniger, als der Einfluß, den
beide Theile nicht nur auf die Türkei, sondern weit über dieselbe
hinaus geltend zu machen im ewigen unversöhnlichen Streite
entbrannt sind. Die Türkei soll gegen Rußland das Vor=
werk bleiben, da es nicht angeht, daß England den größten
Theil davon selbst in Besitz nehmen kann, nicht so sehr des ört=
lichen Besitzes und des zeitlichen comerziellen Vortheils wegen,
als vielmehr für seine Intriguen und die Revolutionirung der
Völker ein offenes Feld zu behalten; nicht um das sogenannte
Recht der Türkei zu schützen, stellt England seine Flotten auf,
sondern um sich die Bahnen zu seinem Unrecht offen zu halten,
denn England übt mit seiner Gewalt überall eine Art Faustrecht

nicht so sehr zum Schutz des Schwächeren, als zum Schild der
Abentheurer. Das Wesen der sich bekämpfenden Gegensätze liegt
tiefer, als es bisher verstanden wird, es liegt in dem Kampfe
des conservativen und revolutionären Princips der absoluten
Monarchie und der demagogischen Wühlerei, deren Repräsentanten
Rußland und England sind. Wir überheben uns, hier
die Geschichte Englands und Rußlands weiter zu ana-
lysiren, um die beiderseitigen Elemente jener Principe hervor-
zuheben und das consequente Vorgehen in diesem Sinne aus-
führlich darzustellen — der nicht ganz unkundige Leser ist
ohnehin damit bekannt genug; weniger dürften indessen
die entschiedenen revolutionären Bestrebungen Englands, als
das unausweichende positive Vorwärtsschreiten des stabilen russischen Despotismus der Erinnerung vorschweben. Schrift und
Wort, offene und heimliche Diplomatie, Geld und Gut, waren
von jeher die Mittel, um Freund und Feind in der Nähe und Ferne
zu bethören; Jedermann kennt wenigstens die Geschichte
der Gegenwart. Das gelobte Land der Preß- und parlamenta-
rischen Freiheit beobachtete niemals eine unparteiische Neutralität,
seine egoistischen Zwecke trachtete es überall durch Fischen im Trüben
durchzusetzen, seine ältesten Alliirten verrieth es in der Zeit der
Gefahr, worüber der ganze europäische Continent Zeugniß gibt,
das schlechteste Gesindel aller Art, Verräther und Verbannte
aller Länder fand Schutz bei England, jede Revolutionspartei
wo immer wurde als Bethörungs- und Aufreizungsmittel benutzt,
um eine Consolidirung der Staaten zu verhindern, jede Wiederherstellung alter Zustände oder neuer Ansätze zur Stärkung und
Abrundung nach Bedürfniß und Befriedigung der Länder unmöglich zu machen; von England selbst eingeleitete Grenzbestimm-
ungen, durch Friedensschlüsse allgemein verbriefte Ländereintheil-
ungen wurden wieder aufgelöst, sobald irgend eine revolutionäre
Partei den Verband zerriß und für England einen Vortheil
herausstellte; hat ja — selbst ein englischer Minister (D'Israeli)
es vor Kurzem öffentlich durch Schwarz auf Weiß in seinen
Rathschlägen der Welt geoffenbart: daß nicht das Recht, sondern
die Faust, nicht die Freiheit, sondern der Terrorismus, nicht der

Friede, sondern die Empörung, ja nicht bloß der Krieg, sondern der Untergang der Nationen, wenn's möglich wäre, die Mittel seien, um die Interessen und die Ruhe Englands zu sichern. — Er sagt: „Die gegenwärtige Lage des Schwankens und Zauberns, der Regierungen des Continents, die revolutionären Freiheits= bestrebungen der Völker, möge unsere Regierung beherzigen, den Nationen zu sagen, daß wir ihnen ein Glückauf zurufen zu ihren Versuchen, ihrer Fesseln los zu werden. Wenn unsere Erklärung unzweideutig abgegeben wird, so wird sie niederfallen wie eine Kugel heiß und feurig vom Throne des ewigen Gottes. Die Ungarn, die Polen und mehrere nicht mehr selbstständige Völker, eifrig ihre Rechte geltend zu machen, und überzeugt, daß Eng= land statt zu hindern, den Tag ihrer Selbstständigkeit wünscht und die Autokratie, von welcher der Czar das Haupt und der Vater ist, würden bis in den Grund erschüttert werden; eine solche besonnene Haltung Englands im rechten Ernste wird alle Feinde des Menschengeschlechts (nicht richtiger Freunde?) in Furcht halten; und dann komme, was da mag, wir haben nichts zu befürchten; laßt uns Krieg ausrufen, wir Engländer sind in Sicherheit; handeln wir nur jetzt, wie wir gesagt haben und wie wir es wiederholen, so brauchen wir keinen Streich zu thun." Ich übergehe die noch weit ärgern Phrasen, die als eine Weltpredigt von einem britischen Staatsmann öffentlich bekannt gemacht wurden. (Die gegenwärtige Krisis oder der russisch=türkische Krieg für England von D'Israeli, aus dem Englischen, Leipzig 1854.) Der Ehre des britischen Volkes traue ich es zu, daß nicht alle solche Gesinnungen hegen und sich mit Abscheu entfernt halten, dem Aufruf „jenem Götzen zu opfern," Folge zu leisten.

Aber nicht das Wort allein, die offenen Thaten eines an= dern Ministers der auswärtigen Angelegenheiten beurkunden die= selben Gesinnungen und Pläne der englischen Regierung — der einflußreiche, von dem englischen Volke applaudirte Lord Pal= merston hat es seit Jahren bewiesen: daß die englische Politik lediglich in einem egoistischen Krämergeist und Handelsneid be= steht, dem zu Folge die gehässigsten Mittel benutzt werden, Per=

sonen und Völker durch geheuchelte Sympathien der Freundschaft
so lange zu bethören oder durch offene Antipathie rachesüchtiger
Feindschaft abzuschrecken, als für Altengland irgend ein Vortheil
herausschaut; ich erinnere nur an die kleinliche Heldenthat
der englischen Flotte durch die Besetzung des Piräus in Griechenland zu Gunsten eines portugiesischen jüdischen Betrügers, und
an die Großthaten der Unterstützung der italienischen Revolution gegen Oesterreich bei einem so ungleichen Kampfe
zu einer Zeit, als dessen Schwäche aller Wahrscheinlichkeit nach
den Engländern ein neues freies Handelsterritorium einzubringen
schien; Palmerstons Vorgehen und dessen ganze Staatspolitik
besteht in der offenen Absicht, das ganze europäische Festland der Revolution zuzuführen, um in diesen trüben Gewässern
reichen Gewinn herauszufischen; ganz in derselben Art ist das
Verfahren und das Vorgehen Englands gegen Rußland bei
dem Kampfe mit der Türkei, — es ist die kleinliche Handels-
und Krämerpolitik, wodurch England nicht etwa nun als wahrer
Freund die Türkei zu schützen (denn England ist Niemands
Freund), sondern sie gegen Rußland auszunützen, alle Segel aus-
spannt, alle Welt über einander hetzt, nicht ahnend und un-
eingedenk, daß das schwache Instrument, womit es spielt, gar sehr
zerbrechlich ist. Am besten bezeichnet der Großtürke selbst
die Engländer, als im Jahre 1791 die britische Regierung zwischen Rußland und der Türkei vermitteln wollte und alle diplomatischen Künste anwandte: Es las nämlich der damals so be-
rühmte Oppositionsredner Grey einen langen Brief dem Parlament
vor, den der Großvesier an den englischen Gesandten bei
der Pforte, Sir Robert Ainsley geschrieben hatte, in dem es
unter anderem zur Vergleichung der Charakteristik zwischen heute und
damals heißt: „Der Großherr führt für sich Krieg und macht für
sich Frieden; er kennt seine Sklaven und Unterthanen, ihre Treue
und Tugenden, die lange aus eurem Winkel Europa verbannt
sind; wenn alle anderen Christen die Wahrheit sagen, so kann
man sich nur auf die Engländer nicht verlassen, sie verkaufen
das ganze Menschengeschlecht. Warum wollt ihr einem Reiche
der Ungläubigen, wie ihr sagt, Dienste leisten? Wir brauchen

weder eure Dienste, noch eure Freundschaft, noch eure Vermittelung; Geld ist eure Gottheit und daher ist der Handel alles bei eurer Nation. Kommt ihr, uns an Rußland zu verkaufen? Laßt uns nur allein unsere Händel ausmachen, wir brauchen euren Beistand nicht, weder zur See, noch zu Land; es ist immer eure Sache gewesen, das ganze Menschengeschlecht in Streit zu verwickeln und vermöge eurer Treulosigkeit davon Nutzen zu ziehen."

Englaud offenbart durch dieses Hinwerfen seines Schildes vor die Pforte mit Hilfe Frankreichs nur seine Schwäche auf dem Continent auf die kläglichste Weise und stellt seine Politik seines ganzen nackten Egoismus auf den Pranger. Dadurch hat es Rußland sich zum tödtlichen ewigen Feind gemacht, und gerade gezwungen, seine ganze Aufmerksamkeit auf Asien hinzurichten, wovon es dasselbe ablenken wollte. Die Zeit wird es lehren, „in welchen hohem Grade England gegen Rußland im Nachtheil steht," wenn es auch aufs erste mit französischer Hilfe das russische Vorgehen zu verhindern im Stande ist, weil Rußland für die englische Seemacht keine solchen offenen Blößen hat, daß dieselbe ihm einen wesentlichen Schaden zuzufügen im Stande wäre. Rußland wird von nun an seinen ganzen Einfluß auf Asien ausüben, um mehr als die Hälfte des Menschengeschlechts zur Emancipation gegen die englische Geldtyrannei anzustacheln. Rußland selbst zu revolutioniren hat England die Mittel noch nicht in den Händen, obgleich es alle Wege ausforscht und ringsum dessen Feinde heimlich und öffentlich aufstachelt und die revolutionären Keime überall auszustreuen sucht, in der sehnsüchtigen Erwartung, dadurch einen reichen Gewinn einst für sich selbst zu ernten, ohne im geringsten dabei im eigenen Lande belästigt zu werden, wie D'Israeli selbst es ausspricht.

Kurz — das Hauptquartier aller Revolutionen ist notorisch in England, in der Türkei hat es gegenwärtig nur das Feldlager seines aktiven Wirkungskreises und zwar auf einem Boden, wo seit Jahrhunderten ein Barbarenvolk auf unübertrefflliche Weise eingeübt die Rolle vom Anfange bis zu seinem nun bald herannahenden Ende meisterhaft spielte; daß John Bull hier

wie nirgends in der Welt mit vollen Backen in das Feuer blasen
kann, ist um so begreiflicher, weil der beängstigte Retter die Trag-
weite der geheuchelten Freundschaft zu beurtheilen nicht im Stande
ist; um die übrigen Continentalmächte bei diesem türkischen Drama
abzuwehren oder in sein Interesse zu ziehen pflegt und hegt England die Revolutionärs und die politischen Flüchtlinge aller Länder,
um sie zur rechten Stunde loszulassen, wie es denn von solchen
Abenteurern aller Nationen bereits in den türkischen Lagern
wimmelt.

Um nun das Endresultat unserer etwas weit-
läufig gewordenen Darstellung des „Slaventhums"
und insbesondere „der Russen" herauszuheben, würde
das Horoskop folgendermassen lauten:

Rußland, das Haupt der slavischen Völker, hat
sein natürliches Streben für seine wesentlichen materiellen Interessen nach dem Osten von Asien und dem Süden am Bosporus seine Grenzen zu sichern und die freie Passage nach dem
Mittelmeere zu gewinnen; dieß erfordert die Staatsökonomie sowohl für seine Existenz, als für seine zukünftige höhere Entwickelung, denn gegen den Osten von Asien bildet Rußland
eine Schutzmauer für ganz Europa, daß die Barbarenzüge wilder
Horden in Zukunft unmöglich werden, und dieß ist eine große
Mission — gegen Süden war bisher die Türkei Rußlands politische
Schranke, die allen Verkehr mit fremden Völkern, insbesondere
mit den Christen sperrende Pforte. Wäre das Türkenregiment
in dem langen Laufe der Zeit gleich dem übrigen Europa zu
einem organisirten Rechtsstaat herangewachsen, so hätte sich der
nordische Nachbar nicht so stufenweise als sein natürlicher Gegner
an Leib und Seele ausbilden können, es würde auf friedlichem
Wege zu erreichen und auszugleichen möglich gewesen seyn, was
jetzt nicht mehr anders als durch die Gewalt der Waffen durch-
gesetzt werden kann; ja — unzweifelhaft wäre auch gegenwärtig
noch der friedliche Weg möglich gewesen, wenn die Pforte billigen
Vorschlägen und Vernunftgründen Gehör zu geben im Stande
gewesen wäre, und es fehlt nicht an Gründen, daß Rußland
sogar zu einem Schutz- und Trutzbündniß und zwar mehr zum

Heil der Türkei bereit gewesen wäre, wenn nicht die englische
Ohrenbläserei dem lahmen Türkenthum die Furcht vor dem Bären
und dem Wahn von einer Allianz mit dem Einhorn eingeflüstert
hätte, wodurch dasselbe wie von einem fremden Dämon als ein
ekelhaftes Zerrbild von Unabhängigkeit faktisch von England besessen und vorgeschoben wird, bis es den Todesstoß zuletzt sicher
durch Rußland empfangen wird; denn für Rußland bleibt
der europäische freie Südosten eine Lebensfrage, gleichviel mit
oder ohne Erbschaft, um mit dem Weltmeer in Verbindung zu
kommen; seine Mission wird es im Frieden mit dem einstigen
in Selbstkraft entwickelten byzantinischen Reiche besser erfüllen,
als durch eine nie zu haltende Eroberung. England wird
allerdings so lange wie nur immer möglich die Russen im schwarzen
Meere beschäftigen, wenn nicht gar dahinter einsperren, um seine
angemaßte Seeherrschaft auf dem Mittelmeere zu behaupten und
seine dort in Schutz genommenen Insulaner zu beglücken; der
Vorwand der „türkischen Integrität, welche durch Rußland so
gefährdet sei,“ ist um so eitler und fade abgeschmackter, daß ihn
nur eine doppelzüngige Sprache zu rechtfertigen versuchen kann,
denn faktisch gibt es schon lange keine türkische Integrität
mehr, formell ist sie aber von der Art, daß sie keinen Tag, auch
ohne einen äußeren Krieg, in Mitte des scheinbaren Friedens
vor einer völligen Auflösung des noch übrigen Restes sicher ist.
Ist es nicht eine unverzeihliche Schande, eine verdammliche Un-
that, dieses an Europa nagende Krebsgeschwüre der christenhassenden
und aller Humanität feindlichen Türkenwirthschaft einer unverbesserlichen barbarischen Nation zu dulden und die Stange zu
halten? Können die Engländer ohne Erröthen den Christennamen
tragen, deren Väter dieses Namens wegen das Blut von Millionen
Brüdern mit dem Kreuze in der Hand hingeopfert haben, um
nur die entheiligte Erde zu säubern? Gebraucht es seine gewaltige
Macht, um die immer im Munde getragene Freiheit der Völker, das
Recht der Unterdrückten zu schützen, indem es die hilflose, erniedrigte,
verzweifelte, um Rettung schreiende Menschheit von 12 Millionen
Menschen dem Terrorismus, der Brutalität, der Unterdrückung
ihrer bei weitem in der Minderzahl vegetirenden rohen Henker

überliefert und die Herrschaft einer in der Geschichte beispiellosen, keiner Kultur fähigen, fanatischen Horde, zu verewigen, die nicht im Stande ist, aus eigener Macht auch nur einen Tag ihr thierisches Leben zu fristen? Der Lohn für diese ruhmreichen Heldenthaten wird zu seiner Zeit sicher nicht ausbleiben, denn keine That bleibt ohne Folgen!

Und mit einem solchen morschen Staatsgebäude will man „das europäische Gleichgewicht aufrecht erhalten? Ich habe mich schon (oben) über diesen aus der Zopfzeit herstammenden Terminus ausgesprochen. Hat etwa die Türkei bisher das Gleichgewicht in Europa aufrecht erhalten? Und glaubt überhaupt ein vernünftiger Mensch an ein politisches Gleichgewicht der Staaten, deren Schalen mit physischer Last beschwert werden?   .

Wenn man von Gleichgewichtsstörung aus dem Munde der Engländer hört, so klingt es gerade wie die Fabel „vom Wolf und dem Lamme." Woher ist von jeher anders und besonders in neueren Zeiten das „sogenannte Gleichgewicht" gestört worden, als von dem zänkischen, ränkesüchtigen und gewaltthätigen England, welches nur ein Gewicht kennt, nämlich: sein Uebergewicht zur See, das es auf die rücksichtsloseste und meist empörendste Weise gegen Feind und Freund geltend macht? Von einem „wirklichen Gleichgewichte" der Staaten kann so lange überhaupt gar keine Rede seyn, als nicht die höheren Interessen der Vernunft für die Güter des Geistes durch einen dauerhaften Frieden gesichert sind! Davon sind wir aber noch weit entfernt; das Hauptmittel, jenes Ziel zu erreichen, besteht aber vor allem darin, daß alle europäischen Mächte zusammen ein Gegengewicht bilden, um den Prätensionen und der gewaltthätigen englischen Seetyrannei ein Ende zu machen; denn so lange dieß nicht geschieht, stehen vielmehr die höheren Interessen der Völker und der wahren Humanitätsbildung auf dem Spiele, aber nicht in Aussicht auf Ruhe und Glück. Oder sollen wir gar so lange warten müssen, bis die endliche Rettung von Amerika herüberkommt?

„Die russisch-türkische Streitsache" ist also nicht
eine zufällige vorübergehende, sondern eine vorbereitete und allgemeine Angelegenheit des Geistes in der Geschichte der europäischen Civilisation; damit handelt es sich um den endlichen Ausgang des Kampfes der nie ruhenden Revolution und
des in starrer conservativer Stabilität verharrenden Monarchis-
mus; das Ende dieser feindlichen Gegensätze ist auf dem heutigen Standpunkte der Humanität freilich noch nicht abzusehen,
und ist mit dem Ausgange des gegenwärtigen Kampfes
keineswegs zu erwarten, wohl aber wird damit jedenfalls ein
bedeutender Ruck zu einer künftigen Neugestaltung der europäischen Gesellschaft vorwärts gemacht, denn neben den „materiellen" physischen Interessen werden in der Folge die wesentlich
menschlichen „geistigen" Interessen überall mehr in den Vorder-
grund treten. Und zu diesem Zwecke wird die Mission, welche
Rußland vorbehalten ist, immerdar eine sehr bedeutende seyn,
„nicht nur ein großes Vermittelungsglied der Kultur nach Asien
zu werden, sondern auch in Zukunft als ein Wächter und Be-
schützer der christlichen byzantinischen Länder gegen äußere (englische) und innere Revolutionsversuche bei der Neugestaltung in
Recht und Sitte, in Organisirung und Befestigung von Gesetz
und Ordnung zu bleiben, bis sie als Theilglied der europäischen
Völkerfamilie eintreten und zum allgemeinen Frommen der Menschheit jenen östlichen Hiatus der Veröbung mit frischer Blüthe und
segenreicher Frucht in dem schönsten Ländergebiet der Erde in
neuer Verjüngung für Handel und Wandel auszufüllen im Stande
seyn werden."

Auf die Frage: „was denn etwa am Ende mit den
Türken geschehen soll," kann nun die Antwort kurz seyn!
Unser Horoskop hat für ein solches Volk, wie es
(oben) gezeichnet ist, keine Zukunft. — Ohne höhere
Anlagen und jeder Entwickelung bar müssen sie wie die Wilden
in ihre vorelterlichen turkomanischen Steppen und Schluchten
zurückgetrieben werden, oder sie müssen sich unter völlig umge-
änderten Verhältnissen unter die an ihrer Stelle herrschenden
Christen gemischt civilisiren lassen und mit denselben das gleiche

Loos tragen lernen; oder wenn sie im besten Falle vielleicht nach Asien zurückgedrängt dort doch noch ein untergeordnetes Reich sollten bilden können, wo sie nicht mehr von den Schultern unterjochter Völker getragen auf ihre Selbstkraft gewiesen sind, so können sie vielleicht von der Noth gedrungen einst eine gewisse Stufe der Entwickelung erreichen, deren sie überhaupt fähig sind.

Ein rohes, halb wildes Nomadenvolk sind die Türken auf eine wunderbare Weise Jahrhunderte auf derselben Stelle in einem völligen Naturzustande stehen geblieben ohne Gesetze und Bildung, ohne Privat= und Völkerrecht, ja sogar ohne Familienleben und Arbeit; denn sie vegetiren auf fremdem Eigenthum durch die Thätigkeit und Industrie der von ihnen geknechteten rechtlosen Völker. Gleichwie sie also selbst wesentlich kein Eigenthum besitzen, welches durch Kultur und Arbeit das Leben erhält und ein Kapital für die Zukunft sichert, so sind sie in einem solchen merkwürdigen Ausnahmszustande in der That nur durch die geistlose Schwäche, durch den völligen Unverstand und zuletzt durch den Neid und die gegenseitige Mißgunst der abendländischen Regierungen unangetastet geblieben; ohnedieß würden sie das gleiche Schicksal aller in früheren Zeiten in Europa einstürmenden Barbaren schon lange erlitten haben, wie die Scythen, die Bastarner, die Geten, die Sarmaten, die Päonier, die Vandalen, Alanen, Avaren, Hunnen, die Gepiden, die Heruler und Longobarden ꝛc. — die alle aus gleicher Ursache vom Erdboden verschwunden sind.

„Eine Zukunft" gehört nur ansäßigen Völkern, welche arbeiten und ihr Eigenthum mehren und an den Gütern der Geistesbildung in Kunst und Wissenschaften wachsen und diese ihren Kindern und Enkeln als ein unvergängliches Besitzthum hinterlassen!

Was ferner „die Russen" betrifft, so geht aus der vorhergehenden antropologischen und geographischen Betrachtung überzeugend hervor: daß in extensiver Hinsicht der Länderausdehnung ihre Macht bereits auf dem Gipfel steht und wohl eher rück= als vorwärts schreiten dürfte. Rußland hat keine unermäßliche Zukunft wie Norbamerika, — dazu fehlt ihm der antropologische Fond wie die natürliche Unterlage; nicht durch Erweiterung seiner Ausdehnung, die jetzt schon die schwache Seite bildet, sondern durch die innere Entwickelung der Natur- und Geisteskräfte und durch Handel und Industrie kann es noch unermeßliche Eroberungen machen, wovon es kein Verhängniß, wie Frankreich und die Romanen, abhält, deren Glorie nur noch an dem Kapital der Vergangenheit zehrt, und wovon auch die Umstände der peripherischen Außenwelt kein Hinderniß abgeben, wie bei den Engländern, deren Macht und Uebermuth bereits auf der Höhe steht, aber mit jedem Tag durch die Emancipation der Kolonien, sowie von der Ungunst der atmosphärischen und politischen Constellationen rückwärts in die Tiefe herabzusinken bedroht ist; der Besitz „der Türkei," ja nicht einmal das erstrebte Protectorat darüber wird Rußland nicht zu Theil werden und noch viel weniger eine Universal-monarchie „des Panslavismus" in Europa — denn durch die niedrige Kulturstufe, die Intoleranz gegen fremde Religions-confessionen und Völkerschaften, die barbarische Abneigung, Künste und Wissenschaften zu pflegen, erzeugt Rußland mehr einen allgemeinen Widerwillen und Haß, als Zuneigung und Willfährigkeit der Völker, mit denen es in Berührung steht, als daß von einer höheren Civilisationsaufgabe, Asien zu kultiviren, die Rede seyn könnte; dieß Alles hebt jedoch den großen Einfluß nicht auf, den Rußland fortwährend zunächst auf die türkischen Völkerschaften und weiter in Asien und zwar ganz vorzüglich gegen England ausüben wird. Wenn es auch nicht die Heereszüge Alexanders des Großen nach Indien auf eine nachhaltige Weise wiederholen wird, so wird es doch nicht unterlassen, diplomatisch und materiell jene entfernte Völker aufzustacheln und zum eigenen Vortheil zu gewinnen, sowie es auf die verwandten slavisch-hellenischen Stämme ein gewisses Uebergewicht zu Schutz und Trutz behalten wird, wodurch ein neues Weltreich der Byzantiner aufgerichtet werden dürfte, dem das ungeheure macedonische, dann das römisch-hellenische nur als Vorbildungen prophetisch vorausgegangen sind.

Deutschland.

Europa steht gegenwärtig auf dem Punkte, durch seine Parteigeister den Kampf der Prinzipien in der Staatsverwaltung auszufechten, und die endliche Entscheidung herbeizuführen, ob der Absolotismus oder die Demokratie den endlichen Sieg davontragen werde. Deutschland erscheint dabei — angelehnt in der Länder Mitte an den absolutistischen Osten und an den republikanischen Westen, den zwei in sich geschlossenen extremen Mächten — an die Spitze des Kampfes gestellt. In seinem Innern aufgerüttelt und unter seinen Ständegliedern selbst im Widerstreit, ist Deutschland vor allen andern an jenem Principienkampfe betheiliget, der nun, wie es scheint, bei dem großen Gährungsprocesse der europäischen Stämme, nur auf seinem Boden gelöst werden kann. Die große allgemeine Frage: „ob der Absolutismus oder der Liberalismus die Einheit der auseinanderstrebenden Glieder und das endliche Glück der Völker herbeiführen werde," ist schon an sich von großem Interesse, von keinem geringeren aber ist die Frage von „Deutschlands Zukunft," dessen Schicksal offenbar auf alle übrigen Länder zurückwirken und ihren Lauf zum Gedeihen oder zum Verderben bestimmen wird; denn Europa bildet in sich einen geschlossenen Organismus, dessen Herz als centraler Mittelpunkt die Zirkulation seiner Lebenssäfte bedingt. Es lohnt sich demnach wohl der Mühe, auf die Beantwortung obiger Fragen einmal etwas tiefer einzugehen, um zu sehen: auf welchem Grunde etwa jene Prophezeiungen fußen, von denen ein Theil die neue Bewegung ganz im Rosenschimmer sanguinischer Hoffnungen erblickt, während der andere auf dem dunklen Grunde seines melancholischen Gemüthes den nahen Untergang in drohenden Gewittern voraussagt!

Um die politische Stellung und den Beruf eines Volkes zu beurtheilen, muß vor Allem die „geographische" Erblage und die „historische" Entwickelung desselben ins Auge gefaßt werden, um somit auf die Grundgesetze der Natur und des Geistes zurückzukommen, auf denen alle Erscheinungen des Lebens und jede höhere Entwicklung desselben beruhen. — Die politische Be-

beutung eines Volkes ist daher ebenso sehr nach der „geogra=
phischen" Lage seines Vaterlandes, das ihm die Mittel und
Wege darbietet, als nach den „geistigen" Anlagen der Bildungs=
stufe seines ideellen Prinzips für die höhere Freiheit im Rechts=
leben, in der Religionsfrage und in der Liebe zu Kunst und
Wissenschaft zu bemessen!

Werfen wir einen Blick auf die Karte von Deutschland
— der Schaubühne, und auf den Geist der Geschichte des
deutschen Volkes, der darauf seine Rolle spielt.

Die große Ländermasse zwischen dem Nord= und adriatischen
Meere bildet den Mittelpunkt des europäischen Welttheils der=
gestalt, daß Deutschland mit seinen großen nach allen vier
Himmelsgegenden fließenden Hauptströmen, wie kein Land der
Erde alle Völkerfamilien desselben zugleich berührt. Wie es im
Osten die Russen, Slaven und Ungarn vor sich hat, so im
Süden und Westen die romanischen Völker hinter sich; deutsche
Pflanzungen reichen von Preußen bis nach Finnland, und wie
südlich die Schweiz, so sind nördlich Skandinavien und westlich
die Niederlande, ja selbst England, Wurzelreiser des germani=
schen Stammes. Wie die Nord= und Ostsee, so sind das adria=
tische Meer, so die Donau und der Rhein als gebahnte Straßen,
die Arme und Handlanger zu einem allgemeinen Weltverkehr.

Sehen wir auf den deutschen Volksgeist, wie er sich in
der Geschichte geoffenbart, so ist es vor allen andern das deutsche
Volk, welches die römische Herrschaft bewältigte und dessen Rolle
jugendkräftig in die Hand nahm, um die Politik im neuen
Staatenbau der Völker zu leiten, von denen keines an physischer
Kraft ihm gleichstand; aber auch an geistigen Gaben übertraf
es bald alle andern Völker, indem es mit dem tiefen Gemüthe
und kräftigen Charakter die neue Religion des Christenthums
in sich aufnahm und als wahrer Hort desselben die alte ver=
storbene Welt neu verjüngte, es nach Norden und Osten ver=
breitete und somit eine neue — germanische Weltordnung be=
gründete; bei der neu beginnenden Entwickelung der Staaten
nahm Deutschland bald die oberste Stellung ein: die deutschen
Kaiser übten die höchste Gewalt in Europa und indem sie die

hierarchische Universalmonarchie abwehrten, bildeten sie im Innern neue Schulen zur Geistesbildung, gründeten das Städtewesen und das Bürgerthum, in deren Folge das Ritterthum mit der Poesie, und neben den Innungen und den Vereinen die schönen Künste erstanden, so wie damit die regste Gewerbsthätigkeit einen über die Grenzen von Europa hinausgehenden Welthandel herbeiführte; was Deutschland für die tiefere Begründung der Wissenschaften für alle Zeiten und dadurch für die Kultur der Völker gethan hat, ist eben so bekannt als wie es für die Religion des Christenthums die festeste Spitze blieb, um eben so sehr das Wesen desselben rein zu erhalten, wie es dem Bewußtseyn des freien Gedankenverkehrs zu übergeben. Allein wenngleich die beschriebene geographische Lage Deutschlands eine höhere von der Vorsehung bestimmte Bedeutung zu haben scheint, da es seiner inneren Natur nach in der nördlich gemäßigten Zone, gleichweit von dem erstarrenden Froste wie von der versengenden Hitze, reich an allen Erzeugnissen der drei Naturreiche den Bedürfnissen des Lebens alle Mittel im Uebermaße darbietet, den Geist zur Arbeit herausfordert und ihn zu fernen Ländern und Völkern leitet, um sie zu verbinden und zugleich zu trennen; „wie stimmt es damit, daß die geographische Karte um so viel kleiner geworden ist, daß bereits große Strecken Landes davon abgerissen, fremden Herren dienen? Ist ferner das deutsche Volk nicht lange schon sehr tief von der gerühmten Höhe herabgesunken? In seinen Gliedern zerfallen hat es keine Einheit, ohne politischen Rang und Verfassung scheint es sich selbst zerfleischend den schlauen neidischen Mächten ringsumher zur Beute verfallen! Wo sind die religiösen Wirren und Streitigkeiten von jeher größer, wo der Himmel stürmende Rationalismus der sogenannten Aufklärung mächtiger als in Deutschland gewesen, und wird nicht sogar das Christenthum gottesläugnerisch zu den mythologischen Fabeln gezählt; wo ist die gepriesene deutsche Treue; wo die Ehrfurcht vor Fürst und Obrigkeit; wo sind die willenskräftigen Thaten für Freiheit und Völkerwohl; wo umfassende Vereine zu großartigen Unternehmungen für das allgemeine Wohl der niederen Volksklassen; wo sind die Voll-

enbungen der deutschen Kunst; und ist die Poesie und Literatur
etwa im Wachsen? Titelsucht, Kriecherei und Sklavensinn vor
den Großen ist der Gemeingeist bei Hoch und Niedrigen; Ver=
schwendung, sittenlose Schwelgerei und Anmaßung göttlicher
Vorrechte wird den Machthabern vorgeworfen!" — Solche Ein=
würfe sind nicht ganz in Abrede zu stellen; sie for=
dern uns aber um so mehr zu einer ernsten Unter=
suchung der gegenwärtigen Ereignisse auf, um ein
reiferes Urtheil über das deutsche Volk und seinen
Beruf zu fällen, und den Ausspruch über dessen Zu=
kunft zu begründen, „ob es altersschwach wirklich der Knecht=
schaft fremder unmündiger Völker und dem Tode verfallen, oder
ob der germanische Volksstamm noch immer Lebenskraft besitze,
eine höhere Aufgabe unter den Nationen zu erfüllen?"

Die Wichtigkeit der „geographischen" Weltlage Deutschlands,
sowie die angeborne überlegene Macht des deutschen „Geistes"
wird von den umgrenzenden Nachbarn mit neidischen
Blicken besser erkannt als von dem schlecht genährten Patrio=
tismus der Deutschen selbst. Seit Jahrhunderten streben jene
die Uneinigkeit zu schüren, die Macht der deutschen Stämme zu
theilen, heute hier und morgen da ein Stück Land von dem
deutschen Mutterlande wegzuschnappen, welches seine ungezogenen,
sich selbst bekämpfenden Söhne lieber fahren lassen und in fremder
Knechtschaft seufzen, statt vereint im Bruderkranze der deutschen
Eichen die Fremdlinge mit der Keule von dem heiligen Boden
zu fegen. Oder „ist Deutschland etwa nicht mehr groß genug?
Ist der Muth und die Kraft völlig entartet aus dem Blute der
Hermanns=Söhne gewichen; soll die deutsche Geschichte nun
wirklich zu Ende und der Beruf des deutschen Volkes bereits
damit erfüllt seyn, daß der Blüthenbaum des einst so herrlich
aufstrebenden Volksgeistes ohne Mannesthaten in lauter faule
Früchte zerfällt?" Mit Nichten, weder das Eine noch das An=
dere ist der Fall; weder ist der Boden des deutschen Vaterlands
so verkürzt, daß er seine Bedeutung verloren, noch sind die
Perioden der Entwickelung alle durchgemacht, die nothwendig

nach den Anlagen des deutschen Volkes noch auszufüllen sind, —
wie es das Folgende zeigen wird!

Aus den Wurzeln der Vergangenheit und auf dem Stamme
der Gegenwart baut sich die Zukunft auf. — Alles Leben be=
ruht auf bestimmten Gegensätzen und hat einen bestimmten Zweck,
worüber eine höhere Leitung der Vorsehung wacht, so daß auch
die sittliche und sociale Weltordnung nur ein fortgehender Act
der Schöpfung ist. Das Ziel wird also nie verrückt werden
können, dem die Menschheit zusteuert; denn ein Fatum einer zu=
fälligen Gesetzlosigkeit wird Niemand behaupten können; ebenso
wenig wird man die Weltregierung dem Menschenwitze überlassen
wollen, der bekanntlich auf den sich durchkreuzenden Fahrten nicht
einmal seine eigene Sicherheit findet. Der Mensch besitzt ferner
eine ihm von Gott gegebene Vernunftanlage, die sich nach Zeit
und Umständen zu seinem freiwilligen Gebrauche entwickelt, um
ein bestimmtes Ziel zu erreichen; jedes Individuum und ebenso
jedes Volk besitzt ein bestimmtes Maaß von Kraft und hat auf
seinem zeitlichen Standpunkte seine bestimmte Aufgabe zu lösen.
Jedes Individuum und Volk wird also so weit kommen und so
viel zu leisten vermögen, als es nach seiner Anlage und der be=
reits erlangten Bildung auf seinem Standpunkte der Zeitverhält=
nisse befähiget ist. Ueber das ihm gesteckte Ziel kann keiner
hinaus; aber auch das dahinter Zurückbleiben hängt nicht von
ihm ab, so daß er damit den harmonischen Gang der Natur
und Geschichte zu stören vermöchte! Es frägt sich nun: „welches
ist das Ziel für die Vernunftanlage des Menschen überhaupt,
und wenn das deutsche Volk insbesondere seine Aufgabe noch
nicht gelöst und also noch eine Zukunft hat, was bleibt ihm noch
zu erfüllen übrig?"

Wie der Nahrungstrieb zur Selbsterhaltung, so ist der
Freiheitstrieb — die Selbstbestimmung — zur Entfaltung der
Vernunftanlagen dem Menschen ebenso wesentlich anerschaffen:
er besitzt nämlich einen sehr regen Trieb nach Wahrheit, Sinn
für Schönheit und ein Religions= und Rechtsgefühl; seine
persönliche Selbstständigkeit trachtet er gegen alle Hindernisse zu
erreichen, um durch seine eigenen willenskräftigen Thaten sich von

dem Naturzwang zu befreien und eine immer höhere geistige Vollkommenheit zu erringen, was der eigentliche Zweck alles menschlichen Strebens ist. Sind die Menschen der wesentlichen Anlage nach alle gleich, so ist der Inhalt der Lebenskräfte und die Entwickelung der ideellen selbstbewußten Thätigkeiten bei Allen verschieden, und somit ist es auch der Grad der Freiheit, welche sie über die Naturnothwendigkeit und durch ihre geistige Vervollkommnung erlangt haben. Eben diese Freiheit der selbstbewußten Bewegung bildet in ihrer Verschiedenheit die Scala, nach welcher die Kulturstufen der Völker zu messen sind; nämlich die Wahrheitsliebe, die Religiosität, der Rechts- und Schönheitssinn sind es, die den Unterschied in den Grundeigenschaften der Vernunftentwickelung bilden; also Menschen und Völker, denen diese Fragen gleichgiltig sind, zählen nicht in der Geschichte der Menschheit.

„Ueber die Aufgabe und den Beruf des deutschen Volkes, sowie über den Standpunkt und die Bedeutung seiner trostlosen und unfruchtbaren Gegenwart insbesondere" können wir uns Aufschluß verschaffen, wenn wir auf das Vorangehende Bedacht nehmen, ja wir werden mit ziemlicher Sicherheit sogar in das versiegelte Buch der Zukunft zu blicken vermögen, wenn wir zugleich aus dem tiefen Brunnen der deutschen Geschichte schöpfen, welchen neidische Fremdlinge und unvorsichtige Hirten verschütteten. Indem wir nach dem klaren Wasser suchen, welches einst Germanias sinnendes Auge erfrischte, und ihre nervige Hand stählte, werden wir finden, daß die heilige Lade des Bundes noch keineswegs aus den Händen der bildenden Mutter der Völker genommen, und keinem andern Volke übergeben worden sei, und daß wir von unseren Ahnen annoch ein Erbtheil übrig behalten, das werth ist es zu hüten und dabei mit Glaubensmuth einer neuen Epoche entgegen zu arbeiten. Die düstern Schatten, die über die deutsche Erde ziehen, kommen nur von den zeitweiligen Wolkengebilden und nicht von der untergehenden Sonne, die vielmehr noch hoch am Himmel steht und ihre Strahlen wieder senden wird, um ein neues Geistesleben zu wecken und die noch unentwickelten Früchte auszureifen.

Gleichwie das deutsche Vaterland, wenn auch mit ver=
schmälertem Umfang, an Bedeutung und Größe keinem der
Nachbarländer nachsteht, so können wir fürs erste trostvoll und
ohne Anmaßung behaupten: daß der deutsche Geist seinen An=
lagen nach und auf der Stufe der bereits erreichten Entwickelung
hinter keiner Nation der Erde zurücksteht. Wir gestehen die
(eben) gerügten Mängel und Kehrseiten gern zu, fragen aber:
„wann und wo dieselben in geringerem Maaße zu finden sind?"
Die moralischen und politischen Gebrechen sind als Krankheits=
symptome der zerstreuten Glieder eines übrigens mit noch frischer
Lebenskraft begabten Körpers zu betrachten, der in seinem inneren
Marke noch unversehrte Säfte besitzt, die nach dem gemeinsamen
Triebe, wie sich derselbe deutlich zeigt, und mit der gehörigen
Pflege unfehlbar in neue Zweige und Blüthen hervorbrechen
werden. Die Menschheit steht überhaupt noch nicht auf der
Höhe des Mannesalters und der germanische Volksstamm ins=
besondere ist in seiner Entwickelung noch nicht so gelichtet, daß
er zu einem allseitigen Bewußtseyn in allen Verhältnissen der
objektiven Weltanschauung und zur vollen Freiheit der persön=
lichen Selbstständigkeit gekommen wäre, wohin er kommen muß,
wenn je der Friede einheimisch werden und die Anerkennung der
gegenseitigen Rechte und Pflichten, wie des Nächsten, so der
Völkerfamilien zur That werden soll.

Jedenfalls stehen in dieser Hinsicht alle anderen Nationen
in dem höheren Ziele der Bestimmung und dem Fortschritte in
der Kultur, der germanischen bei weitem nach. Die germanische
Nation bildet in „physischer" und „geistiger" Hinsicht als ein Ur=
stamm den Mittelpunkt der kaukasischen Race, und die Deut=
schen sind die ersten Träger des germanischen Typus, ihre Eigen=
thümlichkeit verschwimmt weder in der Sprache noch in der bürger=
lichen Haltung in irgend eine fremde Nationalität der umgebenden
Nachbarvölker des Romanismus und Slavismus. An Energie,
Elasticität und Ausdauer der höheren Geistesthätigkeiten sind sie eben
so sehr allen anderen überlegen, wie sie im Selbstbewußtseyn und
im Triebe zur Freiheit des Gedankenverkehrs zur Erringung der
höheren Güter des Geistes wenigstens keinem andern Volke nach=

stehen; ohne gemeinsames Panier und ohne innere geschlossene
Einheit ist bereits auch das politische Bewußtseyn so wach geworden und die positive Kraft des Charakters hat sich mit einer
solchen Stärke ausgesprochen, daß ich den Glauben einem Andern
überlasse: Deutschland werde bei dem instinktiven Zuge der Völker
in dem Läuterungsprocesse zur Organisation der Staatsglieder
in politische Ohnmacht versinken und wieder in die frühere Zeit
der Schmach und Knechtschaft zurückfallen. Kein Volk der Erde
hat einen so tiefen Rechtssinn wie das deutsche, welches gerade-
wegs eher den eigenen Vortheil vernachläßiget als das fremde
Recht schmälert; an philosophischer Tiefe nach Glaubenswahrheiten
zu forschen und an spekulativer Kühnheit über alle Gegenstände
des Wissens, sowie an praktischer und künstlerischer Erfindung
ragt der Deutsche über alle andern Völker hervor; nicht so sehr
die Begierde nach irdisch-zeitlichem Ruhm und die Lust nach ver-
gänglicher Ehre, sondern der entschlossene Muth zur Vertheidigung höherer Güter und die Begeisterung für Wahrheit und Recht
zeichnen den deutschen Nationalcharakter aus und zwar nicht etwa
im beschränkten Sinne eines patriotischen Eigendünkels, sondern
in dem umfassenden des Kosmopolitismus und im Glauben an
das Walten eines höheren Weltgeistes. Dieser innere Trieb des
deutschen Naturells ist eine unzerstörbare Eigenschaft, sie bedarf nur
der Gelegenheit zur Anregung und der Sorge ihr die rechte Richtung
zu geben. Wie Deutschland „geographisch" das Centrum
der gebildeten Menschheit ist, so offenbart sich der deutsche „Geist"
mehr als eine vermittelnde Macht, als daß er erobernd über
die Grenzen hinausgreift oder Umwälzungen fremder Staaten beab-
sichtiget; damit steht im Zusammenhange das sogenannte deutsche
Phlegma, welches durch äußere Anreize nicht rasch hinausbraust
und beim Widerstand wieder zurücksinkt, sondern vielmehr mit
selbstbewußtem Willen Maaß hält und seine Kraft nur gebraucht, um Großes zu thun und Männerthaten zu vollbringen.
Wie an politischen und militärischen Eigenschaften, so beurkundet
der Deutsche eine Allseitigkeit des gebornen Weltbürgers durch
seine musikalischen, sprachlichen und industriellen Talente, durch
seine technischen, nautischen und merkantilen Gaben, durch seine

vorragende Luſt zur Auswanderung und durch die Geſchmeidig=
keit zur Koloniſation und friedlichen Anſiedlung ohne die bar=
bariſche Vertilgungswuth gegen die einheimiſchen Landesſtämme.
Dieſe letzteren Eigenſchaften hat mit dem Deutſchen nur der
Engländer, ein germaniſches Glied, gemein, welcher mit ihm aus
Japhets Stamm vor allen andern berufen ſcheint, die Erde ein=
zunehmen und Noas Spruch zu erfüllen: „Gott breite Japhet
aus und laſſe ihn wohnen in den Hütten Sems, und Kanaan
ſei ſein Knecht." Ja in der That, der germaniſche Volksſtamm
hat ſich bereits bis an die Enden der Erde ausgebreitet, und er
wohnet ſchon nach Oſten und Weſten, nach Norden und Süden
in den Hütten Sems! Laſſen wir die vielen ſchwachen Seiten
und die großen Mängel gelten, die in mancher Hinſicht dem
Deutſchen mehr als Andern ankleben: wie der Mangel des Ge=
meinſinns, der Einigkeit und des Nationalgefühls, die Bewunder=
ung und das Nachäffen fremden Weſens; die feige Unterwürfig=
keit und das Ertragen ausländiſcher Eingriffe; die politiſche
Tendenzloſigkeit und die ewige Zwietracht der Stämme unter ſich;
die Gleichgiltigkeit und der Stumpfſinn der Niederen bei den
großen Fragen des Vaterlands; die eigennützige Selbſtſucht und
das verrätheriſche Anſchmiegen der Höheren an fremde Willführ
und Herrſchſucht; die engherzige Pedanterie in allen Formen des
Verkehrs und Geſchäftsweſen ꝛc.; ſo iſt es doch vorzüglich das
deutſche Volk, welches nach der Lage, dem Reichthum und der
Allſeitigkeit der Naturgaben und der Geiſtesfähigkeiten, gleich den
ſtammverwandten Griechen, am geeignetſten erſcheint und die
meiſten Garantien bietet, die großen Fragen der Zeit zu löſen,
eine Harmonie und Beſtand in dem europäiſchen Haushalte
herbeizuführen, und ſo maaßgebend wenigſtens eine geiſtige Hege=
monie und Pflanzſchule zur Fortbildung der Völker zu gründen;
denn eine feſte Organiſation und ein Gleichgewicht herzuſtellen,
und die Civiliſation der Welttheile zu übernehmen, iſt nur der
germaniſchen Nation möglich, weil alle andern herrſchſüchtig
über ihre Grenzen hinaus nur nach Eroberung und phyſiſcher Aus=
breitung trachten und von keinem höheren Humanitätsprincip
geleitet werden. „Im Gegenſatze zur Diktatur, welche Rom einſt=

mals geübt hat, ist Deutschland zum konstitutionellen Königthum in dem großen Gemeinwesen bestimmt, das Europa heißt. Es soll in Eintracht mit den andern Gewalten die oberste Leitung führen, die bindende Einheit wahren, den Mittelstand schützen, den aristokratischen Druck der Einen, die demokratische Unruhe der Andern mäßigen, ohne die Freiheit aller zu beschränken." (Th. Rohmer.)

Weder die romanischen noch die slavischen Völker tragen die nöthigen Eigenschaften in sich, die höhere Völkerbildung herbei= und zu einer progressiven Entwickelung fortzuführen. Die ersteren sind in der objektiven Richtung des äußeren realen Natur= lebens der griechisch=römischen Bildung, deren Sprachidiom sie beibehalten haben, verrostet und erlahmt; die letzteren sind noch zu roh und von der leiblichen Schwere des Naturzwanges zu wenig in der freien persönlichen Bewegung erleichtert. Auch in dieser Hinsicht liegt im deutschen Nationalcharakter das Ver= mittelungsglied des europäischen Völkerlebens, indem nur die ihm eigene tiefere mehr ideale Geistesrichtung, mit der in sich aufgenommenen romanischen Bildung, nach der eigenen nationalen Triebkraft und der bereits erlangten Entwickelung die allgemein menschliche Bildung in der Geschichte zu einem höheren Ziele zu führen vermag. Es darf also die Behauptung mit Bestimmtheit ausgesprochen werden: daß die romanischen Portugiesen, Spa= nier, Italiener und Franzosen, auf sich beschränkt nicht einmal im Stande sind, je sich selbst eine stabile Staatsform zu geben, in welcher ein dauernder Friede zu hoffen wäre; ihrem ungezügelten Freiheitssinne fehlt das allgemeine Rechtsprincip und die Achtung fremder Völker. Die slavischen Völker hingegen würden ein gleichförmiges Regiment, aber unter der schweren Wucht des geisttödtenden und alle Bildung hemmenden Absolutismus herbei= führen; ihr Bildungskeim ist in der Entfaltung noch zu weit von dem Einheitsziele der Freiheit und der Menschenveredlung entfernt. Deutschland allein ist fähig und berufen, ein Rechts= und Freiheitsprincip von allgemeiner Wirkung zu erzeugen, die Einen zu erfrischen und die Andern zu zähmen und, einmal in seinem Inneren organisirt, die Norm zu einer festen Organisation aller Glieder der europäischen Staatenfamilie zu Stande zu bringen. Wäre es möglich, daß Deutschland das Schicksal Polens theilend zu Grunde gehen könnte, dann würde die Barbarei unfehlbar über ganz Europa hereinbrechen. Deutschland bildet nach Stammes-Ursprung, Charakter und Sprache, nach Natur und Geschichte eine geschlossene Nationaleinheit, und ist nicht bloß irgend ein Zweig oder Ausfüllungsstück in der allgemeinen Entwickelungsgeschichte der Menschheit, wie es offenbar bei mehreren sonst bedeutsamen Völkerstämmen der Fall ist. In Deutschland wirken in allen Fächern überall lebendige Geister wie sonst nirgends; ja — Deutschland ist für die allgemein höhere Richtung des Völkerlebens in der Kulturgeschichte der Kopf, in wie fern es auf Kunst und Wissenschaft, auf wahre Politik des Rechtsstaates und der gesetzlichen Freiheit ankömmt, und in wie fern die Welt mit einer höheren Macht des Göttlichen in Verbindung gebracht werden soll, welche die Welt zusammenhält und sie gegen den Zwist der Geister zur Einheit des Strebens nach einem höheren Ziel leitet.

Daß nun aber die Menschheit gegenwärtig einem solchen höheren Ziel wirklich wenn auch unbewußt zusteuert, und daß dabei Deutschland insbesondere wahrscheinlich eine Hauptrolle zu spielen bestimmt ist, scheinen folgende unläugbare Thatsachen zu bestätigen: Ganz Europa strebt nach einem festen Haltpunkt der inneren Organisation; der allgemein wach gewordene deutsche Volksgeist strebt offenbar nach einer bisher ungekannten inneren Einheit, so sehr man auch dieß nicht wissen oder dagegen ankämpfen will. Dadurch ist das allgemeine Ziel angedeutet, wohin die Bewegungen gerichtet sind. „Was mag aber der wahrscheinliche Erfolg derselben seyn?" In erster Hinsicht wird jene allgemeine Bewegung entweder eine gänzliche Umwälzung aller bisherigen Verhältnisse herbeiführen, oder es werden die bisher getrennten und nur lose sich berührenden Glieder zu einer engeren Vereinigung sich zusammenschließen; in der zweiten Hinsicht wird Deutschland entweder als gute Beute unter die Nachbarvölker verschwinden, oder es wird seinem Charakter gemäß im europäischen Mittelpunkte in erster Linie seine ihm angewiesene

Rolle übernehmen, und durch die einmal gewonnene innere Einheit mit männlicher Lebenskraft an der Spitze der Völker eine neue Periode einer cosmopolitischen Herrschaft beginnen. In beider Hinsicht werden die Leser den ersten möglichen Fall nach dem Vorausgegangenen schwerlich zuzugeben geneigt seyn; den zweiten werden sie vielmehr mit mir für den wahrscheinlichen halten; zur Erhärtung dieser Annahme soll noch das Folgende dienen. —

Das ganze europäische Staatsleben der neueren Geschichte beruht auf der „Idee des Christenthums." Wäre es möglich, das Christenthum abzuschaffen, so würde sich die Barbarei unfehlbar aufs neue über die Fluren Europa's ergießen, und aller Kultur ein Ende machen. Ein allgemein gedeihlicher Fortschritt im Leben der Völker ist nur im Geiste des Christenthums möglich; eine politische Reformation der Staaten führt daher nothwendig die religiöse des Christenthums mit sich oder umgekehrt; denn keine politische — staatliche Freiheit ohne religiöse, und keine religiöse ohne politische Freiheit, kein Rechtszustand ohne sittliche Religion und keine Religion ohne Wahrheit und Recht; der Staat und die Kirche verhalten sich wie Leib und Seele zu einander, die kranke Seele mißbraucht ihr Werkzeug und der kranke Leib kann der Seele nicht dienen. „Es muß alles neu werden!" Darum ist die Aufgabe der Zeit eine so große, und der Kampf um eine freiere, persönliche Selbstbestimmung in den Angelegenheiten des Staates und der Kirche ein so schwerer. Es ist eine solche Reformation auch nur in Europa, dem Träger der Civilisation möglich, und Deutschland steht dabei oben an.

Wenn man zugestehen muß, daß es der anerschaffene Beruf des Menschengeschlechts ist: alle in seiner Anlage enthaltenen Kräfte für alle Verhältnisse des Natur- und Geisteslebens zu entwickeln — (denn ohne dieß würde ein Widerspruch stattfinden und die Anlagen zwecklos seyn) — wie anders kann ihm dieß gelingen, als in der Freiheit? Darum sehnt sich der menschliche Geist nach einer tiefern Quelle der Wahrheit, die allein den rechten Weg zur Vollkommenheit und die Mittel zur rechten Freiheit zeigt! Wo anders als im Christenthume liegt dieser

Schatz verborgen? „Das Volk, so im Finstern wandelt, hat ein großes Licht gesehen und der Wunderknabe hat das Joch ihrer Last und den Stecken ihres Treibers zerbrochen; er hat allen Krieg und sein blutiges Kleid verbrannt, dessen Herrschaft auf seiner Schulter, und dessen Name ist Rath und Kraft und Ewigvater, Friedensfürst." Jesaias 9. 6. Ich weiß es: es gibt Leser, die in solchen Redensarten nichts weiter als poetische Ausdrücke finden; wenn es aber anginge, in Kurzem viel zu sagen und auf eine gewisse Art zu überzeugen, daß ein tieferer Grund darin liege, und daß mit einer großen Zuversicht von Christus, dem Gottmenschen, gesagt werden kann: „er ist der Eckstein, der die Juden und Heiden vereinigen wird; durch seinen Namen sollen alle Geschlechter der Erde gesegnet werden, der ihnen ist Vater, Herr, Engel, Mensch, Wort des Vaters," so möchte ich das Folgende anführen: Christus ist dadurch der Erlöser des Menschengeschlechtes, daß er die Freiheit des Geistes verkündigte und die Knechtschaft des Gesetzes aufhob, daß er Jedermann seinen persönlichen Werth einräumte und die Gleichheit aller vor Gott lehrte; die christliche Offenbarung ist eine Lehre von göttlichen und natürlichen Dingen, von Zeit und Ewigkeit in ihren Verhältnissen; sie zeigt wie das Natürliche durch das Uebernatürliche verklärt und wie das Uebernatürlich Göttliche im Natürlichen erkannt und erfaßt werden kann, gerade sowie es die menschliche Vernunft bedarf; sie lehrt, wie die menschliche Ohnmacht zum freien Gebrauch der Lebenskräfte und sogar zur Herrschaft über das sinnliche Naturleben erhoben wird, daß aber dabei alle Freiheit und jede menschliche Kraft auf einem bestimmten Maaße der gesetzlichen Beschränkung beruht, ohne dessen Geständniß alle Weisheit Thorheit und alle vermeinte Wahrheit Lüge bleibt; Christus ist deßwegen der göttliche Mittler des Menschengeschlechts, weil er durch seine Verkündigung erst den Geist für das Göttliche lebendig machte, und weil dessen ganze Lehre in dem einzigen Gebote: „du sollst Gott über alles und deinen Nächsten wie dich selbst lieben" das Princip aller wahren politischen und religiösen Freiheit ausdrückt, indem darin der Grund und das Ziel für das irdische und himmlische Leben ent-

halten ist — denn es gibt keine vernünftige Freiheit ohne geſetz=
liche Autorität und ohne höheres ideelles Ziel; die Selbſtbeſtimm=
ung iſt frei, aber auch das geiſtige Leben beruht auf beſtimmten
Geſetzen: in dem „Du Sollſt" iſt die höchſte geſetzliche,
göttliche, Autorität als Auergrund; in dem „Gott über
Alles, und deinen Nächſten" iſt das Ziel der Freiheit au=
gedeutet; das „wie dich ſelbſt lieben" drückt endlich das
Weſen und die Art der Handlung aus. Es iſt alſo der Grund
und die Richtung für die Lebensbewegung genau angegeben, und
doch dabei in dem „du Sollſt" die Freiheit der Willführ ge=
wahrt. „Du Sollſt" iſt ein göttliches Vernunftgebot für die
Freiheit, das Muß hingegen wäre der Zwang des ſtarren Natur=
geſetzes, dem jede geſetzloſe Handlung anheimfällt; denn jede
geſetzwidrige That der Willführ iſt eine Zügelloſigkeit, die zum
Verderben, aber nie zur Freiheit führt, weil ſie nicht auf dem
geſetzlichen Urgrunde — des göttlichen Vernunftgebotes — ſon=
dern auf der Selbſtſucht beruht, und nicht das Ziel der Voll=
kommenheit — die Liebe Gottes und des Nächſten — ſondern
den überhebenden Eigenſinn und die Herrſchaft im Auge hat,
welche die Verfolgung mit ſich führt und den Haß ſtatt der
Liebe gebährt, und endlich den Fluch ſtatt den Segen hinter ſich
läßt. Es gibt keine abſolute Freiheit, alle Freiheit des Geiſtes
und der Staaten beruht aber zuletzt auf einem göttlichen Geſetze!

Daß eine ſolche Lehre das ganze Geſchlecht angeht und für
alle Zeiten beſtimmt iſt, daß ſie das Individuum wie den Staat
als die geſellige Perſon, die Politik und das Recht betrifft, iſt
klar; ebenſo klar iſt aber auch, daß ihre Verkündigung mit Be=
gierde im Glauben erfaßt, von jedem Alter und jeder Ent=
wickelungsſtufe mit Freuden aufgenommen wird, und daß ſie ſich
ſo tief in das Gemüth der Menſchheit verſenkt, daß ſie die Ent=
wickelung des Geiſtes befördernd, zu einer Macht anwächſt, welche
keine Gewalt der Zeit mehr beſiegt.

Iſt das Chriſtenthum ſeinem Weſen nach unveränder=
lich, ſo bedarf doch die Verſchiedenheit der Faſſungskraft, und der
Bildungsſtufe der Perſonen und Völker jeder Zeit eine angemeſſene
Erläuterung; der Parallel wirkt fort, verſchieden nach Zeit und

Ort, und nimmt Wohnung bei den Menschen, je nachdem er
sie zubereitet findet, „und theilet einem Jeden nach seinen Gaben
zu, nachdem er will." 1. Corinth. 12. Die christliche Offen=
barung geht nie zu Ende, der Glaubensinhalt ist zwar derselbe
überall, aber die Erkenntniß des Geglaubten im Selbstbewußt=
seyn ist verschieden, die Zweifel und Widersprüche müssen durch
das Licht der Wahrheit erst gehoben und im Wissen lebendig
gemacht werden. In der „inneren" Erkenntniß des von Christus
gegebenen Glaubensgrundes sowohl als des Ziels der Liebe muß
das subjektive Bewußtseyn der Menschheit fortwährend zunehmen;
der historische Glaube, welcher dem Christen äußerlich wie sein
Kleid anhängt, muß lebendig zum inneren freien Eigenthum ge=
macht werden, wonach die selbstbewußte Willenskraft ihre Hand=
lungen leitet; ein Glaube ohne „innere" Erkenntniß ist ein todter
Glaube, er kann wie ein dunkles Gebot gewisse Wirkungen her=
vorbringen, aber ist keine wahre Eigenschaft der christlichen Re=
ligion, und bringt weder Frieden noch Freude. Der Glaubensinhalt
von der Versöhnung des Menschen mit Gott und von der Verklärung
des natürlichen Lebens, wie sie Christus lehrte, muß in die lichte
Form und in die freie Bewegung der Gedanken aufgenommen
werden. Nicht das Festhalten an dem starren Buchstaben des
Dogma ist Religion, sondern das lebendige Streben nach Wahr=
heit und Recht durch Liebesthaten. Das höchste Ziel aller Forsch=
ung ist die Erkenntniß Gottes im Worte, die Philosophie wird
daher nie überflüssig werden, ja sie ist vielmehr das einzige Werk=
zeug die Bahn zu erleuchten, um durch das Natürliche zum Gött=
lichen zu gelangen; die Verfassungsfragen der Staaten ins=
besondere hat die Philosophie, nicht die Religion als solche zu
entscheiden, sowie auch nur sie das richtige Verhältniß zwischen
Staat und Kirche herstellen kann. Wenn demnach die Bildung
des Menschengeschlechts im Fortschritte zum Frieden und zur
Freiheit führen soll, so muß sie das „christliche" Element durch=
dringen; „das Christenthum" selbst aber, welches alle Gegensätze
vereinigen soll, ist nichts weniger als ein unabänderlich Fertiges,
sondern es ist ein fortwirkender Prozeß für alle Zeiten, um das
Verständniß der Gegenwart an die Vergangenheit anzuknüpfen

und fort zu bauen an dem Werke der noch unerfüllten Zukunft, an dem alle Kräfte des menschlichen Geistes als lebendige Steine mitwirken sollen, um die Erde einst zu einer allgemeinen Kirche, und der Menschen Herzen zu einem Tempel Gottes in der Natur zu vollenden.

Wenn demnach das Leben der Völker mit einer gewisser= maßen erst leiblichen — objektiven — Vorbildung noch auf einer niedrigen Entwickelungsstufe steht, ohne den wahren Freiheits= begriff und die selbstbewußte Persönlichkeit im Denken und Han= deln erfaßt zu haben, und wenn es sich jetzt insbesondere um die höchsten Güter des Lebens handelt, welchen die Menschheit nach einem höheren Plane der Vorsehung nachstrebt, wenn endlich der gegenwärtige Kampf der europäischen Völkerfamilie vorzüglich darin besteht, die politische Harmonie zu finden, in welcher die Mannigfaltigkeit der Glieder unter einander zu einer friedlichen Einheit gebracht werden soll, so entsteht die Frage: „wer ist wohl besser geeignet als der natürliche Vermittler des Völkerrechts und als Träger und Förderer der Kultur überhaupt an die Spitze gestellt zu werden, als das deutsche Volk?" Von der Erschöpf= ung der Romanen und der Unmündigkeit der Slaven haben wir schon gesprochen; soll vielleicht das rührige und jugendkräftige Amerika die Rolle der Welt= und Geistesherrschaft übernehmen, da von andern Nationen ohnehin gar nicht die Rede seyn kann?

Das amerikanische Leben aus einem Gemische heterogener Elemente hat noch keinen festen Boden und nationalen Bestand erlangt, sowohl die physische Stammeswurzel als die geistige Bildung ermangelt der Tiefe, auf welcher der Bau zu einer weiteren Kulturentwickelung jetzt schon gestellt werden könnte. Allein wenn ich die „geographischen" Verhältnisse von Nordamerika in der nördlichen gemäßigten Zone — den natürlichen Boden zur geistigen Lebensentwickelung — erwäge, wo ein Reichthum des Bodens und eine Fülle der Fruchtbarkeit mit der Menge der Binnenseen und der ungeheuern das ganze Land durchziehenden Wasserströme vorhanden sind, wie sonst nirgends, wenn ich seine Weltlage, gleich weit von Europa und Asien entfernt, und durch den dünnen Hals mit Südamerika, seinem Unterleibe, im Zu=

sammenhange betrachte, so sind alle Bedingungen zur Ansiedelung der größten Menschenmenge und des leichtesten Wechselverkehrs mit der ganzen Erde vorhanden; wenn dabei zugleich das „geistige" Element des germanischen Volksthums offenbar das herrschende werden wird, so geht Nordamerika sicher einer großen Zukunft entgegen, und es dürfte die Prophezeiung wohl nicht zu den falschen zu zählen seyn, welche „die einstige Weltherrschaft" dorthin verlegt; wie Nordamerika seine Herrschaft mit der Kultur über die schönen Inseln des stillen Oceans nach dem fernen Asien tragen wird, so wird es mit seiner Schwere herrschend einst auf Europa zurückwirken und zunächst über das mit rücksichtsloser Gewaltthat zu todt gemarterte Irland das Racheschwert nach England tragen! — Allein bis dahin mögen noch viele Jahrhunderte vergehen und Europa hat noch immerhin Zeit sich sein inneres Haus zu bestellen und das übertragene Schulamt der Völker zu besorgen; soll dieses letztere, nicht das Gebilde eines schönen Traumes, zur Wirklichkeit werden, so muß vor allen das deutsche Volk aus den alten Stammeswurzeln der Vergangenheit aus seinem lebensschwangeren Schooße grüne Zweige treiben, und es wird was es seinem Berufe gemäß einst mit Jugendkraft begonnen, mit Männerthat vollenden!

Deutschland kann seinen eigenen Bestand und seinen hohen Beruf nur erfüllen, (und wer will ihm diesen Beruf bestreiten?) wenn es lehrend und bekehrend die extremen Tendenzen vermittelt, wenn es richtend und schlichtend zwischen den Völkern und Staaten unparteiisch gleichsam den obersten Gerichtshof bildet; gleichwie Deutschland schon einmal die alte sieche Welt mit seinem jugendlich kriegerischen Geiste neu befruchtete und durch die Aufnahme des Christenthums die europäische Staatsordnung begründete; wie das deutsche Volk schon einmal unter den Heinrichen und Ottonen in der stärksten Einheit seiner Stämme über die politischen und hierarchischen Gewalten gebot, so ist das deutsche Volk heute noch — gleich dem alten Stammnamen „Diutsk" Brudervolk — ein an Sinn und Kraft gemeinsames Volk, welches, wie es seine Urväter einst im Instinkte begonnen, jetzt die große Aufgabe der zur Sprache gebrachten Tagesfragen mit

Befonnenheit, troß der inneren dynaftifchen Hemmungen, troß
der äußeren diplomatifchen Einreden, ohne die Parole bei den
Fremden zu holen, felbft löfen wird; Deutfchland wird feine
gebundenen Hände irgendwie losmachen und einen auf gefeßlicher
Freiheit beruhenden Rechtsftaat gründen. Der deutfche Geift wird
die höchften Ideen für Wahrheit und Recht, für Sitte und Re=
ligion in Haus und Schule, in Staat und Kirche zu verwirk=
lichen ftreben; er wird durch das Licht der Wiffenfchaft die ftaat=
lichen Verfaffungsfragen und die religiöfen Streitigkeiten löfen,
und fomit die bisher auf Trug, Hinterlift und Selbftfucht fußende
Politik auf den Boden des Rechts und der moralifchen Pflicht=
treue ftellen; er wird die Religion von dem Dogma des tobten
Buchftabens durch den lebendig machenden Geift der Wahrheit
und der chriftlichen Bruderliebe losmachen, und die Kirche als
eine konftitutionelle religiöfe Gemeinfchaft von der italienifchen
ultramontan=hierarchifchen Vormundfchaft befreien. So wird
Deutfchland einig und klar im Innern, wie friedlich und cha=
rakterfeft nach außen, eine fefte Stüße im Mittelpunkte der Ci=
vilifation, auch den fremden Völkern in ihren natürlichen Gren=
zen den Frieden bringen und ein wahres Gleichgewicht herftellen.

Deutfchland fteht zwar auf feinem heutigen Standpunkte
noch weit von dem Ziele einer folchen Berufserfüllung ab; es
hat noch zu viele Widerfprüche und Gegenfäße auszugleichen,
es ift diefer hohe Beruf auch nicht allgemein genug erkannt, die
allgemeine Schwere des Irdifchen hindert noch überall die freie
Bewegung; aber die Befähigung zu diefem hohen Berufe hat
keine Nationalität der Erde, wie die deutfche, keine fteht bereits
fo hoch an dem Abfchluffe der Werke der Kunft und Wiffenfchaft,
und keine hat überhaupt mehr das allgemein Menfchliche in fich
lebend und wirkend als die deutfche Nation. Gerade diefes ift
es, „daß der deutfche Geift das Gemeingut über feine Individualität
im Auge behält, daß er die Ideen zu verwirklichen und für alle
bleibend zu machen fucht", was uns berechtiget: dem deutfchen
Volke diefe hohe Rolle zuzufchreiben; denn — nur jene Nationalität
hat den inneren Drang, die höheren Ideen zu verwirklichen, die
ein nothwendiges Element für die allgemeine Entwickelung der

Menschheit in sich trägt! Der die deutschen Gauen mit Schnee und Eis bedeckende Winter mag noch lange dauern bis der wahre Frühling kommt, allein er wird kommen, der Samen der Freiheit ist gesät und er wird aufgehen, das Naturgesetz wird weder List noch Heeresmacht aufheben. Wie einst dem rohen Stamm der germanischen Nation die Idee des Christenthums eingepflanzt und in seinem Leben aufgenommen wurde, so wird dieser lebenskräftige Stamm erst noch die grünen Zweige aus sich zu frischen Blüthen entfalten; wie der Leib der Kirche im deutschen Baustyle bereits in seinen Umrissen vollendet ist, worin das fertige Glaubens-Dogma gepredigt wird, so werden auch die noch fast überall fehlenden Thürme mit dem Weihrauch der wahren Andacht gen Himmel steigen, und es wird das immer geistige Leben und die Organisation der persönlichen Beziehungen zum Göttlichen erst noch zum selbstbewußten Verständnisse ausreifen, das symbolische Gebälke muß erst noch in die lebendige Bewegung der Zweckbestimmungen aufgehen, die Schwere der Kirche muß gelichtet, die Stabilität des Dogma von der Sonderheit in die Strömung des allgemein Menschlichen geleitet werden; wie die Freiheit sich innerhalb der Gesetze der Gerechtigkeit bewegen soll, so muß die Religion mit dem Lichte der Wissenschaft eine erleuchtete Wahrheit, und die Kunst eine Pflegerin der geistigen Schönheit am natürlichen Stoffe werden!

„Ist es nicht ein utopischer Traum, und wird Deutschland auch nur entfernt ein solches Erforderniß zu erfüllen im Stande seyn?“ Deutschland wird seinen Beruf erfüllen, oder auf auf das allerschmählichste untergehen und mit ihm die europäische Kultur. Die Entscheidung naht, die Zeit drängt, es weht der Wind von Osten und Westen, es kann ein Sturm losbrechen! Der Stamm der alten Politik steht auf faulen Wurzeln, der Kalkul der Diplomaten möchte wohl zu Schanden werden, ihre Kunst ist zur verzerrten von Niemand verstandenen Künstelei geworden. Kann man von den Disteln Feigen, von den Dornen Trauben lösen? Das wahre Leben der Freiheit sprosset nur auf den grünen Zweigen des Rechts und aus der warmen Quelle der Nächstenliebe! Oder kann die Unnatur bestehen und die in alle Glieder

ausgeschlagene Disharmonie wieder zur alten Ordnung der ab=
gewelkten Leiber umkehren?

Es will Abend werden, die e r st e Zeit ist vergangen, aber
Deutschlands Ende ist noch nicht gekommen; bisher hatte es
kindische Anschläge, es kommt eine z w e i t e Zeit, darin wird es
das „Kindische" ablegen und „männliche" Anschläge haben. Die Zeit
eines Volkes ist erst dann zu Ende, wenn es keine Fragen mehr
hat und sich um des Lebens höhere Güter nicht kümmert, oder
wenn es unfähig ist, sich auf die Lösung der Zeitfragen einzu=
lassen! Der D e u t s ch e hat nichts weniger als seine Spannkraft
verloren, der Sinn ist klar, der Muth fest, und — wer zweifelt an
der Kraft des Arms? Ueberall wirken lebendige Geister, nicht
als Nachbildner, — Originale stellen sie auf. Der wahre Hunger
der Deutschen ist die Sehnsucht nach einer höheren Freiheit des
Geistes; der Durst und das Verlangen nach dem Lichte der Wahr=
heit und des Rechtes sind die Haupttriebfedern die rüstigen Hände
an Werke zu legen, die alle noch unvollendet sind, ein Ziel zu
erstreben, das der Menschheit noch ferne liegt. Oder soll der
Strom wieder zurückfließen an die Quellen seines Ursprungs?
Sollen die Völker wieder zu Familien=Fideicommissen der Fürsten
werden, oder handelt es sich um Staats= und Völkerrechte? Es
waltet ein höheres Gesetz in der Natur und Geschichte, dem sich
kein Volk zu entziehen vermag, keines kann über sein Ziel hinaus,
keines aber auch die Ordnung des Ganzen stören und dahinter
zurückbleiben, als wohin seine Fähigkeit und der Geist der Sprache
es treibt! Und die Reaktion, wird sie nicht das Rad wieder in
das alte Geleise lenken? Eitle Thoren, die sich nur an ihren
Jugendträumen ergötzen! Das vielseitig hervorbrechende Feuer
kannst du dämpfen, die innere einmal entzündete Gluth aber
nicht mehr löschen; die Reaktion wird selbst das Mittel zur
Freiheit, der Druck bringt die beschleunigte Bewegung, der Haß
der Parteien wirkt stärker als die Liebe auf die Begebenheiten
der Zukunft; es bedarf vielleicht nur irgend eines zündenden
Funkens und die unterdrückte Geisteskraft der ganzen Nation
bricht in hellen Flammen der Begeisterung aus. „Nescit vox
missa reverti," die Geister des Lebens schlummern unter dünner

Decke, keine freie Handlung kann der Geist wieder zurücknehmen, fremde Geister, Stimmungen und irdische Mächte wirken allein oder zusammen auf den menschlichen Willen, und treiben ihn mit unwiderstehlicher Macht zu Thaten, die nach göttlicher Anordnung zur Vereinigung der Gegensätze, zur Versöhnung der Parteien und zur endlichen Erfüllung des Berufes führen!

„Phantasie-Gebilde, Gespenstergesichte," hör ich rufen, „das Volk ist noch nicht reif und kümmert sich nicht um die neue Lehre weniger Wortführer, es ist noch lange nicht Zeit, die Zügel der alten Schule fahren zu lassen." „Könnet ihr denn nicht die Zeichen, die am Himmel stehen, beurtheilen?" Die Nation könnte leicht wider Willen getrieben werden, dem Zuge zu folgen, der ihr von einer höheren Macht eingepflanzt ist! Der Gedanke der möglichen Volksgewalt und der freien Geistesbewegung ist eine unbesiegbare Macht geworden; die zugestandenen konstitutionellen Rechte des Mitrathens, der Gemeindeverwaltung, der Preßfreiheit rc. können verkümmert, aber nicht mehr genommen werden; der göttliche Nimbus der absoluten Hochheiten ist für immer verbleicht, und wären die westlichen Potenzen der demokratischen Staatsformen nicht mächtiger als die östlichen, so bleibt es doch der gesunde Menschenverstand, der zuletzt jedenfalls Sieger bleibt.

Es gibt große bedeutungsvolle Zeichen am deutschen Himmel; es drückt eine schwüle Luft der Zeit, unsere Tage sind voll Kummer und Angst; ja — es droht ein Kampf die Erde umzuwühlen, das wird Niemand läugnen; es gibt Parteien in allen Klassen des Volkes, aber das sind Zeichen des Erwachens und nicht des Untergangs; Ehre, Macht und Größe des Vaterlands liegen tief im Herzen Aller, darin sind sie Alle Deutsche! Wer will es verneinen? Es hat sich vor Kurzem gezeigt, daß die getrennten Stämme und die zerstreuten Glieder des deutschen Körpers nicht todt sind; krankhaft sind sie allerdings, aber es sind Fiebersymptome der Lebenskraft, indem sich sogar ein starker Trieb der Vereinigung offenbarte; seitdem kann man schließen, daß die Natur der Krise auf Wiederherstellung der vollen Gesundheit hinarbeitet. Deutsche Kraft ist da, sie wird Anstrengungen zu deutschen Thaten machen; deutsche Thaten werden die deutsche

Einheit bringen, morgen oder übermorgen, der Pulsschlag beschleunigt oder vermindert sich nach der äußeren antiphlogistischen oder reizenden Behandlung; das Flattern der schwarz-roth-goldenen Fahne von Anno 1848 mag schon von den Dächern verschwunden seyn, sie verschwindet aber sicher nicht mehr aus der Erinnerung der deutschen Jugend — die einmal geweckten Gefühle des bewegten Gemüthes bringst du nicht mehr zum Schweigen. Es kündigen sich überall auch schon leise Klänge des Minnegesangs an, sie deuten auf das Epos eines neuen Ritterthums hin. Wahrlich! das Schlußepos eines höheren geistigen Ritterthums fehlt dem deutschen Volke, fehlt der Menschheit noch. Der Same der Freiheit ist gesäet, er wird keimen und aufgehen zum starken fruchttragenden Baum, unter dessen Schatten der deutsche Genius sein Heldengedicht singen wird; das künftige Ritterthum wird nicht mehr wie bisher auf der niedern Stufe des unentwickelten Alters gegen äußere im Finstern waltende Mächte des Fatums fechten, dessen Zwang es zuletzt doch jedesmal unterliegt; die neue deutsche Epopöe wird die künftige Nationalgeschichte besingen, die reich genug an Stoff von welthistorischer Bedeutung den Kampf der Helden gegen die wilden Leidenschaften der eigenen Brust beschreibt, worin die freie Persönlichkeit sich von der göttlichen Macht treiben läßt ohne sich je zu verlieren; sie wird die höheren Fügungen als göttliche Ideen des Rechts, der Wahrheit und Güte dem nationalen Selbstbewußtseyn eintragen, um das Natürliche im echt christlichen Sinne zu verklären, und das übernatürliche Wunder als göttlich waltendes Gesetz zu begreifen. —

„Welch eine Herrlichkeit, schon der Gedanke über eine solche Zukunft ist Seligkeit, schon die Aufgabe zu einem so hohen Ziel ist Ruhm,“ — sagt Martin Deutinger. — „Wer daran Theil haben will, der weihe seine Kräfte dem großen Vaterlande! Deutschlands Glück, der Menschheit Wohl sei das Losungswort; Biedersinn, Nächstenliebe und Gottvertrauen sei der Handschlag, an dem der wahre Deutsche, der ächte Mensch, der rechte Christ seine Brüder erkennt.“ —